Meine italienische Reise
oder wie ich mir in Sizilien einen uralten Cinquecento kaufte und einfach nach Hause fuhr

MARCO MAURER

PENGUIN VERLAG

Für Johanna Elisa und ihre Kinder

PROLOGO

Im Urlaub früher, in den neunziger Jahren, habe ich stets gern mit Italienern und Italienerinnen abgehangen. Klar, es gab auch deutsche Teenager, die interessierten mich aber nicht. Noch heute schaue ich mir gern ein Foto aus dieser Zeit an, Massimo, Luca, Andrea und ich, im Hintergrund das nachtschwarze Meer.

Wir haben uns angefreundet, ich gerade Teenager geworden, sie ein paar Jahre älter, sind im Mittelmeer baden gegangen, haben im Swimmingpool Wasserball und, die Achtziger waren noch zu spüren, in der Spielhalle Pac-Man gespielt, die Kassetten unserer Walkmans ausgetauscht. *Sunglasses at Night*-Mix gegen *Take on Me*-Compilation. Sehe ich mir heute das Foto an, sehe ich diese Zeit, höre diesen Sound. Und ich sehe die Person vor mir, die hinter der Kamera steht: Luana.

Meine erste Liebe.

Il mio primo amore.

Ein Mädchen aus Mailand.

Una ragazza di Milano.

Meine Eltern hatten diese italienischen Angelegenheiten wohl bereits geahnt, als sie eineinhalb Jahrzehnte zuvor überlegten, welcher Name zu mir passt. Sie tauften mich auf den Namen Marco.

Luana und ich schrieben uns noch lange Briefe. Lese ich sie wieder, sehe ich Luana und mich zwischen der Rettungstreppe des Hotels und dem Meer sitzen, beide ein Ohr am Kopfhörer, die Wangen nah beieinander, Hände und Blicke ineinander.

Einmal waren Luana und ich zu lange in unserer eigenen Welt, fand jedenfalls meine Mutter. Sie ließ uns abends, nachdem sie uns stundenlang nicht gesehen hatte, über die Lautsprecher des Hotels ausrufen. Mit hochroten Köpfen kamen wir an. Massimo, Luca und Andrea johlten und zogen Luana und mich auf Italienisch auf. Ich verstand kein Wort, aber doch alles.

Danach badeten wir alle zusammen im Meer.

Zu Hause, ungefähr zu dieser Zeit, aber auch schon in den Jahren davor, wohnte ich an einem Berg. Der Geistberg war unser Revier, wir Jungs und Mädchen spielten dort Tennis wie Fußball, Eishockey wie Verstecken, plünderten Kaugummiautomaten, gründeten Banden und zerschossen Scheiben mit unseren Pucks, Filz- und Lederbällen. Später versuchten wir uns an unseren neuen Skateboards, scheiterten. Die Neunziger waren angebrochen, das Wir auf dem Geistberg teilte sich in zwei. Denn wir, die Jungs, begannen ihnen, den Mädchen, Zettel zuzuschieben – und sie gaben uns ihre. „Liebst du ihn oder mich?“ Die große Frage, schon damals.

Jeden Morgen und Abend in diesen Jahren, Ende der Achtziger, Anfang der Neunziger, knatterte etwas an uns vorbei, das nicht in diese deutsche Einfamilienhausgegenwart passte und deshalb auffiel: ein ziemlich kleines Auto und am Steuer ein – mit Verlaub – sehr dicker Mann.
Die Zeit stand für uns einen Moment still. Das Eis konnte man plötzlich heruntertropfen, die Münder offen stehen, das Gekreische abbrechen hören. Plötzlich standen wir Spalier und schauten verdutzt diesem seltsamen Gespann hinterher.
Noch heute sehe ich den Moment wie in Zeitlupe.
Der Mann trug oft einen Hut, und sein Hemd spannte über seinem Bauch, das Auto war – das hatten wir am Abendbrottisch erfahren – aus Italien, ein Fiat. Den dicken Mann nannten wir schnell Luigi, Mario hieß ja schon der Eismann.
„Vorsicht, Luigi kommt!"
Und ich, ich verliebte mich jedes Mal wieder in dieses knatternde Ding. Es war anders als alle anderen Autos, die ich kannte. Es ist heute noch anders. Und davon handelt diese Geschichte.

*

Gegenwart, Autos interessieren mich nicht. Sie sind zu groß, verstopfen die Straßen, drängen mich – zumeist auf einem hundertjährigen Fahrrad sitzend – zur Seite. Manchmal stelle ich mir unsere Städte ohne sie vor, sie wären voller Bäume und Pflanzen, ihr Grün keine Inseln, sondern ein wogendes Meer. Sein Rauschen und die Sprache der Vögel wären unser Soundtrack. Vor dieser utopischen Kulisse ist die Erinnerung an Luigis Auto dennoch präsent; und ich mag das kleine Gefährt noch immer.

Soll ich? Der erste Gedanke.
Irrsinn. Der zweite.

*

Meine Großmutter war damals, noch immer die achtziger und neunziger Jahre, mein Zuhause. Sie, die Mutter von fünf Kindern, lebte mit meinem Großvater zusammen auf einem Bauernhof, hatte Schweine, Kinder, Felder, einen Hofhund und egal zu welcher Tageszeit Töpfe, die auf dem Herd klapperten. Ich, der jüngste Enkel, erinnere mich an den süß-salzig-warmen Geruch ihrer Küche. Es gab einfache Gerichte in schweren Emailletöpfen, Milch- und Kartoffelsuppe, Schweinebraten und Gulasch, Knödel und Kartoffelsalat, Grießschnitten und Pfannkuchen. Sie zündete ihren Ofen immer mit einem Zündholz an, graziös, als wäre er ein mehrarmiger Kerzenleuchter. In den Fünfzigern und Sechzigern hatte sie ein Dorfcafé im Untergeschoss des Bauernhauses, unter ihrem Wohnzimmer, zwischen dem Stall, dem Misthaufen und der Straße. Die Bauern des Dorfes parkten ihre Traktoren und Räder vor dem Café, spielten Karten, fluchten und weinten, aßen und tranken, aus Weinrömern und Bierkrügen. Sie verzehrten die Ernte aus dem Gemüsegarten meiner Großmutter, die Hühner und Schweine aus Großvaters

Stall und stillten ihren Durst aus seiner Mosterei.
„Obstler jemand?"
Es gab Mägde, Bäuerinnen und eine Jukebox, und damit Tanz, Zwist und Twist.
My Bonnie Is Over the Ocean. Lebe wohl, du Blume von Tahiti. Hello, Mary Lou.
Nebenan befand sich ein katholisches Kloster, damit gab es grenzenlos Gelegenheit zur Beichte – wenn nicht einer der Pater selbst im Café zugegen war und ein Auge zudrückte. Meine Großmutter war eine hervorragende Gastgeberin.

*

Ich trage noch viel von ihr und dem Bauernhof in mir, obwohl ich heute in einer anderen Welt lebe, die Kühe im Stall nicht mehr gefüttert werden müssen. Ich koche aber gern für meine Freunde; zumeist wie meine Großmutter einfache Gerichte. Käsespätzle, Kopfsalat, Grauburgunder. Danach schaue ich mir ihre zufriedenen Gesichter an.
„Schnaps anyone?"
Ich schätze zwar auch die raffinierte Küche der Städte. Doch ich würde mich immer für das einfache Gasthaus auf dem Land, die Küche meiner Großmutter entscheiden.
Früher habe ich Milchkannen vom Hof in den Tante-Emma-Laden getragen, heute gehe ich zweimal in der Woche bei Bauern und Bäuerinnen auf dem Markt einkaufen. Meine Großmutter besaß ein waldlichtungsgroßes Beet; ich ziehe heute Karotten auf meiner Fensterbank, bewirtschafte einen Garten im Hinterhof meiner Mietwohnung und habe schon überlegt, ob er, inmitten der Großstadt, Hühner beherbergen könnte. Blicke ich nach getaner Arbeit auf meine Hände, sehe ich die vom Garten erdverkrusteten Hände meiner Großmutter.
Ich versuche wie sie ein einfaches Leben zu leben.

*

Einfachheit.
Ist uns abhandengekommen. Sogar unsere Reisen sollen immer weiter wegführen, effizienter werden. Die Anreise soll kurz, der Aufenthalt lang sein. Kreuzfahrtschiffe, Boxspringbetten, Hotelburgen. All-inclusive. „Möchten Sie ein Mietwagen-Upgrade?"
Die größten Autos sind die beliebtesten. Wir wollen das Maximum. Gleiches gilt für den Innenraum der Fahrzeuge. Hunderte Schalter, Knöpfe, Hebel, das Auto blinkt, tönt und spricht – und ich verstehe es trotzdem nicht. Die Intuition und das Schöne sind verloren gegangen, manchmal sitze ich in solchen Autos und denke, Designer wie Dieter Rams dürfte der Schlag treffen.
Autos, die ich mag, fuhren Alain Delon und Romy Schneider, einfache Formen und Linien.
Manche Menschen, ich gehöre offensichtlich dazu, sehnen sich nach einer Wiederentdeckung des Einfachen und Langsamen. Aus dieser Sehnsucht, meiner Herkunft und meiner Liebe zu einem Land im Süden, Italien, wächst nach und nach eine Idee, die zum Vorhaben werden soll.

Luigis Auto war ein einfaches Auto, vier Reifen, ein Lenkrad, Bremsen, Lichter – mit einem Auto wie diesem, einem alten Fiat Fünfhundert, einem *Cinquecento,* möchte ich vom südlichsten Ende Italiens, aus Sizilien nach Hause fahren, Meere links und rechts liegen lassen, Flüsse und Berge überqueren, eine Zeitreise nach Hause mit nicht einmal zwanzig PS.
Ich möchte nur auf Landstraßen fahren, Oliven- und Safranbauern, Ordensschwestern und Pastahersteller, Kuchenbäckerinnen und Pizzabäcker, Köchinnen und Mechaniker, Mütter und Großmütter, *Mammas* und *Nonnas,* kennenlernen und mit ihnen ihre einfachen Gerichte kochen.
Mich mit einem einfachen Auto auf die Suche nach dem ursprünglichen Italien begeben, *l'Italia di una volta.*
Geht das in dieser Welt? Gibt es dieses Italien noch? Falls ja, wie sieht es aus – und wohin führt es mich?

UNO

Die Suche und die Sehnsucht, *la ricerca e la nostalgia*

Ich sitze an einem vierunddreißig Grad heißen Frühsommertag einem Sizilianer gegenüber, der so heißt, wie sie in meinen vielfältigen Italienklischees heißen: Marlon. Allerdings, sagt er mir, sein Name sei kein sizilianischer. Er wisse auch nicht, warum seine Eltern, die Caligiores – ein wirklich ursizilianischer Familienname – ihn so genannt haben. Vermutlich, meint er, mochten sie Marlon Brando als Don Corleone.

Ich wollte nur kurz Halt bei einem Freund machen, der für Marlon arbeitet und mit dem ich Fußball spiele. Im Büro erzählte ich ihm, dass ich einen Cinquecento aus den sechziger Jahren suche. Marlon, der uns mit verschränkten Armen gegenübersaß, richtete sich plötzlich auf seinem Stuhl auf und sagte: „Ich helfe dir."

Bis dahin wusste ich weder, dass Marlon italienische Wurzeln hat, noch, dass er auf Sizilien ein Haus gebaut hat. Noch, dass er auf der Insel, zwischen Dörfern und Feldern, das Autofahren im Cinquecento seines Onkels gelernt hat. Noch, dass er früher italienische Autos nach Deutschland importiert hat.

Es war vermutlich Schicksal, *il destino.*

Ein paar Wochen später bin ich erneut in Marlons Büro, irgendwo in der norddeutschen Provinz. Wir rufen bei Italienern und Italienerinnen an, ich hatte rund zehn Autos gefunden, von denen ich dachte, sie könnten ein Telefonat wert sein. Marlon hatte sich zuvor bei seinem Vater Paolo in Sizilien erkundigt, aber der wusste von keinem Cinquecento, der zum Verkauf stand. Vater und Sohn Caligiore hatten das Haus in der Nähe von Syrakus gemeinsam gebaut, sind stets in Nachtzügen von Hamburg-Altona über Mailand oder Rom nach Sizilien gefahren. Von dort weiter aufs Land, *la campagna*, wo sie ihre Urlaube damit verbrachten, Stein auf Stein zu schichten. „Wir haben bis in die Unendlichkeit gebaut", sagt Marlon.

Es seien schöne, mühsame Jahre gewesen.

Marlons Vater kam 1967 nach Hamburg, arbeitete als Rangierer bei der Eisenbahn und lernte im Hamburger Karoviertel, früher angeblich Little Italy genannt, seine Frau Elisa, auch Sizilianerin, kennen und lieben. Ein paar Jahre darauf kam ihr Sohn zur Welt.

Marlon ist kein gebürtiger Sizilianer. Aber er fühlt sich dem Land, das er jährlich besucht, zugehörig, erinnert sich an die Zugfahrten mit seinem Vater von Hamburg nach Sizilien, an die nach Pasta und harter Arbeit riechenden römischen

Eisenbahnerkantinen und den immer gleichen Moment, am Morgen des zweiten Tages im Zug vom Meer geweckt zu werden, es zwischen Kalabrien und Sizilien plötzlich riechen und dann sehen zu können.

Der erste Anruf führt genau dorthin, nach Messina, alte Hafenstadt und Verbindung Siziliens zum Festland.
„*Si, ciao,* hier spricht Marlon Caligiore, *salve!* Ein Freund von mir interessiert sich für Ihren Cinquecento. Könnten Sie mir von ihm erzählen?"
Der Mann, der Stimme nach ein älterer, antwortet, er arbeite, man solle später anrufen.
Mir war seine Anzeige aufgefallen, weil auf der Vorderscheibe seines weißen Cinquecentos eine Zahl klebte, die Neunzehn. Der Wagen hatte offensichtlich an einer Oldtimer-Rallye teilgenommen, weshalb ich vermutete, er könne in einem guten Zustand sein. Ich mochte auch das Bild in der Anzeige – das Auto steht in einem Hinterhof, aus einem Fenster über ihm hängen Bettlaken zum Trocknen in der Sonne. Ich konnte Sizilien spüren.
Wir rufen nicht nur in Messina an, sondern auch in Genua, Rom, in Dörfern in der Nähe von Neapel und Bergamo, in Ligurien, Apulien und der Toskana. Alle Autos haben unterschiedliche Farben, Gelb, Türkisblau, Marineblau, Rot, Schwarz, Grün. Der beige Cinquecento wird als Reklame für ein Ristorante mitten in der römischen Altstadt eingesetzt. Ein grüner in Bologna wird wegen nicht näher genannter familiärer Probleme veräußert, in ein türkisblaues Modell nahe Neapel verschießt sich Marlon, nicht einmal der rostige Motor schreckt ihn ab. Doch als Agostino den Preis während des Telefonats um das Doppelte anhebt, erkaltet Marlons Liebe jäh und endgültig. Apropos Liebe, das Foto eines schwarzen Exemplars zeigt auch ein Brautpaar. Die beiden stehen neben ihrem mit weißen Blumen geschmückten Auto, im Hintergrund ist eine Kirche zu sehen. Dem üppigen Schleier nach haben sie in den Neunzigern geheiratet. In der Anzeige steht der schlichte Satz: *Il nostro amore è finito, ma la macchina no.* „Unsere Liebe ist am Ende, das Auto nicht." Durch die ehrlichen Worte habe ich Vertrauen zu dem Auto, aber wir erreichen die beiden kein einziges Mal.
Die Anzeigen sind wie Gucklöcher in eine andere Welt – und in meine Zukunft. Kleine Trailer wie im Kino, bei denen ich mir vorstelle, wie der Film werden könnte. Drei Wagen kommen in die engere Auswahl. In meiner Vorstellung fahre ich mal mit einem türkisgrünen, mal mit einem marineblauen, mal mit einem weißen Cinquecento durch enge italienische Gassen.
Allerdings ist es nicht die Farbe, die meine Entscheidung leitet. Es sollte vielmehr kein Auto von einem Händler sein, die Vorbesitzer sollten dem jetzigen Eigner bekannt, möglichst wenige und zu kontaktieren sein. Ich möchte die Geschichten der Menschen erfahren, die das Auto fuhren.
Wie sah ihr Leben in jener Zeit aus? Was passierte zwischen damals und heute?

Vom Cinquecento wurden zwar zwischen Ende der fünfziger und Mitte der siebziger Jahre rund vier Millionen Exemplare hergestellt, knapp zwanzig Prozent davon sollen heute noch unterwegs sein, ein Italienurlaub, ohne dass so ein alter Fiat an einem vorbeiknattert, ist nahezu undenkbar.

Allerdings habe ich mein Augenmerk auf ein besonderes Modell des Cinquecento gelegt, seine rare Kombiversion. Sie trägt den Beinamen *Giardiniera*, Gärtnerin. Nur rund eine halbe Million davon wurden fabriziert. Genutzt haben sie Handwerker, Winzer und Bauernfamilien, und das eher auf Feldern als auf Straßen. Im Gegensatz zum regulären Cinquecento wurde die Giardiniera mit einem Kofferraum ausgestattet, es passten Schaufeln und Hacken, Weidekörbe voller Trauben genauso wie Hühnerkäfige hinein. Viele Bauern luden zudem das Dach voller Gerätschaften: ein Lastenauto; und wie das bis heute ist, ganz pfleglich wird nicht mit ihnen umgegangen, weshalb viele das Zeitliche segneten oder in einem erbärmlichen Zustand sind.

*

Giardiniera, Gärtnerin,
wie passend. Ich muss an den Garten meiner Großmutter denken. Sie fuhr zeitlebens nie ein Auto, auch keinen Traktor. Dadurch könnte der Eindruck entstehen, dass das Fahren allein den Männern vorbehalten war. So war es nicht, meine Großmutter wusste aber, dass sie auch ohne Motorisierung das Zentrum der Familie war, die eigentliche Macht, um die alle kreisten. Sie musste nicht zu ihnen fahren, ihre Lieben kamen zu ihr.
Brauchte meine Großmutter etwas, holten es ihr Mann, ihre Kinder oder ihre Enkel; aus der nahe gelegenen Stadt, vom Dachboden oder den Obstbäumen im Garten.
Meine Großmutter war zwar eine einfache Bäuerin in Bayern, aber geboren wurde sie in Hessen. Das wichtigste gesellschaftliche Ereignis jedes Jahr war für sie das Wiesbadener Reitturnier im Schlosspark Biebrich. Zeitlebens verpasste sie kein Turnier vor dem Fernseher.
Meine Großmutter habe ich als eine zurückhaltende Person kennengelernt, die oft nur das Nötigste sprach, eine warme Stimme und ein großes Herz hatte.
Ich habe bis heute nie eine Frau so vornehm trinken sehen wie sie. Mein Lieblingsfoto von ihr zeigt sie auf einem Feld. In einer Erntepause nimmt sie einen Schluck Bier, ausnahmsweise aus der Flasche, sie steht auf dem Anhänger eines Traktors, trägt ein geblümtes Kleid, eine Schürze und ein Kopftuch. Umringt ist sie von Kindern, Enkeln und den Kindern anderer Bauern. Betrachte ich das Bild, sehe ich nur zwei Dinge, Wärme und Eleganz.
Meine Großmutter hatte mehrere Reiche, ihre Felder, ihren Stall, ihr Café, doch die wichtigsten waren ihr Garten und ihre Küche; beide bedingten sich gegenseitig.

*

Gärtnerin, *Giardiniera* –
von vorn betrachtet ist das Auto ein normaler Cinquecento, klein, niedlich, rund, beinahe eiförmig. Sie hat keine überflüssigen Linien und Formen und zwei runde, neugierig dreinschauende Scheinwerfer, ist keine drei Meter lang und mit einem Meter zweiunddreißig so breit wie hoch. Die Giardiniera ist zwanzig Zentimeter länger als die Standardversion des Cinquecento, das macht sie hinten unförmiger; allerdings ist ihr Verdeck größer, sie ist Kombi und Cabrio zugleich.

Marlon Caligiore

Der Cinquecento ist nicht so klein, weil er niedlich, sondern weil er billig sein sollte. Fiats Zentrale in Turin wollte ein Auto für alle. Ihr Chefdesigner Dante Giacosa verbrauchte so wenig Material wie nötig. Das führte dazu, dass ein Dach aus Stoff serienmäßig verbaut wurde, weil damit Stahl gespart werden konnte und zudem das Auto leichter wurde, weniger Sprit verbrauchte. Das Faltdach war keine italienische Extravaganz, sondern Turiner Sparsamkeit. So wurde der Cinquecento zu einer Art vierrädriger Vespa – und sein offenes Faltdach zum Himmel über Italien, *il cielo sopra l'Italia.*
Er ist eines der Symbole Italiens, seine Silhouette ist weltbekannt – mittlerweile steht er im Museum of Modern Art, er wird wie das Kolosseum und der schiefe Turm auf Reiseführer gedruckt, Winston Churchill, Aristoteles Onassis, Grace Kelly und John Wayne fuhren dieses doch eigentlich klassenlose Auto. Für Italiener und Italienerinnen war es ursprünglich, ähnlich dem VW Käfer in Deutschland, ein Stück Freiheit und Auftakt der gesellschaftlichen Motorisierung.

Es gibt für Städter heute kein vernünftiges Argument mehr für den Kauf eines Benziners. Am umweltfreundlichsten ist es, mit seiner alten Kiste so lange über die Straßen zu scheppern, bis sie auseinanderfällt. Die Materialien für sie wurden schon einmal verbaut. Ob also ein gebrauchter Cinquecento durch Italien oder Deutschland fährt, ist ja einerlei. Ich flüchte mich in den Gedanken, ein Kulturgut vor dem Verfall zu retten. Ein richtiges Umdenken ist das, zugegeben, nicht.
Doch mit Vernunft kann ich mein Vorhaben, ein jahrzehntealtes Auto zu kaufen, sowieso nicht erklären.
Bei der Entscheidung hilft mir letztlich ein Bild in meinem Kopf: Luigi, der dicke Mann vom Geistberg. Wie er sich vor dem Käseladen stets umständlich aus dem Auto schälte. Denke ich heute über diesen Anblick nach, steckt darin für mich eine Haltung: Genügsamkeit.

Marlon und ich rufen – es wird Abend – nochmals bei dem Sizilianer mit dem Cinquecento an, dem mit der Neunzehn auf der Scheibe. Erfolglos; Marlon sagt, er werde es die Tage noch mal bei ihm versuchen.
„Sag mal, Marco, hast du eigentlich italienische Wurzeln?"
Ich verneine Marlons späte Frage, sage ihm, dass ich immer gern ein Italiener gewesen wäre. Marlon lächelt und sagt: „Marco, was du vorhast, ist verrückt – und damit bist du italienischer als die meisten Italiener. Marco, ehrlich, du bist ein Italiener."
Den Satz empfinde ich als Kompliment. Mir ist bewusst, dass ich damit etwas in mir trage, das auch sehr deutsch ist: Italiensehnsucht.
Zwar nicht von jener Art, wie sie zum Pflichtprogramm der kulturbeflissenen Menschen gehört, die Goethe oder Ingeborg Bachmann hinterherreisen. Auch nicht die übrig gebliebene Sehnsucht der Deutschen, die sich nach dem Krieg nach allem verzehrten, was leichter und schillernder war, und die nach der Heimreise aus ihren Urlaubseindrücken das kreierten, was sie für italienisch hielten: Mirácoli, Caprihose, Dosenravioli.
Dennoch ist auch meine Sehnsucht erst einmal oberflächlich. Vornehmlich geprägt von dem Licht und Luana, dem Mädchen aus Mailand, und dem Meer, der

Küche und dem Soundtrack meines Italiens – Giorgio Moroder und Ennio Morricone, Adriano Celentano und Gianna Nannini. Der Berliner Mauerfall und die Fußball-WM in Italien ein Jahr darauf sind in meinen Erinnerungen ein und dasselbe Ereignis. Der Film, den ich noch immer am liebsten schaue, wurde auch um diese Zeit gedreht: *Cinema Paradiso*. Er spielt im Sizilien der vierziger und achtziger Jahre, erzählt von der Freundschaft des Filmvorführers Alfredo zu einem kleinen Jungen, Toto, und von einem Gefühl, das mir nicht unbekannt ist, der Sehnsucht nach der Sehnsucht.

DUE

Sizilien, der Handel, *l'affare*

Der morgendliche Slalom durch Messina ist drei Kilometer Glück. Der Himmel azurblau; zwischen den alten Gebäuden im Zentrum der Stadt erhasche ich schaukelnd ein Stück vom Meer, der Wind trägt mir mal einen Schwall süßsauren Hefeteiggeruch aus einer *panetteria*, einer Bäckerei, mal eine Ladung frischen Fisch aus einer *pescheria* oder den Espressoduft aus einer Bar zu.

Der sizilianische Fahrer, auf dessen Vespa ich mitfahre, an der ich mich mit einer Hand festhalte, und der an der rechten Hand eine einfache Jutekordel, an der linken eine dicke Uhr aus Chrom trägt, nimmt das, was auf seinem Helm steht, wörtlich, *Rodeo Drive*. Er hupt, umkurvt und lässt sich umkurven, und das immer wieder in weiten Bögen wie ein junger Tänzer. An den Ampeln sammeln sich seine Vespa fahrenden Mitstreiter und Mitstreiterinnen, in Anzügen und Arbeitsoveralls, High Heels, Leder- wie Turnschuhen. Manche checken ihre Handys, andere halten ein Schwätzchen, als kennten sie sich schon ewig. Wieder andere versuchen zu flirten, werden aber für diesmal ignoriert. Um sie herum lärmen Radios, röhren Motoren; sie machen sich beiläufig Komplimente für ihre schönen Schuhe, lächeln, sagen *piacere*, das freut mich, und düsen weiter. *A presto,* bis bald!

Kurz nachdem wir auf einer Anhöhe einen Brunnen, die Fontana Falconieri, umkreist haben, kommen wir bei meinem Fahrer an. Er hält – ohne Vespa kein junger Tänzer mehr, er ist Mitte sechzig und einer der Letzten in Italien, die ausschließlich mit Stoffen für Herrenanzüge handeln – vor seiner Garage, unterhalb seiner Wohnung. Ich erkenne den Innenhof. Auch an diesem Tag hängen wieder weiße Laken unter den Fenstern.

Domenico De Pasquale ist dabei, sein Garagentor aufzusperren. Ich fühle mich wie ein Theaterregisseur kurz vor der Premiere, bevor der Vorhang sich lüftet.

Und dann, ja dann macht mein Herz einen Sprung.

Wann passiert mir das sonst? Wenn ich mich in eine Frau verliebe. Wenn ich unerwartet eine freudige Nachricht von einem Freund oder einer Freundin erhalte. Wenn ein Hund sich mir nähert, der sich offensichtlich nach Zuwendung sehnt. Aber bei einem Auto?

Augenblicklich sehe ich mich in dem von außen recht makellosen Cinquecento durch Italien fahren.

Domenico De Pasquale hat für solche Gefühlsduseleien wenig Zeit. Sein Stoffgeschäft in der Innenstadt hat er vorübergehend geschlossen. Das macht er nicht gern, möchte die Sache also schnell erledigen und lässt das Auto an. Der knatternde Sound des luftgekühlten Motors lässt mein Herz ein zweites Mal hüpfen, ein drittes Mal folgt, als Signor De Pasquale mir die Beifahrertür öffnet und sie den Blick auf die knallroten Sitze freigibt.

Ich steige in das Auto, wir sitzen tief, nahe am Boden. Ich komme mir vor wie der Beifahrer eines Rallyepiloten, der jede Unebenheit der Straße zu spüren bekommt.

Signor de Pasquale fährt in den gleichen geübten Schwüngen durch Messina, die ich schon kennengelernt habe; der Motor tuckert ruhig vor sich hin.
Wir fahren Richtung Hafen. Signor De Pasquale hat das knapp zwei Meter lange Faltdach geöffnet, die Sonne Siziliens über uns, das Meer vor uns.
Im Inneren fällt mir eine Plakette auf, die an dem überschaubaren Armaturenbrett prangt. *Non correre,* nicht rasen, steht darauf. Daneben sind zwei Schwarz-Weiß-Fotos einer Frau angebracht, der Mutter des Stoffhändlers. Sie sieht wie eine Schauspielerin aus den Fünfzigern aus und soll ihn daran erinnern, dass es Menschen gibt, die ihn unversehrt wiedersehen möchten. Signor De Pasquale hat eine Frau, zwei Töchter und mehrere Enkel. Ich entdeckte in der Ablage des Autos auch ein Bild von *San Giuseppe*: Auch Josef, der Mann von Jesu Mutter Maria, soll ihn schützen. An Signor De Pasquales Hals baumelt ein goldenes Kreuz.

*

Als ich achtzehn wurde und die Führerscheinprüfung bestand, schenkte mir meine Großmutter eine Münze, darauf prangte der heilige Christophorus, der auf seiner Schulter ein Kind trägt. Christophorus, kräftig, aber empfindsam, suchte nach der Wahrheit, fand sie weder bei einem König noch beim Teufel. Er entschloss sich, Armen und Kranken als Fährmann zu dienen, sie über einen Fluss zu tragen. Eines Nachts bittet ihn ein Kind darum, und als er es auf die Schulter nimmt und mit ihm ins Wasser steigt, wird die Last immer schwerer, das Wasser tiefer, Christophorus fürchtet zu ertrinken. Entkräftet kommt er am anderen Ufer an – da gibt sich das Kind ihm als Jesus zu erkennen. Christophorus gilt heute als Schutzpatron der Reisenden. Vermutlich hat das eine Tankstellenkette oder ein Automobilclub auf eine so schnöde Angelegenheit wie das Autofahren ausgeweitet.
Mit meiner Großmutter ging ich, nachdem mein Großvater gestorben war, einmal die Woche auf den Friedhof, Blumen gießen, welke Blätter abzupfen, ein kleines Gebet sprechen. Ich hatte dabei immer das Gefühl, sie achte auf mich, und ich irgendwie auf sie. Den Rosenkranz trug sie mit sich wie wir heute unsere Telefone.

*

Signor De Pasquale und ich fahren durch die sizilianische Hafenstadt. Trotz meines verklärten Blickes fallen mir in dieser kurzen Zeit ein paar Dinge auf. Das Lenkrad quietscht wie eine Schlosstür, und nach rund fünf Minuten Fahrt tropft Wasser auf Signor De Pasquales Lederschuhe. Nur eine undichte Leitung der Scheibenwischanlage, meint er beschwichtigend. An jeder Ampel muss er im Leerlauf ein wenig Gas geben, sonst geht der Motor aus. Die drei Dinge werden erledigt, sagt er.

Verständigen können Signor De Pasquale und ich uns kaum. Wir kommunizieren mit den Übersetzungsprogrammen unserer Handys, einem Stift und einem karierten Block. Als mir nach und nach die Mängel auffallen, muss ich an mein erstes Auto denken, einen Fiat Punto. Einmal, Ende der Neunziger, kam ich – ich bin

gelernter Molkereifachmann, weiß, wie Milch zu Käse, Joghurt und Butter verarbeitet wird – mit dem Punto zurück aus dem Allgäu, der Molkereischule dort. Als ich auf dem Hof der Molkerei die Beifahrertür öffnete, sackte sie zu Boden. Die Scharniere waren durchgerostet, nach einem Jahr. Aus einem der Lüftungsschächte schepperte es sowieso beständig, ein steter Grundsound. Ein Monteur hatte in der Aussparung ein paar Muttern abgelegt und dann die Heizungslamellen darübermontiert. *Made in Italy.*

Meine Familie nannte den Punto schnell ein Montagsauto: wohl zu Beginn der Woche etwas schläfrig zusammengebaut.

Ich hoffe, ich habe mit einem über fünfzig Jahre alten Cinquecento, Baujahr 1968, mehr Glück.

Nachdem Signor De Pasquale zurück in seinen Innenhof gefahren ist, setze ich mich hinters Steuer. Ich bin ein sicherer Fahrer, aber das kleine Auto flößt mir Respekt ein; es unterscheidet sich sehr von den Fahrzeugen, die ich kenne. Es hat

vier Gänge, gestartet wird der Motor mit einem Hebel unterhalb der Handbremse. Die ersten Meter hüpft das Auto eher, als dass es fährt, die darauffolgenden zwei Kilometer brettere ich kantig wie ein Planierraupenfahrer durch Messina. Obwohl ich versuche, vorsichtig zu fahren, heult der Motor auf. *Gentile, Marco, per favore!*, schreit Signor De Pasquale immer wieder in meine Richtung. *Gentile!*
Ich fühle mich wie ein vierzehnjähriger Junge, der, den Vater an seiner Seite, seine ersten Meter in einem Auto unternimmt – und das, unerlaubterweise, ausgerechnet im Chaos einer sizilianischen Hafenstadt.
Ein wenig ist das auch so. Zwar habe ich einen Führerschein, der Cinquecento ist aber weder angemeldet noch versichert. Signor De Pasquale meint, die Straßen seien zur Mittagszeit leer, die Geschäfte geschlossen, und auch die Polizisten würden nun ihre Siesta halten.
Eigentlich wollte ich mir während der Fahrt Fragen stellen. Höre ich ein verdächtiges Geräusch? Hakt etwas? Aber ich muss die Fragen hintenanstellen. Das Auto prüft mich und nicht ich das Auto.
Vor allem das Schalten fällt mir schwer. Der Cinquecento hat ein nicht synchronisiertes Getriebe – das bedeutet, ich muss kurz vor und nach dem Schalten immer Gas geben, nur ein wenig.
In der Praxis ist das tückisch. Vor allem das Kurvenfahren, das in Messina meist volle Kreisverkehre bedeutet, stellt mich vor Probleme. Die Abfolge ist paradox: Ich muss bremsen und gleichzeitig Gas geben, dann runterschalten und nach dem Einfahren in den Kreisverkehr wieder kurz Gas geben und nach oben schalten. Eigentlich bräuchte ich dafür einen dritten Fuß. Stress, auch weil ich es nicht gewohnt bin, dass ein strenger Blick auf mir lastet, die Augen Signor De Pasquales.
Er ist nicht überzeugt von meinen Fahrkünsten. Er spricht sowieso immer laut, jetzt beginnt er zu schreien. Er dürfte nicht zu den geduldigsten Sizilianern gehören. Aber er ist eben auch ein älterer Mann, Vater und Großvater – streng, aber sorgend.
Attenzione, Marco!

*

Eine kleine alte Frau, nicht größer als eineinhalb Meter, schreit mich im zweiten Stock eines Behördengebäudes mitten in Messina an. Sie trägt ein in die Jahre gekommenes blaues Kleid und brüllt immer wieder in meine Richtung. Einen Satz entschlüssele ich, *Che cosa ci fai qui?*, was ich eigentlich hier wolle?
Da ich nicht imstande bin zu antworten, mache ich kehrt. Das lässt die Alte noch lauter geifern. Zuvor hatte ich eine Tür geöffnet. Es war die richtige Behörde, aber die falsche Tür. Plötzlich stand sie mit beiden Armen fuchtelnd vor mir. Ich bin einiges aus deutschen Behörden gewohnt, aber angeschrien wurde ich noch nicht. Ich höre ihr Keifen noch zwei Stockwerke tiefer, kein Amtsitalienisch.
Wenig später sitze ich dem Mann gegenüber, den ich eigentlich suchte. Er verlangt drei Dinge, einen Ausweis, fünfundzwanzig Euro und die Autonummer des Cinquecento von Signor De Pasquale
– ME 111948.

Der wortkarge Mitarbeiter des *Pubblico Registro Automobilistico* tippt die Buchstaben-und-Zahlenkombination in seinen Computer, druckt etwas aus und reicht mir drei formlose Blätter über seinen Schreibtisch, *prego,* bitteschön.
Die Behörde, für die der Mann arbeitet, erfasst alle Autos in Italien. Diese Daten sind öffentlich zugänglich – wie sich das mit europäischen Datenschutzrichtlinien vereinen lässt, ist mir schleierhaft. Aus den drei Seiten des *Certificato Cronologico* kann ich ablesen, wer das Fahrzeug besessen hat, wann es gekauft und verkauft wurde. Außerdem befinden sich die Geburtsdaten und Adressen aller Vorbesitzer des Autos in dem *Certificato.*

Das Auto wurde am ersten Januar 1968 fertiggestellt. Als ich später einen Kalender konsultiere, stelle ich fest, es dürfte wirklich ein Montagsauto sein, *una macchina nata male,* wie die Italiener sagen: unter schwierigen Bedingungen zur Welt gekommen. Und nicht nur das, es wurde sogar am ersten Tag eines neuen Jahres fertiggestellt.
Der erste Käufer wäre heute genau einhundert Jahre alt und würde in einem Dorf im Landesinneren Siziliens leben, unweit des Ätna. Der Hundertjährige verkaufte das Auto, nachdem er es über zwanzig Jahre gefahren hatte, an einen Hundertsiebenjährigen, der ein Dorf weiter lebte. Die Region ist für ihren Wein-, Obst- und Gemüsebau bekannt. Vermutlich waren beide Männer Bauern wie meine Großeltern.
Lebt einer der beiden noch? Vielleicht der Hundertjährige? Ich hatte mal davon gelesen, dass es in Italien Provinzen gibt, etwa eine im Inneren Sardiniens, in denen so viele Hundertjährige leben, dass sich Altersforscher für sie interessieren. Sie fanden heraus, dass diese Hundertjährigen zumeist Bauern sind, die sich im Laufe ihres Lebens viel bewegt und die Früchte ihrer Felder gegessen haben. Aber auch, dass sie viel rauchen, wenig Stress haben, dass ihnen Rotwein schmeckt, sie große Familien haben oder überzeugte Junggesellen sind. Sie eint, dass soziale Kontakte, in welcher Form auch immer, ihnen wichtig sind.
Ich frage mich, ob die Provinz rund um den Ätna vielleicht auch so eine sein könnte. Den dritten Besitzer kenne ich schon aus Erzählungen Signor De Pasquales. Das soll ein Baron gewesen sein, der das Auto von einem Bauern gekauft hat, der auf seinem Gut für ihn arbeitete. Laut den drei Blättern muss das der Hundertsiebenjährige aus dem Dorf am Ätna gewesen sein. Er hatte das Auto sechzehn Jahre lang besessen.
Der Baron verkaufte es nach wenigen Jahren. Er hatte von seinem Schneider erfahren, dass ein Händler, bei dem er schwer erhältliche Stoffe kaufte, eine Giardiniera suchte: Signor De Pasquale.

*

Drei Monate später, der abtretende Sommer fühlt sich immer noch heiß und trocken an wie der Juni, betrete ich erneut Signor De Pasquales Tuchhandlung, *Tessuti e stoffe,* Gewebe und Stoffe, im Zentrum von Messina. Über dem Schaufenster prangt in geschwungenen vergoldeten Buchstaben: *D.co De Pasquale.* Das Innere des Geschäfts ist angenehm temperiert. Signor De Pasquale, sonnengebräunter als noch vor Monaten und heute in einem von der Sonne verblichenen roten Lacoste-Polohemd, sitzt in seinem Büro hinter dem Verkaufsraum auf einem blauen Stuhl, trinkt mit seinem Freund Simone, Signor Canepa, weit über siebzig, einen Kaffee. Ab und zu schauen sie zu einem flimmernden, kleinen Fernseher auf – ein Radrennen. Als ich eintrete, steht De Pasquale auf, ruft mir *Marco, buongiorno!* zu, deutet ein Küsschen links und eines rechts an, ich nehme den herben Duft seines Aftershaves wahr, das nach Minze, Rosmarin und Pinienwald riecht, während er meine Hand in seine beiden nimmt. Er gibt mir das Gefühl, dass wir nun nicht mehr nur Geschäftspartner seien, sondern auch Bekannte, die sich freuen, einander zu sehen.

Ich mag sein Stoffgeschäft, die De Pasquales betreiben es seit vier Generationen. Signor De Pasquales Ururgroßvater eröffnete es 1898. Damals war Messina einer der wichtigsten Häfen Europas – und Stoffe aus Sizilien gefragt. Bereits im Mittelalter galt die Stadt als Zentrum der Seidenindustrie, hier eröffneten Webereien und Fabriken, es wurde zu einer Art Stadtstaat, lange Zeit wichtiger als Palermo. In dieser Tradition sieht sich auch Signor De Pasquale. Er ist stolz darauf, in Messina geboren zu sein und mitten im Herzen der Stadt mit Stoffen zu handeln.

Zehn Jahre nachdem sein Ururgroßvater den Stoffhandel eröffnet hatte, wurde die Stadt von einem Ereignis getroffen, von dem man heute noch spricht, dem großen Erdbeben, das gut einhunderttausend Opfer forderte.

Neunzig Prozent aller Gebäude in Messina stürzten ein, auch die Stoffhandlung der De Pasquales lag in Trümmern. Am Vorabend des Bebens, dem Ausklang der Weihnachtstage, gingen die Menschen beschwingt zu Bett. In Messinas Opernhaus wurde Giuseppe Verdis *Aida* aufgeführt, der ein oder andere dürfte einen Anzug getragen haben, der aus den Textilien der Stoffhandlung De Pasquale gefertigt war. Doch um fünf Uhr einundzwanzig am achtundzwanzigsten Dezember neunzehnhundertacht bebte die Stadt für dreißig Sekunden, Uhren blieben stehen, zwei Städte und hunderte Dörfer in Sizilien und Kalabrien wurden zerstört. Was das Erdbeben nicht zu Fall brachte, erledigte wenige Sekunden später eine haushohe Flutwelle.

Messina ist Schicksalsschläge gewohnt, Ende des vierzehnten Jahrhunderts ankerte eine Galeere von der Schwarzmeerküste im Hafen von Messina, an Bord: die Pest, die erst in Messina und dann in ganz Europa wüten sollte. Im achtzehnten Jahrhundert erschütterten die Stadt mehrere große Beben, Häuser wurden zerstört, schon damals starben tausende von Menschen. Jahrzehnte später erlagen viele Einwohner Messinas der Cholera. Doch immer wieder richtete sich die Stadt auf, auch nach dem großen Erdstoß. Nach und nach wiederaufgebaut, fielen die Gebäude dann den Bomben des Zweiten Weltkriegs zum Opfer, die Einschusslöcher in manchen Fassaden erinnern noch an diese Zeit.

Messina ist eine schöne, aber auch vernarbte Stadt. Das Meer vor sich, die Hügel und Steilhänge im Rücken, im Osten die italienische Stiefelspitze, in südlicher Richtung ein langgezogener Strand. In und um die Stadt finden sich wie überall auf Sizilien Spuren großer Zivilisationen: Byzantiner, Griechen, Normannen, Römer und Araber, aber ebenso zahllose legale wie illegale Zweckbauten der vergangenen Jahrzehnte, die auf Sand gebaut sind und abzurutschen drohen. Der Dom

von Messina wurde im zwölften Jahrhundert errichtet, zweimal durch das Beben und die Bomben zerstört und zweimal wiederaufgebaut. Kreuzfahrtschiffe ragen wie Hochhäuser über der Stadt hervor, die Kreuzfahrtreisenden verirren sich oft nur für ein paar Stunden an Land. Die Stadt wird auch das Tor zu Sizilien genannt, unter einem Tor verweilt man nicht lange.
Die Einwohner sitzen daher oft unter sich in den Cafés und Bars, wenn sie nicht gerade im Stau stehen. Messina ist eine authentische Stadt, schön wie verschlagen, Barock wie Brutalismus, Stein wie Stahlbeton.
Ich finde Gefallen an der Stadt, mich beeindruckt ihre Widerstandsfähigkeit. Ich hoffe, das Auto, das ich heute in der Stoffhandlung von Signor De Pasquale erstehen möchte, hat etwas von ihrer Robustheit. Es soll Meere und Berge überqueren.
„Es ist kein Auto, mit dem man Tag für Tag fährt", sagt Signor De Pasquale in meine Gedanken. Das Fahrzeug sei wie eine hundertjährige Frau, eine Großmutter, *una nonna*. Man schätze ihre Gesellschaft, respektiere ihre Eigenheiten und behandle sie mit Achtung – und einmal in der Woche führe man sie aus.
Daher verkauft er mir das Fahrzeug nur unter zwei Auflagen. Ich muss ihm versprechen, dass es in einer Garage stehen wird. „Man stellt eine Frau nicht in den Regen", sagt er. Dann schreibt er seine zweite Vertragsbedingung auf ein vergilbtes Blatt Papier: *NO AUTOSTRADAS*, Nonnas nähmen keine Autobahnen.

Seit 1963 befindet sich der Textilhandel De Pasquale nun in der Via Maddalena; allem Anschein nach hat sich seitdem wenig geändert. Ein altes Radio aus den Sechzigern krächzt am Eingang, Pappwerbeaufsteller aus den Achtzigern stehen in den obersten Regalen, an den holzvertäfelten Wänden hängen Bilder aus noch früheren Zeiten, sein Vater und sein Urgroßvater, wie sie ihre Textilien verkaufen, an den Seiten befindet sich auf den Regalen die Auslage der Stoffe, hunderte davon, für Herrenanzüge in allen Schattierungen. Mich würde es nicht wundern, wenn jeden Moment Don Draper durch die Tür spaziert käme.
Der Geruch des Geschäfts ähnelt dem eines Antiquariats. Manchmal rauchen Signor De Pasquale und seine Freunde Zigarren; manchmal legen sie die Stummel auf den Regalen ab und vergessen sie dort.

Als Signor De Pasquale den Tuchhandel seines Vaters übernahm, war er neunundzwanzig Jahre alt, ein junger Mann, fast vierzig Jahre ist das her. Er hatte die Uni abgeschlossen, arbeitete seit zwei Jahren als Rechtsanwalt. Aus Respekt vor seinem Vater, Pasquale De Pasquale, führte er dessen Geschäft weiter. Der hatte es wiederum von seinem Vater, Domenico De Pasquale, vererbt bekommen. Signor De Pasquale heißt wie sein Großvater, früher war es in Sizilien üblich, den Söhnen und Töchtern die Namen der Großväter und Großmütter zu geben. In Signor De Pasquales kleinem Büro hängt sein Juradiplom eingerahmt an der Wand – noch heute wirkt er wehmütig, diesen Beruf aufgegeben zu haben. Als er das Geschäft von seinem Vater übernahm, waren seine Kunden Schneider aus Messina, knapp dreihundert gab es zu jener Zeit, heute seien es noch achtzehn, sagt er.
Ich habe an verschiedenen Tagen mehrere Stunden in seinem Laden verbracht, einen Kunden habe ich nie gesehen. Dennoch öffnet sich die Ladentür immer

wieder, Freunde des Inhabers gehen ein und aus, alte Herren, die mühsam die *Gazzetta del Sud* lesen, im Büro von Signor De Pasquale Fußball und Radsport schauen oder sich zumindest über die letzte Partie und das letzte Rennen austauschen, sich erkundigen, wie es den Kindern oder der Ehefrau im Krankenhaus gehe, über Krankheiten und die sich verändernde Stadt sprechen. Manchmal wird auch zum Telefon gegriffen, um eine Bestellung im siebenunddreißig Schritte entfernten Café aufzugeben, *due caffè, per favore*. Sechs Minuten später kommt dann ein junger Mann im weißen Hemd mit einem Tablett in den Laden und stellt es zwischen die beiden älteren Männer auf eine der Anrichten für die Stoffe, aus frisch poliertem Holz. Mit Signor Canepa, Simone, der schon mit seinem Vater befreundet war und der mit seinem dunklen Brillengestell, der blau-weiß gestreiften Hose und dem ehemals marineblauen Baumwollhemd wie die sizilianische Ferienversion Henry Kissingers aussieht, spricht er gern über Literatur und Politik. Und über Politik sprechen heißt meistens über sie schimpfen – über gescheiterte Bauvorhaben, korrupte Politiker, die lahme Stadtverwaltung, den ganzen süditalienischen Sumpf. Das ist oft der Moment, in dem zu den Raucherzeugnissen gegriffen wird.

*

Simone bleibt in der Tuchhandlung sitzen, der Signore und ich gehen zwei Blocks weiter, ich denke über seine Situation nach, in ein paar Jahren wird das Geschäft nach über hundert Jahren seine Pforten schließen. Signor De Pasquales Töchter wissen nicht, wie sich davon ein Lebensunterhalt bestreiten ließe. Vorhin war seine Tochter Elena kurz zu Besuch, eine ehemalige Journalistin, die nun in Sizilien gestrandeten Flüchtenden hilft. Sie sagte über das Ladengeschäft, und ich hörte ihr Bedauern: „Das wird ein Problem", da ihr Vater, Simone und deren Freunde ihre Heimat verlieren werden. Sie weinte kurz, weil nach über einhundert Jahren sie es sein wird, die die Stoffhandlung nicht weiterführt. Doch kürzlich hatten die Freunde Signor De Pasquales eine Idee, sie wollen in der Tuchhandlung ein Kulturzentrum eröffnen, einen *circolo*, wie sie das nennen, einen selbst organisierten Club der alten Freunde.

Rund vier Minuten später sind wir im mit Menschen vollgestopften Büro des *Automobile Club D'Italia*, des italienischen Automobilclubs. Glasscheiben trennen die Büros voneinander ab, es gibt keinen Platz, an dem keine Blätter, Ordner oder Hefter übereinandergestapelt wären, die Angestellten arbeiten noch mit Schreibmaschinen, Telefonen und Taschenrechnern aus den achtziger Jahren oder von noch früher. Der Raum ähnelt Redaktionen großer Tageszeitungen, wie ich sie aus US-amerikanischen Filmen kenne. Signor De Pasquale möchte hier das Auto auf mich umschreiben lassen. Plötzlich gerät er aber mit dem Notar ins Diskutieren, ein dritter Mann wird hinzugezogen, der wiederum einen weiteren herbeiholt. Es wird lauter. Ich weiß nicht, was vor sich geht; doch nachdem ich drei Wörter aufgeschnappt habe, *residenza, la Germania, un problema*, ahne ich, dass es ein Problem damit gibt, dass ich keinen italienischen Wohnsitz habe. Nachdem ich eine gute Viertelstunde darum gebangt habe, ob die Sache gelingt, löst eine Frau das Problem – mit nur einem Satz. Die Männer verstummen, und zwanzig Minuten später drückt sie einen Stempel auf eine Urkunde – der Fiat gehört mir.

Wir setzen uns wieder in De Pasquales Büro, ein Radrennen läuft, wie fast immer, wir unterschreiben die letzten Dokumente unseres deutsch-italienischen Handels und warten darauf, dass die *edicola*, der Zeitungskiosk von Signor Marcello schräg gegenüber, wieder öffnet, um Kopien zu machen, schauen schweigend dem Rennen über unseren Köpfen zu, ein Berg wird erklommen, schweißnasse Gesichter. Unsere innige Beziehung, das weiß Signor De Pasquale, endet in diesen Momenten. Er fragt mich, ob er mich zum Abschluss noch einladen darf. Einen Führungswechsel und viele schmerzverzerrte Rennfahrergesichter später steht ein Tablett zwischen uns, *due caffè*. De Pasquale zieht ein Buch namens *Bolidi di notte*, Boliden bei Nacht, aus einem Regal.

Auf den Fotografien sind Rennfahrer aus den fünfziger und sechziger Jahren zu sehen. Der eine oder andere spätere Formel-1-Weltmeister, Graham Hill, der nicht nur beim Großen Preis von Monaco triumphierte, sondern auch bei den *10 Ore di Messina* liegenblieb, den zehn Stunden von Messina, einem anspruchsvollen Nachtrennen. Bei einem solchen Langstreckenrennen, das später *Gran Premio di Messina* hieß, standen einmal auch Vater und Sohn De Pasquale an der Strecke, als die Ferraris, Maseratis, Porsches und Jaguars mit knapp dreihundert Stundenkilometern und einem Höllenlärm an den Mehrmastern und Frachtschiffen, der Häuserzeile am Hafen, der Fontana del Nettuno und den Strohballen vorbeirasten, mitten durch die Stadt; Vater und Sohn an der Geraden in der Via Garibaldi, fünf Minuten vom Stoffhandel De Pasquale entfernt.

Er sei damals *un bambino*, ein staunender kleiner Junge gewesen.

Aus dieser Zeit, sagt De Pasquale, rühre seine Vorliebe für die fünfziger und sechziger Jahre. Er sammelt vieles aus dieser Epoche, Blechspielzeuge, Rennräder, Schaukelpferde – und eben auch ein Auto mit einem luftgekühlten Motor.
Der Cinquecento sei für ihn eine Zeitmaschine gewesen, *una macchina del tempo.* Meist hat er ihn sonntags, als die Kirchenglocken verstummten, aus der Garage gefahren, kleine Reisen zwischen Torre Faro und Taormina unternommen, ist zu einer Trattoria oder zur *spiaggia,* an den Strand gefahren. Auf diesen Sonntagstouren war er wieder achtzehn, der junge Mann mit dem Traum, Jurist zu sein, der zu seinem Geburtstag den hellgrünen Fiat Cinquecento seiner älteren Schwester geschenkt bekam. In den Radios spielten sie Songs über die Versprechen der Liebe, Minas *Parole Parole.* Dann fuhr er mit seinen Freunden zum Tanzen, zum Strand, zum Fußball, und ein paar Jahre später heiratete er. Er kaufte mit seiner Frau ein zweites Auto, wieder einen Cinquecento, diesmal in Rot, sie reisten in die Abruzzen zum Skifahren, nach Kalabrien an den Strand, Urlaube, Wollmützen und Badetücher, die Kinder, *l'amore.*
„Bricht es Ihnen das Herz, Ihre *macchina del tempo* zu verkaufen?", schreibe ich auf eines dieser vergilbten Blätter Papier.
Naturalmente, antwortet er.
Aber sonntags brächten seine Töchter nun immer die Enkel, das Auto stehe nur noch in der Garage. Mit dem jetzigen, seinem dritten Cinquecento, habe er seine Tochter zur Kirche gefahren, das mit Blumen geschmückte Hochzeitsauto – all die Erinnerungen.
Signor De Pasquale kommt wieder in der Gegenwart an, schreibt auf ein Blatt Papier:
FARE AL GIORNO 120 KM,
DOPO 600 KM CONTROLLARE OLIO,
ich solle nur hundertzwanzig Kilometer am Tag fahren und alle sechshundert Kilometer das Öl kontrollieren. Er sorgt sich um die hundertjährige Nonna. Ich verspreche ihm, auf sie aufzupassen.
Quando parti per Capo d'Orlando?
Wann brichst du nach Capo d'Orlando auf?
Ora, schreibe ich auf das Blatt Papier.
Jetzt.

TRE

Sizilien, die Herkunft, *l'origine*

Mein erstes Zutrauen. Mein erstes Wort. Mein erster Freund. Mein erster Hund. Mein erstes Tor. Mein erster Kuss. Mein erster Drink. Meine erste Party. Meine erste Liebe. Mein erster Tanz.
All diese ersten Dinge sind von Freude, Aufregung und Unsicherheit geprägt. Mit diesem fiebrig-zittrigen Gefühl, gespeist aus dreierlei Empfindungen, fahre ich die ersten Meter und Kilometer durch Messina, seine Vororte; das Meer hinter mir, die Wälder und die Ausläufer des Peloritanischen Gebirges vor mir.
Je länger ich fahre, desto mehr wird aus dem Dreigemisch der Gefühle eines, ein befreiendes.
Es funktioniert, ich fahre.
Der Motor tuckert ruhig vor sich hin, ich fahre an Tannen, Eichen und Ulmen, monumentalen Pinien, Palmen, an Zypressen und Orangenbäumen vorbei, bahne mir über die zwischen die Bäume geschlagenen Kurven den Weg, ab und zu ein Dörfchen, nicht verlassen, aber still, über mir das Dach ist offen, der ewig blaue Himmel Italiens, es riecht mild-würzig-feucht, nach Wald, Sommer, Süden.
Nach der größten Steigung, ich fahre mit knapp fünfzig Stundenkilometern, rolle ich im Leerlauf, wie es mein Onkel mit seinen Traktoren tut, und genieße die Stille, den Fahrtwind, den Sound Siziliens. Nach kurzer Zeit sehe ich ein Stückchen Meer, das immer größer wird und vor dem ich wenig später stehe. Immer wieder schön, das erste Mal richtig am Meer zu sein, das Salz zu riechen, den Sand unter den Füßen zu spüren.

Da ich müde bin, gehe ich hinter einer Strandbar, in der das Lied *Fotoromanza* von Gianna Nannini läuft, kurz baden. Das Wasser ist weich und salzig – ich lasse mich neben einem von den Gezeiten abgeschmirgelten rot-weißen Kahn nieder und von der Sonne trocknen, was mich noch schläfriger macht. Danach bestelle ich mir an der weißen Holzbar mit meinem müden Brocken Italienisch einen Espresso. Der junge Barista zeigt sich erstaunt, dass ich kein Italienisch spreche und aus einem uritalienischen Auto gestiegen kam.
Ich fahre weiter, halte erst wieder, als ich eine *cooperativa* entdecke, einen Zusammenschluss von Landwirten. Ich decke mich mit Pasta, Olivenöl, Meersalz, *conserva di pomodoro,* mit eingelegten Tomaten, aber auch mit frischen, ein, mit gelbgrünen Trompetenzucchini, Zwiebeln, Knoblauch, Pfirsichen und Orangen. Mein Kofferraum ähnelt dem eines Bauern.

Nach etwa zwei Stunden Fahrt erschrecke ich kurz, ein rotes Lämpchen auf meinem tennisballgroßen Tacho leuchtet auf. Das Auto hat vier davon, *Luci, Generatore, Benzina, Olio,* Licht, Lichtmaschine, Benzin, Öl. Der Motorraum möchte über die Anzeige mit mir sprechen. Der Tacho endet bei einhundertzehn, über achtzig

ME 11
1948

Stundenkilometer hat sich der Zeiger heute nicht bewegt. Ich steuere die nächste Tankstelle an, mitten in einem Ort am Meer. Der Tankwart beäugt mich, ich versuche so zu tun, als würde ich schon ein Leben lang dieses italienische Auto mit *benzina verde,* bleifreiem Benzin, befüllen. Nicht einfach, der Tank befindet sich vorn unter der Haube; sie ist leicht zu öffnen, wenn man weiß, wie. Ich weiß es nicht. *Bella macchina,* ein schönes Auto, sagt der hagere Tankwart mit dem Schnauzer. Ich grinse schüchtern zurück, kaufe ein gekühltes Fläschchen mit Zitronen versetztes Bier. Kurz darauf fahre ich zwischen Himmel und Meer dahin, spüre die warmkühle Luft, die Straße schlängelt sich an Steinklippen entlang, macht Haken und Ösen, führt nach unten und oben; und immer dieser stete Ausblick aufs Blau. Bevor die Sonne versinkt, biege ich ab, in die Bucht von San Gregorio.
San Gregorio ist eine Autostunde von Messina entfernt, mit einer hundertjährigen Nonna, nur auf Landstraßen reisend, sind es gut drei. Zum Dank für die Mühe, die keine ist, möchte ich gern ein Gespür für das Land bekommen, und nicht nur A und B und die leblose Strecke, die *autostrada,* dazwischen.
Ich erreiche San Gregorio, ein ehemaliges Fischerdörfchen, durch Zufall hatte ich hier im Frühsommer bei meinem ersten Sizilienbesuch mein Quartier entdeckt, in der *Casa di Aurelio,* dem Haus von Aurelio. Ich hatte dort Halt gemacht, weil mich der Ort in seiner Einfachheit beeindruckte. Im Winter wohnen hier zwanzig Menschen, im Sommer ein paar Touristen mehr; ein kleines Halbrund, das man kaum Piazza nennen dürfte, am einen Ende ein Strandcafé und die neugierige Signora, bei der ich einen Espresso bestellte, am anderen Ende ein schüchterner Fischer. Und dazwischen der Laden des wuchtigen Eismachers Maurizio und die *Casa di Aurelio,* das Haus eines fast achtzig Jahre alten Fotografen, der mit seiner Frau Carmela heute im ersten Stock lebt, während sein Sohn Alessandro und dessen Freundin Roberta sich im Erdgeschoss eingerichtet haben, die weiteren Stockwerke haben sie zur Herberge umgebaut. Ich wohne ganz oben, unter dem Dach, vor mir die blaue Fläche des Ozeans. Beuge ich mich vor, sehe ich die kleine Bucht und als weißen Punkt mein Auto zwischen Meer und Piazza und spüre *Sapore di sale*, den Geschmack von Salz. Schnulzig, natürlich, ein Song aus den sechziger Jahren.

Sapore di sale, sapore di mare
un gusto un po' amaro di cose perdute
di cose lasciate lontano da noi
dove il mondo è diverso, diverso da qui

Geschmack von Salz, Geschmack von Meer
ein etwas bitterer Geschmack nach verlorenen Dingen
Dingen, die wir weit hinter uns ließen
wo die Welt anders ist, anders als hier

Sapore di sale gehört zu den größten Liedern Italiens, erzählt vom Anfang und vom Ende der Liebe. Der Sänger Gino Paoli sagt, es handle von einem Ausnahmezustand, von der Abkehr von der Realität. Es sei das schönste aller Strandlieder, schrieb einmal der *Rolling Stone*.

Es ist im Fischerdörfchen San Gregorio vor über fünfzig Jahren entstanden und erzählt von Augenblicken in der Bucht, über die ich heute aus meinem Appartement schaue. Keine zweihundert Meter von Maurizios Eisdiele entfernt steht das Hotel *La Tartaruga*, benannt nach einer plötzlich in der Bucht aufgetauchten Schildkröte. Ganz früher war das *Tartaruga* eine Strandbar, in der die Fischer Karten spielten, dann eine Trattoria, in der es den Fisch gab, den sie gefangen hatten. Später fällten die Damianos, eine Fischerfamilie, ein paar von den Zitronenbäumen am Berghang, errichteten dort eine Tanzfläche und hängten bunte Lichter auf. Die Fischer tanzten, erst unter sich und dann zusammen mit den italienischen, deutschen, amerikanischen wie australischen Touristen. San Gregorio hatte plötzlich einen Nachtclub am Strand, die *gemelle Kessler,* die Kessler-Zwillinge, damals eine große Nummer von Berlin bis München, von Paris bis nach Rom, gaben hier ihre Lieder zum Besten. Zwei junge Frauen, die erstmals überhaupt im italienischen Fernsehen Bein zeigten, aber auch italienische Songs aufnahmen, die sie ebenso auf der Bühne im *Tartaruga* vortrugen wie Adriano Celentano und Gino Paoli die ihren. Der *pastore* der Chiesa di San Gregorio, des Gotteshauses nebenan, dürfte nicht gewusst haben, ob er hin- oder weghören sollte.

*

Meine Großmutter wurde von ihrer Mutter – ihr Vater, Portier einer Farbfabrik, war im Ersten Weltkrieg verstorben – von Wiesbaden zu kinderlosen Angehörigen nach Bayern aufs Land geschickt, da ihre Mutter erkrankt war, vermutlich wie so viele in unserer Familie an Schwermut. Nach dem frühen Tod ihrer Mutter in Hessen wurden ihre Verwandten auf dem bayerischen Hof für sie wie Vater und Mutter. Später erbte sie das Haus der beiden Bauern. Irgendwo zwischen dem Kloster, dem Hof meiner Großmutter, den Obstbäumen in der Dorfmitte, der Kirche auf dem Hügel, dem Gasthaus zu seinen Füßen, den Obstwiesen, dem anderen Kloster und den Feldern und Wäldern um das Dorf haben sich meine Großmutter und mein Großvater kennengelernt. Manche sagen, es funkte in der Kontaktbörse jener Zeit, im Kirchenchor. Sie heirateten in Wiesbaden, im Standesamt des Schlosses Biebrich, meiner Großmutter war es wichtig, dafür in ihre Heimat zurückzukehren. Auf dem Hochzeitsfoto trägt ihr Mann einen gut geschnittenen Anzug, ein weißes Einstecktuch, eine weiße Fliege, in der linken Hand zwei weiße Handschuhe und einen Zylinder, an den Füßen ein Paar glänzende Lackschuhe. Meine Großmutter trägt ein tailliertes schwarzes Kleid, ihre Haare kurz und einen leichten Schleier, der aber derart lang ist, dass er nicht ganz auf das Bild passte. Ein schönes Paar, das in den Jahren darauf fünf Kinder zur Welt bringen wird. Mein Großvater musste als jüngster Sohn nicht in den Krieg, einer musste sich um die Tiere und Felder des Hofs seines Vaters kümmern. Auch der Bauernhof meiner Großmutter bleibt vom Krieg verschont, mit ihren Rindern und Feldern brachten die beiden ihre Kinder durch. Nachdem das jüngste Kind, meine Mutter, geboren war, überzeugte meine Großmutter ihren Mann, auf ihrem Hof ein Café zu eröffnen. Anfangs spielten die Bauern dort nur Karten und tranken, später bekamen sie von meiner Großmutter auch zu essen. Das sprach sich herum bis in die Stadt, erst kamen die Städter, dann die Vertreter und die Kloster- und Kuchentouristen, zu Feierlichkeiten, an Geburtstagen und am Karneval, es wurde gefeiert und getanzt. Das Schlafzimmer meiner Großmutter wurde geräumt und zur Tanzfläche umgewidmet. Ab und zu spielte auch eine Band, zumindest aber ein Akkordeon. An normalen Tagen träumte man sich abends mit den fünfundvierzig Umdrehungen der Jukebox für zehn Pfennig nach Italien, nach Neapel oder San Remo. Die Singles hießen *Irena, Ciao ciao bambina, Uno per tutte.*

*

Nach einem Auftritt im *Tartaruga* schreibt Paoli unter dem Einfluss der Bucht von San Gregorio den Song über einen Mann und eine Frau, angeblich die Schauspielerin Stefania Sandrelli, die kurz zuvor mit Marcello Mastroianni als Filmpartner an ihrer Seite auf Sizilien gedreht hat und später auch mit Bernardo Bertolucci und Roberto Benigni arbeiten wird. Der verheiratete Musiker und die Schauspielerin sind damals ein Paar, irgendwo zwischen Glück und Unglück gefangen. Ennio Morricone und sein Orchester sorgen für das Arrangement des Songs; just als er an die Spitze der italienischen Charts klettert, schießt Paoli sich selbst mit einer Pistole in die Brust. Er überlebt, doch die Kugel soll bis heute in seinem Körper stecken. „Ich schoss mir mit einer Deringer in die Brust, weil ich alles hatte und nichts mehr fühlte", sagte er einmal. Vielleicht ging es um Eifersucht? Vielleicht um die große Geste? Vielleicht ist die Geschichte auch nur eine italowesterngleiche Fiktion?

*

Morgens acht Uhr, ich bin mit Roberta und Alessandro verabredet, setze mich auf eine Bank vor der *Casa di Aurelio,* warte auf sie. Dabei beobachte ich, wie ein Bäcker aus seinem Lieferwagen steigt und ein Rentnerehepaar in freudiger Erwartung einen Weidenkorb aus dem zweiten Stock nach unten herabseilt. Dann legt der Bäcker die Brioches, die hier auch *brioscie* genannt werden, in den Korb, und der Rentner zieht ihn wieder nach oben. Als der Seilakt vollzogen ist, betritt ein Mann die Szene, der zuvor mit drei Einkaufstüten und drei Waschmittelpackungen aus einem blauen Fiat gestiegen ist und vier Uhren trägt, an jedem Handgelenk zwei, sowie auffällig schwarzes, unabsichtlich ins Rötliche tendierendes Haar, und spricht mich an.
Ciao, come stai?
Salve, bene, antworte ich ihm, gut gehe es mir.
Non è una bellissima giornata?, sagt er.
Sì, sì, fantastica, was für ein schöner Tag.
Auf ihn habe ich schon seit meiner Ankunft gewartet. Ich wusste sofort, wer vor mir steht: der Mann, in dessen Haus ich schlafe, Aurelio. Er hat, jetzt erst recht durch seine verschrobene Erscheinung, mein Interesse geweckt: Wer ist Aurelio?, frage ich mich, während er wieder in seinen Punto steigt und davondüst.
Die kurze Begegnung fügt sich gut in meinen Plan. Am Tag zuvor hatte ich am Strand liegend die Schwerpunkte meiner innersizilianischen Reise überlegt, zunächst zum Ätna, zum Hundertjährigen und zum Hundertsiebenjährigen, den Erstbesitzern meines Autos. Außerdem möchte ich wissen, was es mit dem massigen Maurizio, dem Eismacher von San Gregorio, auf sich hat, über den sie raunen, er habe mal die Mafia am Hals gehabt. Drei Männer, kein Zufall im patriarchal geprägten Sizilien; der vierte soll, das beschließe ich während des Smalltalks, diese etwas rätselhafte Gestalt von gerade eben sein. Aurelio, der Hochzeitsfotograf. Sein Sohn Alessandro hat sich mittlerweile zu mir auf die Bank gesetzt. Warum Aurelio ihm und Roberta fast jeden Tag ungefragt Tüten voller Einkäufe vor die Haustür stellt – das wisse er auch nicht so ganz genau. Aurelio kaufe einfach alles ein,

Aurelio

was im Angebot sei, ob man es brauche oder nicht. Heute gab es drei Packungen Waschmittel, morgen wahrscheinlich drei Säcke Kartoffeln. Dann hebt Alessandro seine geöffnete Hand auf die Höhe seiner Schläfe und dreht sie für zwei Sekunden in der Luft, ein wenig *misterioso* sei Aurelio, er meint es liebevoll.
Roberta bringt unser Frühstück aus der Eisdiele herüber. Alessandros Freundin, die einen kleinen Foodblog betreibt, frühstückt täglich bei Maurizio, geht aber vielleicht auch deswegen jeden Morgen auf der Straße am Meer joggen. Sie reicht mir, der *caffè* steht schon neben mir, die *granita al limone con brioche,* das typisch sizilianische Frühstück. Maurizios Granita ist eiskalt, halb flüssig, und dem Eismacher gelingt damit ein Spagat, so wie er sein soll, die Granita ist grobkörnig und cremig zugleich. Eis zum Frühstück, das macht hier Sinn – und vermutlich auch an heißen Sommertagen zu Hause in Deutschland. Das Frühstück wirkt wie ein Doppelbeschleuniger, Hirnfrost und nach einem kurzen Tilt-Moment der Espressowumms. Die Brioche wirkt dagegen deeskalierend, ist butterweich, hefig, süßsäuerlich. Der beliebteste Teil ist ihr Gipfel, *tuppo* genannt.

*

Robertas sizilianische Brioches

500 g Manitoba-Mehl · 500 g Mehl Typ 00 · 1 EL Honig · 150 g Zucker · 15 g Bierhefe · 350 ml kalte Milch · 4 Eier · 150 g kalte Butter · 20 g Meersalz · ein wenig geriebene Orangenschale · Eigelb · Milch

Für den Teig bietet es sich an, eine Küchenmaschine zu verwenden. Das gesiebte Mehl, den Honig, den Zucker und die Bierhefe, die vorher in einem kleinen Glas leicht angewärmter Milch angesetzt wurde, in eine Schüssel geben und vermengen. Dann die Eier einzeln hinzufügen. Meersalz in Milch auflösen, nach und nach zugeben, den Teig nicht zu schnell, nicht zu langsam kneten. Manche fügen noch etwas geriebene Orangenschale hinzu. Die kalte Butter in kleinen Stückchen nach und nach in die Schüssel geben, ein wenig an Geschwindigkeit zulegen. Der Teig sollte nach einer knappen halben Stunde dehnbar sein und sich vollständig von der Schüsselwand lösen.
Danach den zugedeckten Teig bei rund 28 Grad (Backofenlicht) aufgehen lassen, bis er sich verdreifacht hat. Noch besser ist es, den mit einer Folie bedeckten Teig in der Schüssel über Nacht in den Kühlschrank zu stellen. Im nächsten Schritt die Schüssel auf einen mit Mehl bestäubten Tisch umdrehen und den Teig eine Stunde lang bei Raumtemperatur ruhen lassen. Zu Kugeln formen von je etwa 80 Gramm. Die sizilianische Brioche, *la brioscia,* hat eine Eigenart, *il tuppo,* einen kleinen Hügel, 15 Gramm schwer, diesen jeweils obenauf legen und leicht andrücken. Das Blech mit den Brioches in den Ofen schieben, das Licht einschalten. Wenn sich der Teig verdoppelt hat, die Brioches bei 190 Grad 25 Minuten backen.
Ein paar Minuten vor Ende der Backzeit mit Eigelb und Milch bestreichen.

*

Meine Großmutter buk, welch seltsam schönes Wort, früher einmal in der Woche einen Hefezopf; später, als ihr das zu anstrengend wurde, kaufte sie ihn bei einer fahrenden Bäckerin, die durchs Dorf zog und bimmelnd vor ihrer Tür Halt machte. Als sie noch älter wurde – die Idee mit dem Seil und dem Korb kam niemandem –, schickte sie mich nach unten zur Bäckerin. Früher hatte ich meiner Großmutter dabei zugesehen, wie sie den Hefezopf machte. Vor dem Backen flocht sie ihn. Die Küche, nicht nur der Backofen, war auf Betriebstemperatur, vermutlich achtundzwanzig Grad warm. Der Teig war elastisch wie ein Gummiseil, meine alte Großmutter eine junge Artistin. Er hielt Tage – und je härter er wurde, desto lieber tunkte sie Scheiben davon in den Kaffee wie manche Sizilianerin hunderte Kilometer südlich ihre Brioche in die Granita.
Dort, in der in allen erdenklichen Blautönen gehaltenen Küche von Carmela, sitze ich nun mit Roberta und Alessandro, Carmelas Sohn. Durch die Balkontür sieht man zwei weitere Arten Blau, das des Meeres und das des Himmels. Carmela ist die Frau von Aurelio, dem Rätselhaften. Sie wisse wieder mal nicht, wo er sei, sagt sie mit ihrer seltsamen Stimme. Seltsam, weil ein Loch in ihrem Hals klafft, Krebs, geraucht hat sie nie. Das italienische Gesundheitssystem sei nicht das beste, wird sie ein bisschen später sagen und erzählen, in Sizilien gebe es keine geeignete Klinik, weshalb sie sich seit drei Jahren alle paar Wochen bis Monate in den Norden aufmache, in ein Krankenhaus in der Nähe von Venedig. Als in ihrer Küche kurz darauf eine dichte Wolke Basilikumduft steht und ich mich nach der Pfanne auf dem Herd erkundige, sagt sie, das sei nur ein Alltagsgericht aus Auberginen, Kartoffeln und Basilikum.

*

Beiläufiges Gemüse

1 große Aubergine · 7 mittelgroße Kartoffeln · Tomaten · ein paar Schalotten oder 1 rote Zwiebel · Basilikum · Olivenöl · Salz · Pfeffer

Die Unterscheidung zwischen Festtags- und Alltagsgericht kenne ich von meiner Großmutter. Letzteres ist gut nach Feierabend zu kochen, macht glücklich. Die Aubergine in Scheiben schneiden. Kartoffeln schälen und in genauso dicke Scheiben schneiden. Beides abwechselnd in eine Pfanne schichten, darauf die klein gewürfelten Tomaten und Schalotten verteilen, darüber grob gerupfte frische Basilikumblätter legen. Weder am Basilikum noch am Olivenöl sparen. *L'aroma!* Zum Schluss noch Salz und Pfeffer, vielleicht einen Schuss Wein hinzugeben und bei schwacher bis mittlerer Hitze rund 20 Minuten zugedeckt auf dem Herd dünsten. Das Gemüse kann als Hauptgericht für einen Mittwochabend dienen, ist aber auch sonntags als Beilage zu Fisch oder einer Salsiccia eine Option. In letzterem Fall noch klein geschnittene Weißbrotwürfel mit Knoblauch und Kräutern in Olivenöl anbraten und über das Gemüse geben.

Aurelios Schwager, Carmela und Roberta

*

La storia di Aurelio e Carmela, die Geschichte eines jungen Mannes von der Küste und eines Mädchens vom Land, beginnt in einer Bar. Dorthin ging Aurelio gern. Einmal sagte in der Bar ein Freund zu ihm, ihm gefalle die junge Frau dort hinten, die mit den kurzen braunen Haaren. „Du solltest zu ihr gehen und ihr sagen, dass du sie heiraten möchtest", riet ihm Aurelio. Der junge Mann stand auf, da hielt Aurelio ihn fest und sagte „Stopp" – und am Ende ging er selbst zu ihr hinüber. Später sagte Carmela ihm, da habe er ganz schön was riskiert. „Nein, ich wusste, dass du Nein zu meinem Freund gesagt hättest", antwortete er ihr.

„Er ist so eingebildet", sagt seine Schwester Maria Gloria, als Carmela im Garten von Aurelios Geburtshaus die Geschichte erzählt.

Hier, in diesem Häuschen, zwischen Maurizios Eisdiele und dem *Tartaruga,* wurde Aurelio als eines von sechs Geschwistern geboren. Alle besuchten sie – und darauf sind die Geschwister stolz – die *scuola primaria*, die Grundschule, ein Privileg, das damals nicht jedem Kind im Fischerdörfchen San Gregorio zuteil wurde. Aurelios Großvater, unehelicher Sohn eines hochrangigen Militärs, siedelte sich vor gut einhundert Jahren mit seiner Frau hier an. Halt machten sie, weil Aurelios Großvater der Hang voller Bergamottebäume auffiel. Auf die Essenz der Bergamotte, im Aussehen einer Zitrone ähnlich, aber weit bitterer im Geschmack, war er spezialisiert, genauso wie später sein Sohn, Aurelios Vater. Schon wenn die Bäume blühten, wussten sie, wie viele Tonnen Bergamotten zu erwarten waren. Ihr Öl – unverzichtbar für die herb-frische Note eines Earl Grey und für viele Parfüms – gewannen sie aus der Frucht mithilfe eines Schwamms; und in dieser Methode waren sie wahre Meister.

Aurelio interessierte sich eher für das Wasser als für das Land. Schon mit sechs Jahren schöpfte er im Brunnen des Dorfes Wasser und brachte es den Fischern, die es zum Trinken mit aufs Meer nahmen. Später ist er mit ihnen fischen gegangen, hat auf dem hölzernen Boden der Boote geschlafen, irgendwo zwischen den Äolischen Inseln, den erloschenen und den rauchenden Vulkanen, zwischen Stromboli und San Gregorio. Aurelio brachte Fisch, aber auch Pfeilkalmar, also Tintenfisch, mit in die Küche seiner Großmutter und Mutter. Ein paar Jahre später stand Aurelio dann selbst dort, spätnachts, die Küche war seine Dunkelkammer geworden. Er hatte sich durch einen Freund in die Fotografie verliebt. Fast so lange, wie mein Auto alt ist, fünfzig Jahre lang, war Aurelio Fotograf; nicht irgendeiner, sondern einer, den man in ganz Sizilien kannte. Eine Legende, sagt seine Schwester. Er sammelte die Szenen, die er in Bildern festhielt, vor allem bei Familienfeiern und auf Hochzeiten, aber auch das alltägliche Leben der Sizilianer und Sizilianerinnen porträtierte er. Es entstanden seltsam melancholische Bilder einer verschwundenen Welt, in der die Piazza von San Gregorio noch ein Strand war und die Fischerboote aneinandergereiht vor dem *Tartaruga* lagen.

Im Garten von Aurelios Geburtshaus riecht es heute noch nach Zitrusfrüchten, aus Aurelios ehemaliger Dunkelkammer, der Küche, duftet der im Sud aus Tomaten, Lorbeer und Weißwein köchelnde gefüllte Tintenfisch: *Totani ripieni*, ein altes Rezept der Großmutter. Aurelios Schwester Maria Gloria hat es aufbewahrt. Schon ein paar Kilometer weiter schmecke das Gericht ganz anders, sagt sie. Gefangen hat den Tintenfisch der junge Alessandro, er ist einer der letzten Fischer von San Gregorio. Mit ihm, den ich tags zuvor beim Knüpfen seiner Netze beobachtet hatte, wollte ich frühmorgens um vier Uhr aufs Meer, doch das aufgeraute Meer ließ es nicht zu.

✷

Gefüllte Totani nach Aurelios Großmutter

2 bis 3 Tintenfische pro Person · Olivenöl · 2 Knoblauchzehen · reichlich Lorbeerblätter
Füllung: Weißbrot · Milch · 40 g Parmesan · 30 g Pecorino · 1–2 Eier · Petersilie · Olivenöl · Meersalz, Pfeffer
Für die Sauce: Zwiebeln · Karotten · Stangensellerie · frische Tomaten · Olivenöl

Für den Sugo Zwiebeln, Karotten und Stangensellerie klein würfeln und scharf anbraten, im Anschluss die von Strünken und Haut befreiten Tomaten und ein wenig Salz dazugeben. Geht es nicht anders, Tomatenpüree aus der Flasche verwenden, das Ganze 2 Stunden bei geringer Hitze im geschlossenen Topf köcheln lassen und durch ein Sieb passieren.
Milch leicht anwärmen, das in Würfel geschnittene Weißbrot ohne Rinde darin einweichen, gut ausdrücken, in eine Schüssel geben, geriebenen Parmesan und Pecorino, 1 bis 2 Eier, ein wenig Meersalz, frischen Pfeffer, Petersilie und Olivenöl hinzufügen.
Die Tintenfische gründlich putzen, zur Hälfte mit dem Teig füllen und mit Zahnstochern oder Faden verschließen. Die Köpfe und Tentakel kräftig in Öl anbraten, anschließend kurz die *sacche,* die Tuben, je nach Geschmack mit Knoblauch. Reichlich Lorbeerblätter dazugeben, alles mit ein wenig Weißwein ablöschen. Die Tintenfische zusammen mit dem Fond und den angebratenen Köpfen und Tentakeln in eine Bratenform legen, die Tomatensauce mit Weißwein und etwas Wasser verlängern und darübergeben, mit Olivenöl beträufeln, alles sollte ganz von dem Sugo bedeckt sein. Das Ganze rund eine halbe Stunde bei 180 bis 200 Grad in den Backofen geben. Eine Variante ist es, auch die angebratenen Tentakel und Köpfe zu zerkleinern und mit in die Füllung zu geben.
Vor dem Servieren die Tuben in Scheiben schneiden, mit der Sauce übergießen.
Für die vegetarische Version anstelle von Tintenfisch kleine italienische *peperoni,* also Paprika, verwenden.

✷

Bis in die neunziger Jahre stand im Garten des Hauses ein weißer Cinquecento. Von seinem ersten Ersparten hatte Aurelio sich den gekauft, später besaß er mehrere Fotogeschäfte, er arbeitete dort mit zweien seiner Brüder und seiner Tochter. Nachdem Aurelio das Auto nicht mehr benötigte, nutzten es seine Schwestern. Als die Cinquecentos wieder an Wert zulegten, hob ein Dieb eines Nachts den Schatz aus dem Garten der Familie.

Mit diesem Auto, sagt Carmela, fuhren sie, ein Jahr nachdem sie sich in der Bar begegnet waren, nach Rom, der Hochzeitsfotograf und seine Frau auf Hochzeitsreise. Carmela trug ein Kleid in der knallroten Farbe der Autositze. Auf einem Foto sitzt sie an der Küstenstraße auf der Leitplanke, die Türen des Autos stehen offen wie Flügel, ein Halt auf der Fahrt Richtung Rom. Sie trinkt einen *caffè*, zu ihren Füßen die kleine blaue Alitalia-Reisetasche.
Ein anderes Bild: Aurelio lehnt an einer Straßenlaterne, er trägt seinen schicken schwarzen Anzug, seine Lederschuhe, die Krawatte; er ist nur scheinbar vertieft in ein Buch, einen Reiseführer, im Hintergrund parkt der weiße Fiat, dahinter erhebt sich das Kolosseum.
Geschlafen haben sie im Kloster bei einer Tante, Madre Veronica. Als sie einmal später als erlaubt heimkehrten, kletterten sie über das Tor des Klosters. Madre Veronica erfuhr davon nie.
Ricordi, Erinnerungen.
Die Hochzeit zuvor, ein rauschendes Fest. Vierhundert Freunde waren eingeladen, es wurden weit mehr. Gefeiert wurde – *naturalmente* – im *Tartaruga,* die Autoschlange zog sich die Küste entlang. Manch einer fragte, feiert ein König – oder vielleicht die Agnellis?
„No, Aurelio!" – „Ach so, Aurelio", und wieder hatte das *Tartaruga* einen Gast mehr zu bewirten.
„Wieso ist er wunderlich geworden?", frage ich Maria Gloria, seine jüngere Schwester, fast fünfzig Jahre später im Garten ihres Geburtshauses und denke dabei an die vier Uhren, die Einkäufe und an die Türen der Familie. An jeder von ihnen hängt eine Schnur, auf die getrocknete Peperoni aufgezogen sind, ein weiterer Tick Aurelios. Zuvor hatten Maria Gloria, Carmela und ich entdeckt, wie er vor dem Garten seines Geburtshauses herumschlich, ihn mit den Augen absuchte, uns beobachtete, aber selbst auf Bitten der beiden nicht hereinkommen mochte.
„Er ist scheu geworden", sagt seine Schwester, „wunderlich war er schon immer."
Er sei 1940, während des Krieges, geboren, für seine Mutter und seine Großmutter war er das Wichtigste. Aus dieser Zeit stammen seine Unsicherheiten, aber auch sein Selbstbewusstsein. Außerdem zehre eine Tragödie an ihm, der frühe Tod seiner Tochter, an Krebs gestorben, und auch die Krankheit Carmelas.
Eine Szene, wird Maria Gloria mir später erzählen, werde ihr immer im Gedächtnis bleiben. An einem Abend habe sie Carmela und Aurelio zum Essen eingeladen. Nach einer Operation konnte Carmela kaum schlucken, brauchte dreimal so lange wie alle anderen. Aurelio wartete bei jedem Bissen auf Carmela, führte seine Gabel erst dann zum Mund, wenn auch Carmela es tat.
„Aurelio", sagt Maria Gloria, „ist wie ein Igel, außen voller Stacheln, doch innen ganz weich."

*

Als ich nach Tagen am Meer die Bucht von San Gregorio in Richtung Ätna verlasse, baumelt am Spiegel meines Autos eine Schnur, an der sich, passend zu den roten Sitzen, Peperoni um Peperoni reiht; ein Abschiedsgeschenk des Igels.

*

Signora Silvestro, mit Vornamen Maria, verdrückt eine Träne. „Zu fünft haben wir uns zu deinem Großvater in die Giardiniera gepresst", sagt Maria Silvestro zu ihrem Sohn. „Ja, ich erinnere mich", antwortet Raffaele Maugeri, der den Namen seines verstorbenen Großvaters trägt. Sie sind gerade auf die Straße vor ihrem Haus getreten, berühren den Cinquecento abwechselnd, befinden sich auf einer kurzen inneren Zeitreise, weil sie das Auto kennen, das da so plötzlich vor ihnen steht, weil Erinnerungen aufkommen, an Signora Silvestros Schwiegervater, Raffaele Maugeris Großvater, den Hundertsiebenjährigen.

Um ihn, den Zweitbesitzer des Fahrzeugs, zu finden, sind wir ins Landesinnere aufgebrochen – wir, weil Daniel, mein Beifahrer für die nächsten Wochen, zugestiegen ist, ein Fotograf und Freund, mit dem ich zur Schule gegangen bin und gelegentlich zusammenarbeite und der normalerweise in Krisenregionen wie Afghanistan und dem Irak unterwegs ist.

Kurz nach der Bucht von San Gregorio begann das Land sich zu wandeln, wir fuhren nicht mehr an Stränden, sondern an grünen Feldern entlang, kein Ozean mehr unter uns, sondern Anhöhen und Hügel, sogar Berge über uns. Wir fuhren auf einer kleinen Landstraße, auf der nur ein Auto Platz hatte, was aber einerlei war, da uns nie ein Fahrzeug entgegenkam. Ein paarmal dürften wir auf Hirtenwegen gefahren sein, die Peperoni am Spiegel schwankten wie auf offener See. Wir kletterten Meter um Meter, erklommen Serpentinen und fuhren sie hinab, wir zogen uns Pullover über und überquerten einen oder zwei weitere Gipfel, der höchste dürfte rund achtzehnhundert Meter hoch gewesen sein. Seltsam war, dass es immer grün blieb, wir an hoch gelegenen Weiden, grasenden Schafen und Bauernhöfen vorbeifuhren, die vor Verlassenheit bröckelten. Die einzigen Menschen, die wir trafen, waren ein Bauernpaar, das auf einem Plateau zwischen Kalkfelsen und Wiesen nach Kräutern suchte. Über uns kreisten Raubvögel. Steinadler?

Ich habe mitten in Europa selten so viele verschiedene Grüntöne gesehen wie im Parco dei Nebrodi, einem der größten Naturparks Europas, den die Sizilianer eine Insel auf der Insel nennen. Vielerlei Farne und Schilfe, wilden Fenchel, Eichenwälder, Akazien und Feigenbäume sahen wir, es blühten Hagebuttensträucher und Feigenkakteen. Nachdem es bergab gegangen war, fuhren wir in der Ebene an Zitronen- und Orangenbäumen, Oliven- und Mandelbäumen, an Melonenfeldern vorbei. Das Auto war genauso überrascht von der tropisch-bergigen Tour wie wir, hielt sich aber wacker. Vor engen, nicht einsehbaren Kurven hatte ich mir von den Sizilianern abgeschaut, zu hupen. Das ging nun nicht mehr, weil die Hupe, vielleicht durch die höhere Feuchtigkeit in den Bergen und Wäldern, versagte. Außerdem ließ sich die Beifahrertür nicht mehr öffnen, was Daniel dadurch löste, dass er entweder umständlich durch die Fahrertür ausstieg oder das Schloss abschraubte, reparierte und wieder anschraubte, was allerdings jeweils nur für zwei oder drei Ausstiege hielt. Aber uns zeigte, dass wir in einem Auto unterwegs waren, das wir bei kleineren Schäden selbst reparieren konnten.

Nach drei Stunden tuckerten wir plötzlich auf ihn zu – den Ätna. Groß und gewaltig, schwarz konturiert, war er schon lange zu spüren gewesen, gesehen hatten

wir ihn noch nicht. Er war nicht, wie wir hofften, mit Schnee bedeckt. Auch schlief er. Nach ein paar letzten Kurven standen wir vor der Tür von Signora Silvestro und ihrem Sohn, in Francavilla di Sicilia, einem hübschen Ort mit ebenso hübschem Namen, in dem abends junge Männer mit stolz durchgedrückten Rücken Sanfratellano-Pferde, Wildpferde, durch die Altstadt reiten.

Ohne zu zögern holen Mutter und Sohn uns zu sich ins Wohnzimmer, in dem sich nur ein Sofa und ein kleines Fernsehregal befinden, und erzählen uns von dem Mann, der vor Jahrzehnten hier mein Auto fuhr.

Numero uno sei er gewesen, sagt Raffaele Maugeri über seinen Großvater Raffaele Maugeri: der Beste. Auf seine Giardiniera achtete er wie auf seinen Augapfel, niemand durfte das Auto fahren, nur ab und zu er, sein Lieblingsenkel. Sein Großvater, 1913 geboren, hatte das Auto in den Siebzigern gekauft und fuhr damit auf seine Felder und in seine Gärten, er hatte dort Obst und Gemüse angebaut und verkaufte es auf dem Markt. Im Auto wurden Orangen und Weintrauben, Pfirsiche, Kastanien und Oliven transportiert, außerdem selbst hergestellter Wein und Oli-

venöl und die passenden Werkzeuge dazu, Schaufeln, Hacken, Scheren und Seile. Dieser Arbeit gingen die meisten Menschen hier bis heute nach, es habe sich nicht viel geändert, sagt Raffaele Maugeri. Als sein Großvater das Auto aus dem Nachbarort gekauft hatte, ließ er es neu lackieren, in einem blassen Rot. Die Jahrzehnte zuvor, in den sechziger und siebziger Jahren, hatte er in Deutschland gearbeitet, war einer dieser damals Gastarbeiter genannten Menschen aus Sizilien, die ihre Insel verließen, weil das Geld nicht ausreichte und sie Arbeit suchten. In Offenbach, einer alten Fabrik- und Arbeiterstadt in Hessen, in der Nachbarschaft der Geburtsstadt meiner Großmutter, hatte er sie gefunden, Ziegel stellte Signor Maugeri dort her. Einmal im Jahr kehrte er, immer über die Sommermonate, nach Francavilla zurück.
Maria Silvestro erzählt – während sie uns auf Weißbrotscheiben angerichtete *Caponata di melanzane* vor die Nasen stellt, die ähnlich wie das beiläufig gedünstete Auberginengemüse von Carmela schmeckt, allerdings mit einer frischen Note von Staudensellerie, Essig und Kapern –, dass es ihrem Schwiegervater immer wichtig war, gemeinsam zu essen, dass sich die Familie abends um den Tisch versammelte. Er hatte zwei Lieblingsgerichte, eins davon, zu besonderen Tagen, war geschmorter Braten von den Hasen, die sich immer auf seinen Feldern tummelten.

*

Mein Großvater hatte ein Glasauge. Manche – darunter meine Mutter – sagen, er sei vom Hof meiner Großmutter zu seinem Geburtshaus geradelt, dem Hof, den er damals bewirtschaftete. In der einen Hand hielt er einen Eimer Löschkalk, den er vermutlich, es dürfte Frühjahr gewesen sein, vorher zur Düngung seiner Felder verwendet hatte. Mit der anderen Hand wird er sich am Lenker des Fahrrads festgehalten haben. Der Fahrtwind, eigentlich ein unschuldiges Wesen, wehte ein wenig Kalk aus dem Eimer in sein Auge. Mein Großvater, normalerweise kein ungeschickter Mann, verlor es. Ich weiß ansonsten nicht viel von ihm, er starb früh. Wir spielten gern im Flur des Bauernhofs meiner Großeltern Fußball, der auf einem Auge erblindete Großvater und sein Enkel. Er spielte außerdem oft Karten und aß gern Hasen. Einmal im Jahr trafen sich die Bauern, die oftmals auch Jäger waren, auf den Feldern, die Treibjagd stand an. Das ließ sich mein Großvater, egal ob mit zwei Augen oder mit einem, nicht entgehen. Im Anschluss hat er den Feldhasen hinten in der Waschküche das Fell abgezogen und das Fleisch zu meiner Großmutter in die Küche gebracht. Ein paar Stunden später gab es Hasenbraten.
Eines Tages vergaß mein Großvater, dass es zweierlei Vorlieben für Hasen gibt, eine, die wie seine war, und eine, die kindlicher ist – das weiche Fell, die süße Nase. Mein Vater und meine Mutter – sie hatten zwei Kinder, meine Schwester und mich –, hielten eine Zeitlang im Garten unseres Hauses zwei Stallhasen, die sich in ihren Gehegen dann immer weiter vermehrten. Mein Großvater, damals schon über achtzig, zog den beiden größten Hasen das Fell ab, zerlegte sie und packte sie meiner Mutter in die Gefriertruhe. Pflichtschuldig bereitete sie Wochen später den Braten zu, essen wollte ihn niemand, sogar Tränen flossen. Später erzählte sie meinem Großvater von diesem Abend. Hasen seien doch nicht zum Streicheln da, entgegnete er ihr. Im Herzen war er Bauer.

*

Das Schwarz-Weiß-Foto, das mir Maria Silvestro überreicht, erinnert mich an den Bruder meines Großvaters. Es zeigt einen stolzen Mann mit großen Ohren. Raffaele Maugeri trägt eine Krawatte, ein lustiger Mann sei er gewesen, auf den man sich verlassen konnte, sagt sein Enkel. Dasselbe sagt man von meinem Großvater. Einer, der immer für meine Großmutter da war, sei es im Bauernhof, im Café oder im Haushalt. Aber auch ein Mann, der mit den Gästen, hatten sie zu viel getrunken, spätnachts das Treppengeländer hinunterrutschte. Meine Großmutter sagte dann am nächsten Morgen: „Habt ihr gestern wieder schön poliert, *amore?*“ *Amore* sagte sie nicht, der Rest trifft zu.

*

In Mojo Alcantara, dem Nachbardorf von Francavilla di Sicilia, wurde gestern gefeiert und wird heute immer noch gezecht. Es ist Mittag, Francesco Villari, der Sohn des Hundertjährigen, schaut nicht mehr ganz gerade aus seinen Augen und fährt mit seiner Giardiniera, zum ersten Mal seit über dreißig Jahren, zu seinem Pfirsichfeld, über dicke Steinböden und abschüssige Äcker. Die Bäume stehen wie immer leicht schief, aber alles ist – er rüttelt kurz an mehreren – in bester Ordnung. Plötzlich fällt ihm der alte Kühlschrank im Schuppen ein.

Francesco Villari kennt sein Auto, das eigentlich meines ist, seit einem halben Jahrhundert, er fährt es nicht, als würde er seine Nonna ausführen, sondern lenkt es im Stil eines Rallyepiloten mitten rein in Schlaglöcher und enge Kurven und lässt sich wieder aus ihnen herausschleudern.

Vor einem Acker voller Olivenbäume hält er abrupt an, springt aus dem Auto, öffnet erst die Tür eines winzigen Schuppens und dann die eines alten Kühlschranks, der hier seit den Sechzigern abgestellt sein dürfte, und holt etwas heraus. Vor dem Schuppen hält Francesco Villari ein grausilbernes Ding in die Sonne und uns vor die Nase, stolz, als wäre es ein erlegter Fuchs. Das Ding gibt sich als eine alte Handbremse zu erkennen. In seiner anderen Hand hält er zwei Motörchen, von denen wir keine Ahnung haben, was sie antreiben könnten.

„Ich schenke sie euch“, gibt uns Francesco Villari zu verstehen. Alte Ersatzteile eines Cinquecento, vielleicht irgendwann mal aus unserem entnommen. Dann stützt er, der Sohn des Hundertjährigen, sich leicht an der Autotür ab. War vielleicht doch ein Schluck zu viel.

Auch die letzten Kilometer zurück zum Haus des Teufelspiloten überstehen wir unbeschadet.

Das Dorf ist an diesem Tag der Schauplatz eines Gelages von Bauern, die wie jedes Jahr in der letzten Septemberwoche aus ganz Sizilien und sogar Kalabrien anreisen. Sie feiern und diskutieren, auf den Straßen von Mojo Alcantara, auf Feldern und Wiesen ringsum, sizilianisch-kalabrische Freundschaften werden geschlossen oder wieder aufgefrischt. Die Bauern und Bäuerinnen braten, grillen und trinken Selbstgebranntes, dicke Rauchwände stehen in dem Siebenhundert-Einwohner-Dorf, das am Fuß des saftiggrünen Mojo liegt, eines erloschenen, mit Pfirsichbäumen

bedeckten Vulkans. Maronen, Lammkoteletts und Salsiccia werden geröstet und gebraten, an Holzständen und aus Kombis und Bussen heraus werden Vögel und Welpen, Kuhglocken und Gummistiefel, Tomaten und Pfirsiche, Cowboyhosen und Spitzhacken verkauft. Es riecht nach Holzkohle, Kräutern und Dung. Über das große Vieh – die Kälber und Kühe, Pferde und Schweine – wurde frühmorgens verhandelt. Wir kaufen uns über Feuerholz geräucherten und mit Salbei versetzten Schweinebauch, *porchetta*, dazu gerösteten Blumenkohl, Tomaten, Karotten und eingelegte Oliven. Der Dorfmetzger aus dem Haus neben den Villaris lässt dazu den in Plastikflaschen abgefüllten, süßen, leicht prickelnden Rotwein der Bauern springen.
Mojo Alcantara feiert diese Woche die *Fiera di Mojo*, die alte Viehmesse, wie schon seit hunderten von Jahren. Die Tradition ist tief verwurzelt, die Dorfbewohner räumen ihre Felder frei, damit die aus der Ferne angereisten Bauern ihr Vieh anbieten können. Sie feiern dies mit Feuerwerk, Wein und Gesang.

Vielleicht besiegelten hier auf der Viehmesse vor rund dreißig Jahren zwei Bauern ein Geschäft per Handschlag. Vielleicht haben sich hier, am Fuße des Mojo, der hundertsiebenjährige Bauer Raffaele Maugeri und der hundertjährige Bauer aus der Nachbargemeinde Salvatore Villari getroffen, hat der eine dem anderen zweihunderttausend Lire gegeben, rund einhundert Euro, und eine Kiste Pfirsiche, und dafür das Auto, das heute meines ist, erhalten. Der eine verkaufte aus seinem Wagen heraus eher Pfirsiche und Nüsse, der andere handelte später aus demselben Auto mit Orangen, Trauben und selbst abgefülltem Wein.
Zuvor hatte es der Hundertjährige Ende der sechziger Jahre in einem Autohaus in Messina gekauft, damals war es neu und weiß, ein paar Jahre später ließ es sein Vater in einem Blauton lackieren, erzählt sein Sohn. Dieser, ein gelernter Automechaniker, hat mittlerweile unseren Wagen im Hinterhof seines Hauses geparkt, in dem sich auch eine Bäckerei befindet, und versucht das Türschloss des Fiat zu reparieren. Seine Frau, seine Töchter, seine Enkel und seine Hunde versammeln sich um unser Auto. So belebt der Hof ist, so still und leer ist die Bäckerei der Villaris, erst vor wenigen Monaten hat sie ihren Betrieb eingestellt. Als er jung war, sagt Francesco Villari, habe er das Auto oft gefahren, um ins Kino zu gehen, sich mit Freunden in einer Bar zu treffen, seine Frau auszuführen.
„Zum Spaß hatte es vier, zur Arbeit zwei Plätze", sagt er in einem holprigen Deutsch und zeigt auf die umklappbaren Rücksitze, die das Auto zum zweisitzigen Transporter machen. Auch er, der Sohn des Hundertjährigen, hat ein paar Jahre in Deutschland gearbeitet, als Glasgießer in einer Glashütte bei Hannover, in Schaumburg, weshalb er eine kleine Rente aus Deutschland überwiesen bekommt.
Nachdem Francesco Villari die Tür repariert zu haben glaubt – sie wird nur ein paar Ausstiege lang halten –, verlassen wir nach einem *caffè* mit ihm und seiner Familie den Hof, den metallenen Fuchs im Gepäck.

*

Auf dem Weg zum Meer kurbele ich das Fenster runter und hänge den Begegnungen nach. Ich freue mich, dass das Auto wirklich zwei Bauern gehört hat und ihnen

auf den Feldern half, eine Gefährtin war. Aber auch, dass zwei deutsch-italienische sogenannte Gastarbeiter darin gesessen und damit gearbeitet haben. Für die beiden Bauern und ihre Familien ist das Auto ein Symbol ihrer harten Arbeit, ein Gebrauchsgegenstand. Einer, dem man auch heute noch, obwohl er an Wert zugelegt hat, mit Robustheit begegnen kann, weshalb der Lack im Inneren, rund um das Türschloss, nun einen kleinen Riss aufweist: von den Hammerschlägen des beschwipsten Francesco Villari, Sohn des Hundertjährigen. Er sah das alte Bauernauto und schlug zu. Ein letztes Souvenir aus den Tälern des Ätna.

*

Nach nur einer knappen Stunde Fahrt erreichen wir Mazzarò, den Strand unterhalb Taorminas, des auf einem Felsen errichteten Ortes an der Ostküste Siziliens. Wir parken auf der Straße vor dem Strand und sind es bereits gewohnt, dass Touristen wie Einheimische vor unserem Auto haltmachen, es fotografieren und anhimmeln. *Che bella! Che bella macchina!* Viele der Italiener und Italienerinnen erinnern sich an ihre Eltern oder einen Onkel, der früher auch eine Giardiniera fuhr. Für die Touristen ist es im Unterschied zu den Familien des Hundert- und des Hundertsiebenjährigen nicht ein Symbol harter Arbeit, sondern ein Stück Italia. Etwas, das ich kenne, seit ich mit der genauso alten Vespa meiner Mutter durch München fahre. Sitze ich darauf, bin ich dem Strand näher als meinen Sorgen.
Am Strand vor Taormina ist es den Menschen egal, wie sie aussehen. Dick, dünn,

klein, groß, muskulös oder wabblig, alt oder jung. Wir beobachten das Dösen der Männer, das Balzspiel der Singles, die Kellner der Strandbars, die mit ihren Tabletts zwischen den Sonnenliegen und -schirmen hindurchtänzeln, das Knutschen der Paare, das Auftragen des Sonnenöls, die engen weißen Badehosen der adoleszenten Italiener, die – beginnen sie mit ihren Gefährtinnen zu knutschen – immer enger werden, die kichernden, sich von solchen Szenen abwendenden Russinnen, die chinesischen Masseurinnen und schwarzen Sonnenbrillenverkäufer. Stranditalien.
Ich schwimme rüber zur Isola Bella, die morgens um sieben am schönsten ist; kurz glaubt man dann der Entdecker der nach wilden Pflanzen riechenden und um diese Uhrzeit noch einsamen Insel zu sein. Von hier aus sehe ich zum historischen Taormina oben auf dem Berg hinüber, das wir heute links liegen lassen. Ich kenne den Ort nämlich von meinem letzten Besuch, von fast überall hat man einen unverstellten Blick auf das leuchtende Meer und den Feuerberg, wie Goethe ihn nannte, den Ätna. Nachdem ich mir in der nach Parfüm duftenden Altstadt ein blau-weißes sizilianisches Leinenhemd gekauft hatte, setzte ich mich damals, während meiner ersten Recherchen, vor eine der Jugendstilbars, bestellte einen zu teuren Drink und hörte einem faltigen Double Frank Sinatras zu; das Original war wie Greta Garbo, Cary Grant und Marlene Dietrich durch die Bars des Taormina der Fünfziger und Sechziger gezogen. Mit meinem zweiten Negroni verabschiedete ich mich dann vom Unentdeckten. Denn *il barone*, der Baron, Drittbesitzer meines Autos, blieb unauffindbar. Nachdem Sinatra *Coldplay* angestimmt hatte, verließ ich die Bar.

*

Wir kämpfen uns die Straße nach Savoca hinauf. Daniel bekommt einen Anruf, weshalb ich allein durch das hölzerne Portal der Kirche San Nicolò trete. Ich laufe bis zum Altar, biege rechts durch eine unscheinbare Tür ab, folge den bekannten Klängen einer Melodie, keinem Kirchenlied, einer Filmmusik, und stehe vor einem zweiten Altar, einem Röhrenbildschirm. Dort beobachte ich die Hochzeit, die sich hier vor Jahrzehnten zugetragen hat.
Zuvor war ich die Stufen des hunderte Meter langen Prozessionswegs zur Kirche hinaufgelaufen, da trat eine alte Frau vor ihre Tür und erzählte mir von dieser Hochzeit. Sie sei zugegen gewesen. Als Beweis zeigte sie mir ein abgegriffenes Foto, darauf zu sehen die Hochzeitsgesellschaft vor der Kirchentür. Ob ich erkennen würde, dass sie mit ihrem Mann, dem Besitzer der Bar Vitelli, dem Vater der Braut also, gleich hinter dem Bräutigam, dem jungen Corleone stehe?
Naturalmente, sie sei keinen Tag älter geworden, antworte ich ihr.
Die Alte lacht schallend. Es sei bereits ihr zweiter Ehemann gewesen, sagt sie dann, aber den habe sie länger gehabt als den ersten, immerhin für einen Tag.
Die alte Frau scheint Witz zu haben, wohl weil sie weiß, sie leben in Savoca an einem wirklichen und unwirklichen Ort zugleich. Savoca existiert, die Chiesa di San Nicolò existiert, die alte Frau existiert. Ihr Schwiegersohn existiert, für einen Tag und für die Ewigkeit. In Savoca drehte Francis Ford Coppola *Il Padrino*, den

San Nicolò in Savoca

Paten – und das Dorf spielte mit, für einen Tag, für immer. Der Schwiegersohn der Alten war der junge Al Pacino.

Wenig später, Daniel hat mittlerweile sein Telefongespräch beendet, sitzen wir unter der weinumrankten Pergola der holzvertäfelten Bar Vitelli, die Coppola einst für den Film so benannte und deren Name vom Film in die Wirklichkeit überging, wir essen eine Kleinigkeit, bestellen uns zwei *granite al limone* und beobachten die Touristen, wie sie sich unter dem Eingang der Bar fotografieren.
Ein Gläschen Weißwein intus, lasse ich den Motor des Autos an, drehe die Musik auf, und der schwermütige Soundtrack des Films, diese pathetische Suite aus Klarinetten, Streichern und einer Mandoline, fügt sich fließend in die vom Sommer schon bräunlich gefärbten, sich über mehrere Hügel erstreckenden Hänge, die wir geräuschlos, weil ohne Gang, nach unten rollen.
Ich muss an die Mafia denken und an Maurizio, den stämmigen Eismacher aus der Bucht von San Gregorio. Denn in Savoca ist die Mafia lediglich Kulisse, in Palermo wiederum sagen sie, so las ich in einer alten Zeitung: „Die Mafia? Gibt es in Messina." In Messina dagegen: „In Palermo." Und in Catania: „Schaut mal in Kalabrien." Und alle sagen sie: „Hier bei uns? Die Mafia? Gibt es nicht!"
Doch Maurizio aus der Bucht von San Gregorio sagt: „Natürlich gibt es die Mafia. Es gab sie am Anfang meines Lebens, sie brannte mein Haus in der Mitte meines

Lebens nieder, und sie wird auch noch in Sizilien sein, wenn ich sterbe."
Der Eismacher stand in den neunziger Jahren unter Polizeischutz, die Caribinieri begleiteten ihn Tag für Tag, Nacht für Nacht – und das ganze elf Jahre lang. Einmal schickten die Mafiosi ihm Grüße, legten seine Eisfabrik in Brand.
Er hatte sich gewehrt. Zuvor hatten Maurizio, die Barbesitzer, Hoteliers und Schuhhändler von Capo D'Orlando, zu dem auch die kleine Bucht von San Gregorio gehört, zusammengesessen und gesagt, wir wehren uns. „Ich zahle nicht", antworteten sie den Mafiosi erst und nannten kurz darauf der Polizei die Namen. Knapp zwanzig Männer kamen hinter Gitter. Doch dafür hatten sie nun die Cosa Nostra zum Feind.

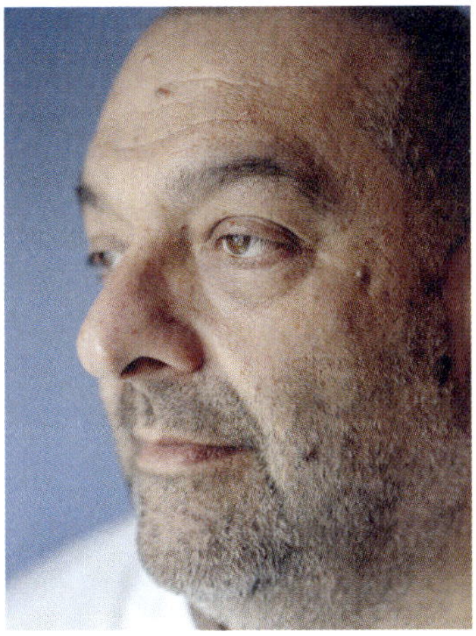

Es habe sich gelohnt, sagt Maurizio. Heute, sagt er, gelte Capo d'Orlando als von der Mafia befreites Gebiet. Doch damals habe er in großer Sorge um sich und seine Familie gelebt.
La storia è finita per me, sagte er, nachdem er mir das erzählt hatte, vorbei sei sie, die Geschichte, ruhen solle sie, und schob eine seiner zwei Brillen über die andere, Maurizios Markenzeichen. „Bist du nicht gekommen, um zu erfahren, wie man Granita macht?"

*

Die Granita al limone von Maurizio, dem Eismacher

Zutaten für 8 Personen: 150 g Zucker · 1 l Wasser · 1 Prise Salz · 4 unbehandelte Zitronen

Als die Mauren im 9. Jahrhundert Sizilien eroberten, entdeckten sie den Winterschnee des Ätna, pressten ihn und lagerten das Eis in Höhlen ein. Im Sommer brachten sie die Eisblöcke ins Tal, vermengten das abgeschabte Eis mit Fruchtsaft und Honig – *ecco,* die Granita war geboren. Erst als sich die bessere Gesellschaft Siziliens Tiefkühlschränke leisten konnte, endete die Ära der *nivaroli,* der Schneeernter.
Für die Granita zu Hause den Zucker in einer flachen Form im kochenden Wasser rasch auflösen, erkalten lassen, die Prise Salz zugeben, 4 Zitronen auspressen und mit ein wenig von der dünn abgeriebenen Schale dazugeben, gut umrühren und bis zu 5 Stunden einfrieren. Alle 20 Minuten die angefrorene Oberfläche mit einer Gabel crashen, gleichmäßig umrühren. Noch schneller gelingt die Granita, wenn man das Ganze nur halb so lange gefriert – und es mit einem Stabmixer leicht püriert.

*

Um fünf Uhr dreißig klingelt der Wecker, eine halbe Stunde später fahren wir auf die Fähre, das Deck ist prall gefüllt, wild gestikulierende Geschäftsfrauen, die am Telefon auf ihre Ehemänner einreden, ihre Kollegen, die sich ihre Krawatte mittels Handy binden, schläfrige Touristen, zeitungslesende Handwerker und Leichenbestatter, sie alle strömen als Erstes zur Bar.

Ich folge ihnen, gehe mit zwei *caffè* wieder über Deck und gebe einen davon Daniel; und während ich auf das immer kleiner werdende Messina schaue und wir *lo Stretto,* die zwischen drei und acht Kilometer breite Meerenge von Messina, überqueren, unter der es häufig zu Erdbeben kommt, muss ich an die Sizilianer und Sizilianerinnen denken, die wir getroffen haben. An Signor De Pasquale und seine Freunde, die mir sagten, Salvini solle in die gleiche Hölle fahren, in der später hoffentlich auch Berlusconi schmoren werde. An Maurizio, den Eismacher, der sich die Mafia zum Feind machte. An Carmela, Aurelio und ihre Familie in der Bucht von San Gregorio und an die zufriedenen Bauern vom Ätna, die mir ihre Geschichten und damit die meines Autos erzählt haben.

An Deck glaube ich zu spüren, wie der Mistral und der Schirokko sich kreuzen, studiere die Zugvögel, die über uns und diesem beinahe mystischen, gerade tiefblau und glutrot gefärbten Stück Erde dahingleiten. Einem Stück Erde, für das mehrfach in der Geschichte ein babylonisches Projekt geplant war, von dem erst der Faschist Mussolini, dann der Sozialist Craxi und zuletzt der Populist Berlusconi träumte – drei Männer, natürlich. Eine Brücke, die Sizilien mit dem Festland verbinden sollte, genau hier, wo die Fähre gerade ihre Spur ins Meer gräbt und wo nicht selten Wale und Delfine vorbeiziehen. Nicht irgendeine, sondern die teuerste, höchste, breiteste und längste Brücke der Welt sollte entstehen: *il Ponte*. Ich bin froh, dass alle Menschen, mit denen ich sprach, *no al Ponte* sagten – und so sehe ich vom Deck der Fähre aus die sanften Hügel und Berge Kalabriens vor uns anwachsen und setze mich zurück ans Lenkrad meines kleinen Gegenentwurfs. Ein Auto, das zum ersten Mal seit über fünfzig Jahren die Insel verlässt – *per la prima volta.*

20
SWL 400 KN
FR
80
FB 640EP
636G

QUATTRO

Kalabrien, die Familie, *la famiglia*

Die Fähre spuckt uns nur wenige Kilometer von der italienischen Stiefelspitze entfernt wieder aus. Wir fahren durch das umtriebige, mit seinen vielen Menschen, ihren Vespas und verbeulten Transportern recht lebhafte Städtchen Villa San Giovanni – und machen uns auf den Weg, mehr über das allerwichtigste Element der italienischen Küche, der *cucina italiana,* zu erfahren, das Olivenöl.
Kalabrien ist zwar nicht, wie die Nachbarprovinz Apulien, der bedeutendste italienische Landstrich für dieses Öl, vielmehr leben die Menschen hier vom Gemüse- und Obstanbau, von der Fischerei von Sardinen und Heringen und der manchmal tödlichen Tortur des Schwertfischfangs, der Harpunenjagd. Außerdem sind kalabrische Olivenölbauern eher für die Quantität ihres Olivenöls bekannt als für die Qualität.
Doch es gibt eine Familie im Norden Kalabriens – und damit sind wir bei einem weiteren Hauptbestandteil des italienischen Lebens, der Familie, *la famiglia –,* die daran arbeitet, das bestmögliche Olivenöl herzustellen, nicht wenige Menschen glauben sogar, das beste dieser Erde. Olivenbauern von Ligurien bis Sizilien, von Spanien bis nach Griechenland orientieren sich an dem, was die drei Schwestern und zwei Brüder in Kalabrien aus den Früchten ihrer Olivenbäume gewinnen. Olivenölverkoster setzen ihre Produkte an die Spitze ihrer Bestenlisten. Das Haus dieser Familie steuern wir an, gegen Abend möchten wir die Librandis erreichen.

*

Schon zwanzig Minuten später, es ist noch nicht einmal acht, lassen wir uns aufhalten. Am Straßenrand eines an sanft geschwungenen Hügeln gelegenen Dorfes, links das Meer, rechts die Weinreben, veräußert eine Frau von Mitte siebzig ihre Waren aus dem blaugrauen Garagentor eines vom Wind, Wetter und Meer verwitterten orange-grauen Gebäudes. Vor der Frau, die sich uns als Rosalia vorstellt, türmen sich Trauben auf drei prallvollen Körben, links von ihr goldfarbiges Olivenöl, wohl von ihr selbst in allerlei Gefäße abgefüllt, vor allem die abgewetzte Coca-Cola-Flasche fällt mir auf. Rosalias Verkaufstisch ist aus altem, abgeschabtem Holz, an den Seiten zum Teil mit hellblauer Bootsfarbe bestrichen. In der Garage hängen Kalender aus mehreren Jahrzehnten und getrocknete Kräuter, der Putz blättert in drei verschiedenen Farben von den Wänden. Meine Augen nehmen nichts als Patina wahr; dann hält auch noch der Bauer Salvatore mit seinem dösenden Beifahrer Giorgio, einem struppigen Hund, in seiner Ape. Sie kommen von der morgendlichen Ernte, auf der Ladefläche des Gefährts ein Eimer voll tiefgelber Kürbisblüten. Wir entscheiden uns für zwei Handvoll Trauben, eine Flasche Olivenöl und Rotwein.

Während ich fahre, erhasche ich immer wieder einen Blick auf Orangen-, Zitronen- und Bergamottefelder, die sich von den dunklen, wie Wolken ins Meer hängenden Felsen und Bergen Kalabriens absetzen – dabei fällt mir das helle Türkis des Meeres auf, in Sizilien war es weit dunkler, tiefblau, manchmal fast schwarz. Die Szenerie webt sich gut in unseren Soundtrack ein; wir hören italienische Songs über das Meer.
Ausgerechnet als Adriano Celentanos *Azzurro* aus meinem mobilen Lautsprecher dröhnt, auf einer sandigen Landstraße mitten im kalabrischen Hinterland, links und rechts von uns von der Sonne verbrannte, braungrüne Felder, vereinsamte Feigenkakteen – da plötzlich tauchen sie vor uns auf: Polizisten, eine Straßensperre.
Die beiden Männer schauen uns grimmig an. Warum sie hier im Nirgendwo stehen, zudem noch schwere kugelsichere Westen mit der Aufschrift *Polizia Squadra Mobile* übergeworfen haben und daher mit den Gewehren über ihren Schultern durchaus einschüchternd wirken: unklar. Vermutlich fahnden sie nach der kalabrischen Mafia, der 'Ndrangheta, die gerade hier, rund um den Ort Rosarno, bei Bauern und deren Erntehelfern, zumeist Geflüchteten aus Afrika, die Hände aufhält.
Non parlate italiano?, fragen die Polizisten nach zähen Augenblicken.
Tedesco, antworten wir.
Tedeschi? Veramente?
Sì.
Dann flüstern sie miteinander, erzählen sich vermutlich einen kalabrischen Witz, schmunzeln und schicken uns mit einer Handbewegung weiter, die ich aus dem Hühnerstall meiner Großmutter kenne.
Zwei Szenen, zwei italienische Realitäten, nur wenige Minuten voneinander entfernt. Das alte Italien um Salvatore und Rosalia, dessen Abbild auf Olivenöletiketten prangt, und das moderne Italien, zu dem auch ein Schattenreich aus Zeltstädten gehört, in denen tausende Menschen unter Plastikplanen hausen. Menschen, die – ohnehin ausgegrenzt und ausgebeutet – hier noch von der kalabrischen Agromafia erpresst werden und dabei dafür sorgen, dass immer günstigeres Obst und Gemüse aus Italien in die Supermärkte Europas geliefert wird.

Nach drei Stunden Fahrt und damit der Hälfte der heutigen Route schenke ich meinem heiß gelaufenen Auto – und meinem über die Verhältnisse nachdenkenden Kopf – ein wenig Abkühlung. Für uns ist die Fahrt ansonsten mühelos, wir haben die Fenster heruntergekurbelt, das Dach geöffnet, wir schauen dem Auto in der knallheißen kalabrischen Sonne beim Klettern zu, sein luftgekühlter Motor schnappt nach Sauerstoff. Wer weiß, wann der Cinquecento, daran gewöhnt, aus der Garage in die umliegenden Felder oder ans nahe Meer zu fahren, zuletzt eine Tortur wie diese auf sich genommen hat? Ich vermute, nie, und muss an Signor De Pasquales mahnende Worte denken: Schonen sollen wir sie, unsere Nonna.
Wir parken sie am Fuß eines Schatten spendenden Sandsteinfelsens, darauf thront die Wallfahrtskirche Santa Maria dell'Isola. Daniel spaziert durch die Altstadt Tropeas, deren Gemäuer sechzig Meter über dem Meer imposant mit den Klippen verschmelzen, ich lasse mich auf dem Sand unterhalb des Felsens nieder, gehe schwimmen und überlege zu lange, ob ich mich die Treppe zur Kirche hochquälen soll.

Von zu viel Sonne aufgekratzt besorgen wir uns zwei Pizzen, ich klemme meine Pizzaschachtel unter mein hühnerknochenschmales Bakelit-Lenkrad, balanciere sie auf meinen Oberschenkeln, und wir klettern mit dem Wagen andächtig zwischen graugrünen Mais- und Weizenfeldern, Gemüseplantagen, eher kargen Flächen und sandigen Olivenhainen aufwärts den Bergen entgegen und lassen uns, diesmal Puccinis *Turandot* hörend, wieder hinabrollen.

*

Es ist Abend, halb sieben, als wir auf einer sandbodenwarmen und mit Gräsern bewachsenen, nach wildem Fenchel und Klee duftenden Anhöhe stehen, von Hügeln umgeben, auf denen sich rund achtundzwanzigtausend Olivenbäume befinden, hinter denen zwischen Wolken und Meer violettrot die Sonne versinkt. Hierher hat uns Michele Librandi geführt. In Wanderstiefeln und Jeans wollte er uns das Stückchen Erde näherbringen, das seine Familie im Norden Kalabriens seit Anfang des neunzehnten Jahrhunderts zusammenhält und von dem schon sein Urgroßvater Ettore, sein Großvater Michele und sein Vater Pasquale lebten – und heute seine drei Schwestern, sein Bruder und er.

Es ist derart mystisch hier, dass ich ihn frage, ob er früher seine Freundin an diesen Ort der achtundzwanzigtausend Olivenbäume gebracht habe. Michele antwortet, er sei mit mehreren seiner Freundinnen hierhergekommen, aber nur eine davon sei seine Frau geworden.

*

Ein durchschnittlicher Europäer nimmt jährlich vier Liter Olivenöl zu sich, eine Italienerin rund zehn und ein Deutscher nicht mal einen Liter. Maria Luisa Ventre, eine Frau um die siebzig, verbraucht in nur einer Woche mehr als fünf Liter, und damit rund dreihundert im Jahr.

Ihr Sohn Michele hat mit seinen vier Geschwistern die neue Olivenmühle der Librandis geplant, sie entsteht gleich gegenüber von ihrem Haus. Hätte sie selbst den Plan für das Gebäude gezeichnet, sagt Maria Luisa Ventre, würde eine Standleitung direkt von der Mühle in ihre Küche führen. Träume einer kalabrischen Mutter, die schon seit morgens halb sieben Teig zubereitet, Tagliatelle formt, Brot bäckt, schmort und kocht. Nun hat sich die Nacht über die Olivenbäume gelegt und Maria Luisa Ventre werkelt noch immer. Sie füllt Zucchini mit Ricotta, Eiern, Tomaten und *pangrattato,* also geriebenem Weißbrot. Ihre zweitälteste Tochter Angela erzählt, während sie unsere Gläser mit Prosecco füllt, ihre Mutter frage sie, wenn sie sich treffen, nicht, wie es ihr gehe, sondern, was sie zuletzt gegessen habe.

*

Mamma Maria Luisas gefüllte Zucchini

4 mittelgroße Zucchini · 200 g Ricotta · 100 g Parmesan · 1 Ei · 50 g zerkleinertes Weißbrot · 2 EL Petersilie · eine halbe Zwiebel · Olivenöl · 4 Tomaten · Meersalz · Pfeffer

Zucchini waschen, Enden entfernen, in 3 bis 6 Stücke schneiden. Das Fruchtfleisch so herauslösen, dass jeweils ein Boden erhalten bleibt. Das Fruchtfleisch fein hacken und mit Ricotta, Parmesan, Ei, Petersilie und Weißbrot vermengen. Die Zucchini damit füllen und in eine Auflaufform stellen. Die Zwiebel klein hacken und in ein wenig Öl in der Pfanne anbraten, die – am besten zuvor blanchierten – Tomaten sehr klein würfeln, mit Meersalz und Pfeffer dazugeben. Rund 10 Minuten bei mittlerer Hitze köcheln lassen. Den Sugo auf die Zucchini löffeln, den Rest um sie herum verteilen, ein wenig Olivenöl darüber. Bei 180 Grad 20 bis 30 Minuten in den Backofen. Eigentlich ein Antipasto, sollte jedoch am nächsten Tag noch etwas übrig sein, kann man die restlichen gefüllten Zucchini klein schneiden, Rigatoni kochen und beides miteinander vermengen.

*

Die wichtigste Frau in der Familie der Librandis ist schwer auszumachen. Ihre Kinder antworten natürlich: *mamma* – die Mutter, Maria Luisa. Würde man allerdings die Arbeiter und Arbeiterinnen in der Olivenmühle fragen, sie würden Angela nennen, die Olivenmüllerin der Familie. Sie spreche mit den Oliven, sagen sie. Schon als Kind verbrachte sie die meiste Zeit im Haus ihres Großvaters, in dessen Erdgeschoss sich die kommunale Ölmühle befand. Sie starrte stundenlang darauf, wie die Mahlwerke aus Granit, orchestriert durch ein Fußpedal, die Oliven zu Brei mahlten. Ein Anblick, der sie nie wieder losließ, von dem sie aber später dennoch etwas abließ, weshalb aus dem Kind Angela die Agrarwissenschaftlerin Angela Librandi wurde.

In Florenz, ihrem Studienort, war sie, wie sie sagt, zur richtigen Zeit am richtigen Ort – am Puls einer Bewegung. Sie lernte in der Toskana bei Marco Mugelli, der seit Jahren mit Ölmühlentechnikern, Lebensmittelingenieurinnen und der Handelskammer von Florenz intensiv daran arbeitete, die schonendste Ölmühle der Welt zu kreieren. Er bildete Ölproduzenten aus der ganzen Welt aus, sagte ihnen aber gleich zu Beginn, er tue das nur, wenn sie das bestmöglichste Olivenöl gewinnen wollten. Sollten seine Schülerinnen und Schüler Masse im Sinn haben, zeige er ihnen die Tür. Mugellis Credo: Qualität.

Diese aber bescheinigte er kaum einem Olivenöl Italiens – dem großindustriell hergestellten Pfusch nicht, aber auch nicht dem aus den kleinen bis mittelgroßen Ölmühlen des Landes. Wo man bis heute oftmals noch mehr auf das setzt, was der Großvater dem Vater erzählt hat, als auf wissenschaftliche Erkenntnisse, und wo man daher nicht einmal ahnt, welche hervorragenden Olivenöle die modernen Mühlen herstellen können. Stattdessen lassen einige Ölmühlenbetreiber sogar immer noch ihre alten Granitmahlwerke für sich arbeiten. Was idyllisch aussieht, zertrümmert aber tatsächlich die Oliven und bringt damit Oxidationsprozesse in Gang, die eine moderne Olivenmüllerin wie Angela Librandi möglichst lange aufhalten möchte. Sie verursachen Geruchs- und Geschmacksfehler, weshalb Angela auf moderne Schneidewerke aus Edelstahl setzt, die nur das Fruchtfleisch, nicht aber den im Kern befindlichen Samen verletzen. Eine gute Ölmühle mahlt heute also nicht, sie extrahiert.

Angela Librandi lernte, dass eine Olive zwar robust aussehen mag, aber hochsensibel und komplex ist, dass jede Olivensorte, jeder Reifegrad in der Olivenmühle anders angegangen werden muss. Dass der gewonnene Olivenbrei eine ausgewogene Balance an Sauerstoff und Wärme benötigt – und dass es an ihr, der Ölmüllerin, ist, das zu steuern. Um ein klares, frisches Öl zu erhalten. Es gehe darum, Traumata zu vermeiden, sagt Angela Librandi.

Diese Philosophie musste sie vor knapp zwanzig Jahren ihrem Vater näherbringen. Ihn von sich als Olivenmüllerin zu überzeugen, war schon schwer genug. In den Augen ihres Vaters war das eine Arbeit für einen Mann, und zwar für einen einfachen Arbeiter, der zu Beginn der Ernte die Maschine einstellte und sie morgens ein- und abends wieder ausschaltete.

*

Wenn ich edelstahlglänzende Riesenmaschinen wie die der Librandis sehe, muss ich an die Molkereien denken, in denen ich gelernt habe, Käse, Joghurt und Butter herzustellen. Schwere, laute Anlagen, Separatoren und Zentrifugen, die eher an klinische Hightech-Apparaturen als an romantisches Handwerkszeug erinnern. Mein größter Feind war die Buttermaschine. Ich drückte mich davor, sie zu bedienen. Denn für dieses Handwerk ist nicht nur technisches, physikalisches und biochemisches Verständnis vonnöten, sondern auch Präzision, ein Gespür für Timing und vor allem: Hingabe.

Mir fehlten all diese Dinge. Andere, zumeist rotbackige Jungen und Mädchen aus dem Allgäu besaßen sie nicht nur, sondern stellten die Butter mit einer Leichtigkeit her, die mich beeindruckte. Da die jährliche Olivenernte erst rund zwei Wochen nach unserem Besuch beginnen wird, Mitte Oktober, und die Ölmühle zu diesem Zeitpunkt noch ruht wie ein schlafender Drache, stelle ich mir Angela Librandi noch geschickter vor als die Milchmagier im Allgäu.

*

Eine Olivenölmühle lehrt dich Demut, sagt Angela Librandi.

Gleich das erste Öl, für das sie als junge Ölmüllerin verantwortlich war, wurde mit einem angesehenen Preis ausgezeichnet. Das zeigte ihr wie ihrem Vater, dass der neu eingeschlagene Weg, auf Qualität und damit auf Aromen zu setzen, der richtige war. Seither ist kein Jahr vergangen, in dem das Öl der Librandis nicht zu den besten Italiens gezählt wurde. Der *Flos Olei* ist ein Leitfaden für Olivenöle, wie es der *Gault-Millau* für die Küche ist. Seit Jahren erhalten die Librandis dort einen Wert, der nur knapp unter dem Optimum von einhundert Punkten liegt, einmalig.

Ich gebe Angela die Flasche vom Straßenrand in die Hand, Rosalias Öl. Sie ist skeptisch, sagt aber, es bestehe die Möglichkeit, dass solche Käufe überzeugen. Sie schaut sich das Öl in der Flasche kritisch an – und bemerkt gleich den ersten Fehler, Olivenöl dürfe in keinem hellen Gefäß verkauft werden. Öl sei zu lichtempfindlich.

Als sie die Flasche öffnet und den Geruch des Öls wahrnimmt, gerät ihre Mimik leicht aus der Balance, dann kippt sie ein wenig Öl in einen Becher. Als sie ihn an ihre Nase führt, wendet sie den Kopf ab. Ranzig. Ihr Bruder Michele schaut sich währenddessen die Flasche genauer an. Plötzlich lacht er, in Rosalias Öl schwimmt eine Fliege.

Das Öl habe keine Traumata, sondern sei ein Alptraum, bemerkt Angela, der nun vor Lachen Tränen in den Augen stehen. Sie weigert sich, das Öl auch noch zu verkosten. Es sei *lampante,* das früher einzig dazu da war, Lampen zu befeuern, da es oft aus verdorbenen, vom Boden aufgesammelten Oliven stammt.

Dennoch landet solch ein Öl auf unseren Tellern. Große italienische Hersteller, die nicht mehr *frantoi,* also Ölmühlen, sondern *oleifici*, Ölfabriken, heißen, lassen diese Öle von Zwischenhändlern aufkaufen, versetzen sie mit Dampf und Chemikalien, erwerben dazu Öle unterschiedlichster Qualität aus Griechenland, Spanien

und Tunesien, strecken das Lampenöl mit ihnen, verschleiern manchmal ihre Herkunft und mischen sie so, dass sie gerade noch die Grenzwerte für Olivenöl extra vergine einhalten. Grenzwerte, die durch die EU vorgegeben sind, laut den Librandis ein Witz, und derart weit nach oben geschraubt, dass es kaum noch möglich ist, sie zu unterschreiten, weshalb in unseren Supermärkten kaum mehr andere Qualitätsstufen als Olivenöl extra vergine zu finden sind. Olivenöle, die drei bis vier Euro die Flasche kosten, auf deren Etikett eine toskanische Zypresse, ein idyllisch aussehendes Landgut und oft ein Satz wie dieser gedruckt ist: „Olivenöl aus frischen Oliven verschiedener Anbaugebiete der Europäischen Union und Drittländern." Beinahe geruchs- und geschmacklose Einheitsöle, die aber die gleiche Bezeichnung tragen wie das Olivenöl der Librandis – das eine flüssiges Fett, das andere ein Superelixier.

Angela Librandis Mentor, Marco Mugelli, sagte einmal, es werde der Tag kommen, an dem Olivenöl in der Apotheke stehen werde. Gutes Olivenöl besitzt eine hohe Menge an sekundären Pflanzenstoffen, die als entzündungs- und krebshemmend gelten.

Ölmühlen wie die der Librandis verordnen sich selbst strenge Auflagen, die weder die EU vorschreibt noch Großkonzerne einhalten können. Die Öle der Librandis liegen weit unter den von der EU zugelassenen Grenzwerten. Diese Sorgfalt kostet Zeit und Geld.

Für Rosalias *lampante* habe ich drei Euro gezahlt, Angela Librandis Öle sind mehr als zehnmal so viel wert. Zwischen Ernte und Verarbeitung liegen bei ihnen nur wenige Stunden, nicht eine einzige Olive kaufen die Librandis von fremden Feldern hinzu. Angela stellt Rosalias Flasche beiseite. Die Librandis werden sie einsetzen, um Besuchern ihrer Mühle vorzuführen, wie ranziges Öl riecht. Auch die Fliege dürfte für Erheiterung sorgen.

Im Gästehaus der Familie, inmitten eines Olivenhains gelegen, haben die Librandis den Tisch gedeckt. Wir schlafen heute Nacht im oberen Stockwerk. In dem Haus kann man sich einquartieren, vom Pool über die Olivenbäume starren, mit Michele die Oliven analysieren, mit Angela Öle verkosten und mit Mamma Maria Luisa beim Kochen mitzuhalten versuchen.
Nachdem wir gut drei Stunden gegessen haben und es den Librandis gleichtun, nämlich egal ob über die Antipasti, die gefüllten Zucchini, das selbst gemachte Brot, die *insalata,* den ersten wie zweiten Gang ihr Olivenöl tröpfeln, folgt das Dessert, *ricotta con marmellata di arance e olio di oliva.*
Das Öl schmeckt frisch und leicht, nach Grün, Gras, Kräutern und ein wenig nach Artischocke. Ein Olivenöl, wie ich es in solch einer Intensität nicht kannte.
Eine Flasche Grappa macht die Runde, ich frage Mamma Maria Luisa, die auffällig lange nichts mehr gesagt hat, worüber sie gerade nachdenke. Sie antwortet: darüber, was wir morgen essen könnten.

*

Mamma Maria Luisas einfachstes Dessert del mondo

250 g frischer Ricotta · Orangenmarmelade · gutes Olivenöl

Den frischen Ricotta auf einen Teller stülpen, die Orangenmarmelade darübergeben – und mit ein wenig Öl übergießen.

*

Allerdings wartet die Nacht noch mit einem überraschenden Fest auf uns. Es ist weit nach elf, als wir espressogestärkt das Haus der Librandis verlassen und mit Michele ein paar Hügel weiter auf den Vorplatz einer Kirche fahren, *andiamo a ballare la Tarantella,* sagte er.

*

Tarantella,
ein mächtiger, archaischer Tanz.
TA – RAN – TEL – LA,
eine Drehung,
eine weitere,
hunderte.
Getanzte Kreise, oszillierende Röcke, haarige Männerarme, neonfarbenes Licht,
Schatten, Schweiß, Glanz,
goldene Kreuze,
rhythmisches Klatschen,
Ekstase und Halsschlagadern,
Blicke und Tabak,
unter dem Giebel der Kirche,
Männer und Frauen,
Schellen und Akkordeons,
vom Wahnsinn erfasst,
Tanzwut,
Tarantella.

Als ich dem Treiben zusehe, fühle ich mich wie in einer vergangenen Welt, in der kalabrische Ärzte ihren Patienten empfahlen, sie sollten tanzen, um das Gift der Spinne, von der sie glaubten, es sei eine Tarantel gewesen, mit dem Schweiß aus ihrem Körper auszuscheiden. Weshalb die Ärzte Musiker in die Häuser der Patienten bestellten, die versuchten, durch ihr Spiel das Gift aus den Körpern der Befallenen zu vertreiben.
Der Tanz als Antidot – so soll sich die Tarantella entwickelt haben, ein roher Sound, der direkt in die Blutbahn greift, die Menschen auf dem Vorplatz der Kirche, auf deren Treppe und sogar in ihrem Inneren zum Tanzen bringt.
Immer wieder höre ich altertümliche Sprachfetzen, sanfte Sch-Laute, die mich ans Portugiesische erinnern, und aneinandergeschobene Sätze, die mich an die lautmalerische Poesie osteuropäischer Sprachen denken lassen.
Arbëresh, sagt Michele.
In drei Dörfern – wir sind jetzt in San Cosmo Albanese, die Librandis leben ein paar Kilometer weiter, in Vaccarizzo Albanese, ein drittes Dorf trägt den Namen San Giorgio Albanese – siedelten sich im fünfzehnten Jahrhundert albanische Christen aus Griechenland an. Vor den Osmanen fliehend ließen sie sich hier nie-

FRUIT

der, zwischen der Nordseite des Sila-Gebirges und dem Ionischen Meer, pflanzten Oliven- und Zitronenbäume, lebten von Kastanien, Feigen und Wildschweinen, fanden ihre Heimat.
Auch Michele – ein feingeistiger Mann, aber immer für eine Pointe gut – spricht diese fast vergessene Sprache. Nicht nur mit seinen Freunden hier vor der Kirche, auch zu Hause mit seiner Familie; in Italien soll es noch einhunderttausend Arbëresh geben.
Die meisten sind heute zu Fuß gekommen, viele von ihnen aber auch aus den rund um das Dorf gelegenen Tälern und Hügeln angereist. Ganze Familien, aber auch einzelne Heimkehrerinnen aus Rom und Mailand, für deren Verheißungen sie die Gemeinde verlassen hatten und jedes Jahr in deren Schoß zurückkehren. Ist dies doch, so sagt Michele, für dieses Dorf noch vor Weihnachten und Ostern das wichtigste Fest des Jahres, das Fest der Heiligen *Cosma e Damiano*.
Alte und Junge treten in die auf den Resten eines alten Klosters errichtete barocke Wallfahrtskirche ein, nehmen auf den Holzbänken Platz, nicken ihren Nachbarn zu und ehren gemeinsam mit ihnen die beiden Heiligen, San Cosma und San Damiano, zwei aus wohlhabender Familie stammende Ärzte, die in einer ehemals römischen Provinz, die in etwa dem heutigen Syrien entspricht, unentgeltlich Kranke behandelten.
In der Kirche humpeln, gehen und schlurfen sie zum Altar, die Alten werden dorthin geschoben, die ganz Jungen getragen, lassen sich vom Pfarrer des Dorfes ein Kreuz auf die Stirn malen. Sie beten für die Kranken, ehren die Toten, scheinen sich in ihrem Innersten zu fragen, warum sie, warum er, warum holst du mich nicht auch? Warten in Thrombosestrümpfen und aufreizenden Kleidern, allein und in Gesellschaft, ratschen und plaudern, gehen in sich und sinnieren. Eine Frau weint.
Die einen verbringen die ganze Nacht in der Kirche, die anderen außerhalb des Gemäuers, bei der Holzkohle, dem Gebratenen, den Maronen, dort schlafen, tanzen und trinken sie.
Alle halten sie auf ihre Art Wache, bis zum Morgengrauen, die nächste Messe wird dann beginnen, später wird der Bischof der Provinz in die Kirche treten, noch später die Prozession durch das Dorf ziehen, ein Volksfest namens Kirche.
„Glauben sie alle an Gott?", frage ich Michele.
„Nicht alle, aber alle glauben an Bier und die Tarantella", antwortet er.

*

Ich setze mich, Daniel ist noch auf seinem Zimmer, mit einem Espresso an den Pool, schwimme mir die lange Nacht aus den Gliedern, lasse mich von der Morgensonne trocknen und frage mich, warum das kleine, batteriebetriebene Transistorradio, das an einem der Olivenbäume über dem Erdreich baumelt, vor sich hin dudelt. Roxette, *Joyride*, aber kein Mensch zu sehen.
„Wildschweine", sagt Michele zu mir, ungefähr eine Stunde später. Wie fast alle italienischen Landwirte haben auch die Librandis ein Problem mit den plündernden Anarchos, die wegen der immer milder werdenden Winter ihre Reviere ausdehnen.

Wahrscheinlich habe sein Bruder das Radio gestern Nacht noch aufgedreht, sagt Michele, und vergessen es auszuschalten.
Roxette gegen Wildschweine?
Den Versuch sei es wert, antwortet Michele.
Mittlerweile stehen wir an einem Hang, *San Domenico Sud,* zwischen hunderten Olivenbäumen, die Micheles Vater einst gepflanzt hat, Vater Librandi, der bereits seit Ende der neunziger Jahre auf chemische Pflanzenschutzmittel und Kunstdünger verzichtete. Michele, sein erstgeborener Sohn, erinnert sich, wie sein Vater eines Tages ins Haus zurückkehrte und sagte, die Insekten und Vögel seien zurück. Sie seien jahrzehntelang weg gewesen. Vom Gestern erzählend betrachtet der Agrarwissenschaftler die Gegenwart, sein Smartphone, das ihm alle Daten des mittels Sensoren überwachten Hanges anzeigt, sechsundzwanzig Grad Celsius, achtundfünfzig Prozent Luftfeuchte, Bewässerung der Bäume in Ordnung; sollten sie zu trocken sein: Alarm.
Michele pflückt wie jede Woche genau einhundert Oliven auf jedem seiner wichtigsten Felder, beiläufig, ohne einem bestimmten Muster zu folgen. Mal von dieser Sorte – der ursprünglich sizilianischen *Nocellara del Belice* –, mal von jener, der pfeffrig scharfen *Carolea*. Er wird sie später analysieren: ob ein Pilz sie angegriffen, eine Fliege sie gestochen hat, welche Farbe und Form sie haben, wann es Zeit wird für sie.
Er liest von ihrer Haut ab.

„Schau, diese Dellen hier, das war Hagel, vom sechzehnten Juli", sagt er. „Siehst du den Einschlag? Der Wind kam von Norden."
Würde es heute Nacht hageln, sagt er, hätten wir ein Problem. Die oliveneigenen Reparaturstoffe seien schon verbraucht oder hätten keine Zeit mehr, bis zur Ernte ihre entzündungshemmenden Dienste zu erweisen, Fehlaromen würden drohen.
„Wann sind sie reif zur Ernte?"
„Ende nächster Woche, Donnerstag oder Freitag", antwortet Michele.

*

Mittags, zwölf Uhr, waren Micheles Mutter und ich zum Kochen verabredet, sie steht aber, als ich ankomme, schon seit halb sieben in der Küche. Die verschiedenen Antipasti aus Zucchini, Bohnen und Auberginen sind tischfertig, die Salsiccia gewurstet, zweierlei Pasta geformt, die Feigen mit den Mandeln bereitgestellt, nur die riesigen orangefarbenen, nach Eichenwald riechenden *Ovoli,* die Kaiserlinge, putzt sie noch, während sie nebenher die zu einer Schnecke geformte Riesensalsiccia anbrät. Aber das Basilikum pflücken – könnte ich ihr da zur Hand gehen?
Als sie später die *Ovoli* anbrät, es nach Nüssen zu duften beginnt, schüttet sie immer noch mehr Olivenöl darüber. Seither weiß ich, was italienische Mütter meinen, wenn sie sagen, bitte nicht an Öl sparen.

*

Pasta con Ovolo

500 g Ovoli · 60 ml Olivenöl · 1 Knoblauchzehe · Meersalz · schwarzer Pfeffer · Petersilie
Für den Teig: 200 g Mehl Typ 00 · 2 Eier (120 g)

Für den Teig das Mehl in eine Schüssel geben, einen Brunnen formen, die zuvor geschlagenen Eier in die Mitte geben. Mit einer Gabel das Ganze nach und nach von der Mitte her vermengen, es soll ein weder zu trockener noch zu klebriger Teig entstehen. Sobald er kompakter wird, 10 Minuten lang kräftig mit den Händen kneten und falten. Den Teig zu einer Kugel formen, diese mit Frischhaltefolie umwickeln und bei Raumtemperatur 30 Minuten ruhen lassen.
Die Pilze – *Ovoli* sind selten, Steinpilze gehen auch – putzen, Stiele mit einem Messer abschaben, den Schmutz entfernen; sind sie sehr schmutzig, mit einem feuchten Tuch reinigen. Dann in Scheiben schneiden.
Das Olivenöl in eine große Pfanne gießen, bei schwacher Hitze leicht erwärmen, die Pilze darauf verteilen, eine mit der Seite eines großen Messers zerdrückte ganze Knoblauchzehe dazugeben, salzen und pfeffern, 10 Minuten köcheln lassen, warmhalten.
Den bemehlten Teig ausrollen, bis ein 2 bis 3 Millimeter dünnes Blatt entsteht. 5 Minuten trocknen lassen, den Teig aufrollen. Mit einem scharfen, leicht bemehlten Messer in 6 bis 7 Millimeter breite Streifen schneiden, diese geöffnet auf eine bemehlte Arbeitsfläche legen. Salzwasser zum Kochen bringen, Hitze reduzieren, die Tagliatelle im leicht sprudelnden Wasser je nach Geschmack 3 bis 4 Minuten gar ziehen lassen. Es ist auch möglich, die Pasta einen Tag lang auf einem Holzbrett, Backblech oder einer Wäscheleine zu trocknen, um sie haltbar zu machen. Dann muss sie danach länger gekocht werden.
Ein wenig Kochwasser auffangen, die Tagliatelle zu den Pilzen geben, erwärmen, alles miteinander vermischen, fein gehackte Petersilie darunter, bei Bedarf mit der Schöpfkelle Kochwasser hinzufügen – und noch mehr Olivenöl.

*

Die Librandis kommen wie jeden Mittag aus ihren Büros geeilt, von ihren Feldern und Maschinen, scherzen und umarmen sich, versammeln sich wie jeden Mittag um ihren Tisch, besprechen und beraten sich. Im Mittelpunkt: Mamma Maria Luisa und ihr Essen. Angela: „Die anstehende Ernte …“ – Pino: *„Molto buono, mamma!“* – Michele: „Sollen wir …?“ – Lucia: *„Fantastico, mamma!“* – Carmela: „Wisst ihr schon …?“

*

Am Tisch meiner Großmutter fanden sich Tag für Tag meine Tanten und Onkel ein; es war Punkt zwölf Uhr. Meine Großmutter verteilte eigentlich nie Tadel, außer eines ihrer Kinder verspätete sich zum Mittagessen; meist war es derselbe Onkel. Sie kamen aus ihren Geschäften und Ställen, von ihren Äckern und Feldern, stiegen von ihren Traktoren und Fahrrädern. Manchmal saßen auch Freundinnen meiner Großmutter mit am Tisch, sie brachten immer das puderzuckerbestreute und tellerförmige Hefegebäck mit, von dem meine Onkel sagten, sie formten sie über ihren haarigen Knien.

Nachdem meine Großmutter nacheinander die Töpfe und Schüsseln auf den Tisch gestellt hatte – es begann stets mit einer Suppe und endete mit Kaffee und Süßem –, aßen wir. An unserem Tisch wurden Sorgen besprochen, Probleme gelöst, wurde geschwiegen, das kleine Radio lief in einer Ecke, in der anderen brannte im Ofen das Feuer. Nachdem wir gegessen hatten, war jeder von uns schon mal auf Großmutters Eckbank eingeschlafen. Die Welt war hier sicher.

*

Nachdem wir gegessen haben, setzen Daniel und ich uns mit Michele auf die Couch seiner Mutter. Alle drei ächzen wir nach den sechs Gängen, sagen aber auch nicht Nein, als Micheles Mutter uns die mit Mandeln gefüllten Feigen anbietet.

Den Librandis fällt es leicht, uns das Gefühl zu geben, für einen Moment Teil der Familie zu sein. Ich muss an einen Satz des italienischen Journalisten Luigi Barzini denken. Er schreibt in *The Italians*, einem Porträt des Landes aus den sechziger Jahren: „Kein Italiener, der eine Familie hat, ist jemals allein."

INTERMEZZO

Kalabrien, Kampanien

Unsere Giardiniera keucht, hustet, stottert. Wir hatten sie die Nächte über auf einem Grashügel geparkt; nachts kroch ihr der feuchte Feind in die Glieder.
Sie spürt das noch.
Beim vierten Anlauf springt sie röchelnd an, allerdings bleibt die sowieso schon irrational veranlagte Hupe stumm, das Fernlicht versagt.
Es ist fünf Uhr abends, die Nacht wird kommen.
Wir wackeln dennoch unserem Ziel entgegen, Amalfi, wollen aber über Nacht einen Halt einlegen; wo, wissen wir noch nicht.
Nach ein paar Kilometern scheint unser Auto es wärmer zu haben, das Fernlicht leuchtet, der Motor schnurrt, die Hupe hupt.
Wir fahren gemütlich durch ein Tal, dann klettern wir mit ihm an Bergen hoch, deren Namen wir nicht kennen, deren Formen wir aber beschreiben können, Kegel, Plateaus und eine Felspyramide, vermutlich der *Monte Pollino.* Wir überqueren Bäche und Flüsse, schnurren vorbei an seltsamen Kiefern, kargen Felsen und Hängen, auf denen kleine, irrlichternde Waldbrände lodern.
Ich vermute allmählich, dass Daniel mir nicht die kürzeste, sondern die steilste Route vorgeschlagen hat, weil er den Weg über die Berge spannender findet als den entlang der Küste; der knapp achtzehn PS unseres Autos ungeachtet.
Wir befinden uns mit dreißig Stundenkilometer auf einer Passstraße, als sich die Dämmerung langsam über uns senkt, das Blau des Himmels schwindet, die Dächer der Berge feuerrot um uns erglühen, die Sonne für heute ihre letzte Kraft an den Gipfeln entlädt. Dann verschluckt uns die Nacht, unsere Lichter flackern schwach, aber beständig.
Wir fahren endlose Serpentinen auf und ab, ich sehe im Dunkeln weniger, als mir lieb ist, damals noch nicht ahnend, dass ich eine Brille brauchte. Aus dem Dunkel, das wohl ein Wald sein dürfte, blitzen manchmal Augenpaare auf. Rehe? Wölfe? Wildschweine?
Nach über fünf Stunden, um zehn nach zehn, erreichen wir eine Bucht, parken im Gehölz, hören den Kies knirschen, steigen betthungrig aus, buchen uns in ein Doppelzimmer in einem Bungalow ein, wieder mal wohl aus den Sechzigern, unter alten Steineichen gelegen, tragen leichtes Gepäck hinein, vom Strand herüber weht ein Song, *é amor, o hô-bá-lá-lá, hô-bá-lá-lá,* wir machen ein Bier auf, die erste Nachtfahrt hinter uns, strecken unsere Glieder, knipsen das Licht aus. Neben uns werden Zimmertüren aufgeschlossen.

*

Ich bin überrascht von der Schönheit dieser Bucht, schwimme um die Felsen, schaue vom Meer aus zu den blauen Liegen und den gelben Sonnenschirmen am

Strand, den abfallenden Felsen im Hintergrund, dem einem Campingplatz ähnelnden Motel, *Illicini.*
Nach Salz und Sonnencreme riechend setzen wir uns ins Auto, sprechen kein Wort vor dem deutschen Touristen, der unseren Cinquecento begutachtet, und hoffen, er nimmt uns beiden, braunhaarig und unrasiert, die Italiener ab, *Daniele e Marco.* Das Auto murrt diesmal keinen Augenblick. Das Meer scheint es versöhnt zu haben.
Heute setze ich mich, noch ermattet von der gestrigen Tour, auf den Beifahrersitz, sehe uns, dabei an Rio denkend, unter dem Christus von Maratea hindurchfahren, vergleiche das Weiß der über die Bucht wachenden Figur mit der unseres Autos, denke kurz an Ingeborg Bachmann, sie war auch einmal hier, und beobachte Daniel, wie er so aufs Autofahren konzentriert ist, dass er die Flügel der Christusstatue, die eigentlich ja ihre Arme sind, gar nicht wahrnimmt. Ich fühle mich noch zu träge – im Motel gab es nur Campingplatzkaffee –, um ihn darauf hinzuweisen, stelle mir aber die Frage, ob unsere Reise für ihn ein Abenteuer ist. Für ihn, der es gewohnt ist, im Irak, in Afghanistan und Syrien als Fotoreporter unterwegs zu sein. Das Auto fühle sich ein wenig unpräzise an, sagt er. Aber eigentlich sei das Fahren damit ganz in Ordnung.
Eine Stunde später etwa beginnen sich kleine an große, mittelgroße an riesengroße Molkereien zu reihen, daneben Ladengeschäfte, die vornehmlich *mozzarella di bufala* in ihren Auslagen anbieten. Hinter den Theken öffnen sich lange weiß gekachelte Gänge, Edelstahlgefäße blitzen, Molker in Gummistiefeln ringen mit ihren Schläuchen, die kleinen Ladengeschäfte entpuppen sich als mittelgroße Molkereien. Ein gummibestiefelter Molker aber sagt: *Spiacente, chiuso* – tut mir leid, geschlossen!
Wir finden ein anderes Geschäft, das auch wirklich nur ist, was es scheint, und bestellen uns zwei *panini mozzarella di bufala,* die wir vor den Fenstern vertilgen und die nach den Weiden Kampaniens schmecken.

*

Mozzarella und ich haben eine Geschichte. Noch heute sehe ich mich ein Jahr lang dort stehen, über zwanzig Jahre ist es her, Tag und Nacht vor einer dreißig, vierzig Meter langen Maschine, sehe die Milch in den Tank einschießen, die Maschine den späteren Mozzarella-Teig kneten, sehe mich vor dem sich wie ein Walross fläzendem Ungetüm aus Stahl Wache halten, die Sommernacht vor dem Gebäude, die feuchte Luft drinnen, ich schwitzend in weißen Latzhosen und Gummistiefeln. Am Ende fallen sie aus der Maschine, kleine, runde, elastische Bällchen, so wird es heute noch sein, Industriemozzarella, Kuhmilch, supergünstig.
Ich mag sie, seltsam, oder? Im Sommer greife ich immer zu den hinteren Packungen im Regal, weil ich weiß, dass die Nachfrage danach im August größer ist, die Maschinen laufen im Juli länger als im November, die Flummis sind kurzlebiger, nicht, dass die Verpackung sich im Kühlschrank bläht und platzt. Ich weiß, wovon ich rede.

*

Der echte Mozzarella aus Kampanien ist ein anderer, frisch, hat eigentlich keine Säure, nicht fest, nicht weich, kein Gummi, *niente gomma,* perlweiß, sahnig, angenehm wild. Die Augen schließen, im Wald sein, vielleicht Kiefern riechen.
Eine italienische Freundin erzählte mir mal, wie ihr Bruder und sie ihn auf längeren Autofahrten durch Italien immer in Kühltüten auf den Rücksitz gepackt bekamen und ihn dort mampfen durften, für eine Weile ruhiggestellt, *bambini in silenzio.*

*

Ich lenke den Fiat wie an einer Schnur über endlos flaches Land, das Meer zwar da, aber nicht zu sehen, fahren wir an einer ersten Plantage vorbei, dann an der nächsten und übernächsten. Tomaten. Die Männer, die wir am Straßenrand wahrnehmen, wirken wie Schatten ihrer selbst, dunkle Hautfarbe, löchrige Hosen, leerer Blick; Erntehelfer aus afrikanischen Ländern, für vermutlich drei, vier Euro die Stunde. Die wenigen Frauen, die uns auffallen, sind eher vierzig als zwanzig Jahre alt und tragen billiges pinkes oder blaues Polyester: auf Lastwagenfahrer wartende Prostituierte. Eine trostlose Szenerie, die öden Straßen, die nichtsagenden Gebäude und die in Draht und Plastik eingehüllten Plantagen, ich muss an Angelo Badalamentis *Twin Peaks*-Theme denken; irgendwie monoton und verloren.
Einmal nehmen wir einen Weg zum Strand, hoffen auf Abwechslung und etwas Koffein, landen aber nur bei einer von Wind und Salz löchrigen Bretterbude, seit Jahrzehnten verlassen. Daniel meint, hier sehe es aus, als hätten sich die Menschen mehr vom Tourismus erhofft, aber übersehen, dass die Gegend einem Landstrich vorgelagert ist, der Reisende anzieht wie ein Magnet: der Amalfiküste.
Wenig später zeichnet sie sich links vor uns ab – grün, schroff, verschwommen, darüber Wolken, darunter das seltsam graublaue Meer.
Wir erreichen Salerno, halten, die Küste immer wieder zu unserer Linken zwischen neuen Betonbauten und herrschaftlichen alten *palazzi* erspähend, mit den Autos in der Stadt Schritt, reihen uns vor und hinter ihnen ein, bleiben dennoch eine Ausnahme. Ein Mann schreit uns von links hinter uns etwas aus einem marineblauen Alfa Romeo zu, lächelt dabei, Daniel glaubt zu verstehen: *che anno?*, welches Jahr?
Mil novecientos sesenta y ocho, neunzehnhundertachtundsechzig, ruft Daniel auf Spanisch zurück.
Plötzlich taucht ein ferrarigelber Ferrari neben uns auf; vom Verkehr, von unserer freien Spur bevorteilt, fahren wir ihm davon; ein leichtes Glück.
Am Rand von Salerno biegen wir links ab, schlängelnd führt uns die *Strada statale 163* stetig bergauf, die Amalfiküste rückt näher, immer mehr Motorräder ziehen an uns vorbei, ein rostiges Schild verleiht unserer Ahnung Gewissheit: *Costiera amalfitana.*
Kurz darauf hängen wir zwischen Himmel, Meer und Erde, erahnen schnell, warum sie *Divina Costiera* genannt wird, die göttliche Küste, ihre Klippen fallen haarscharf neben der Straße ab ins gischtende Meer; dessen Saum türkisblau, sonst

IV
221

von kobaltblauer Farbe. Über uns dagegen steile Bergwände, unzählige Hügel, Ebenen und Terrassen. Von oben hängen die Äste der Zitronenbäume auf die Straße, als wollten sie zu uns ins Auto schlüpfen wie bereits ihr Duft.
Wäre nur nicht der Verkehr, das Blech, die Touristen – die anderen. Sie beschleunigen, bleiben stehen, kurven, bremsen, versuchen in aufeinanderfolgenden Stop-and-go-Zyklen mit den Augen und ihren Fotolinsen ein wenig von der Küste einzupacken für später.
Wir sind froh, als wir abbiegen, das kleine Minori erwartet uns. Ein beschaulicher Ort; oft links liegen gelassen, die Stop-and-go-Karawane zieht weiter nach Positano, Amalfi, Sorrent und Capri – prominentere Namen.
Doch blicken wir nach oben, fehlt es uns an nichts, es stapeln sich pastellfarbene Häuser die Felsen hinauf, durch Treppen und Gärten verbunden, durch Terrassen miteinander vernetzt. Über ihnen bilden die Blätter der Amalfi-Zitronen ledriggrüne Dächer, ihretwegen sind wir hier.
Erst aber müssen wir uns links und rechts, dann wieder rechts und links, durch Minori abwärtsrollen lassen, uns dann im zweiten Gang aufwärtsschrauben, um uns zum Fuß eines mit Zitronenbäumen bewachsenen Hügels durchzuschlängeln. Durch den sich ein Sträßchen krümmt, furchig wie die Haut einer Hundertjährigen, von Wurzeln durchwachsener, brüchiger Asphalt. Es führt hinauf zum *Agriturismo Villa Maria*.
Aber schaffen wir das?
Wir winden uns langsam wie auf einer Planierraupe nach oben, meistern die engen Spitzkehren, auch wenn der Motor des Cinquecento heult und jault, sein Herz bebt, er schwankt, sein Getriebe kracht, bis runter ans Meer: Ganz Minori weiß, wir sind hier.
Am Ende der Steigung ruft dann ein Mann, Vincenzo, der alte Zitronenbauer, *bravissimi!*
„Hier auf meiner Straße, ich habe sie selbst in den Hang geschlagen", sagt er, „haben schon viele Karren versagt, sogar solche mit Allrad. Eigentlich befahre nur ich sie, oder Esel oder Zitronenernter schleppen sich herauf, aber ihr habt es geschafft!"
„Es war uns ein Leichtes", antworten wir ihm fahrlässig; nicht ahnend, wie wir das noch bereuen werden.

CINQUE

Kampanien, Amalfiküste, aufbewahren, *conservare*

In der *Casa di Aurelio* in Sizilien, in der Bucht von San Gregorio, hatte ich von unserem Vorhaben erzählt. Roberta und Alessandro, Aurelios Sohn, sagten, wir könnten nicht durch Italien reisen und dabei an der Amalfiküste nur entlangfahren. Wir müssten sie schmecken lernen, die Amalfi-Zitrone. Dann griff Roberta nach ihrem Telefon.
Pronto, parlo con la Signora Maria?
Sì, sie sei Maria, antwortete die Stimme am anderen Ende, rund sechshundert Kilometer entfernt
Roberta sagte, sie habe von den Zitronen in ihrem Garten, vor allem aber von ihrer Küche gehört. Ob es vielleicht möglich sei, mit zwei Freunden ein einfaches Gericht aus ihren Amalfi-Zitronen zu kochen?
Sì, sì, certo, sicher, sagte die ältere Frau: „*'Ndunderi* vielleicht?"
'Ndunderi?, antwortete Roberta.
Sì, 'Ndunderi.

Zehn Tage später sitze ich an Marias Küchentisch, rolle langgezogene, fingerbreite Teigwülste aus Ricotta, Parmesan, Ei und Mehl und schneide sie in daumendicke Stücke. Unter uns liegt die Bucht von Minori, das Meer als blaues Dreieck zwischen zwei dunkelgrünen Hängen, links wie rechts die Zitronengärten.
Zuvor hat Maria ihren Mann Vincenzo mit seinem verdellten Kleinwagen den Hang hinuntergeschickt, den er vierzig Minuten später mit zwei großen, in Papier eingeschlagenen, feuchten Ricottablöcken wieder hinaufkommt. Sie hatte keinen im Haus, vergessen, ihn einzukaufen. Ricotta, sagt Maria, sei die Grundlage für die *'Ndunderi.*
„Was bedeutet das Wort?", frage ich sie.
Non lo so, antwortet Maria, sie wisse es nicht. Sie sei zwar in den Vierzigern hier in Minori geboren und habe bereits in den Fünfzigern von ihrer Großmutter gelernt, sie zuzubereiten. Diese habe es von ihrer Großmutter gelernt und die wiederum von ihrer, wie das halt so sei. Aber was das Wort bedeute, wisse sie nicht. *Non lo so.*
Dann überlegt Maria, ob sie dem Wort *'Ndunderi* auf die Spur kommt, spricht es vor sich hin und ächzt dabei weniger als sonst. Denn die Jahre sind ihr genauso anzuhören, wie ihrem Gang die Arbeit in der winzigen Küche anzusehen ist. Doch nun singt sie fast, halb Kind, halb junge Frau, ihr Stimme geht auf, ab, wieder auf:
– duun – der – iii.
Ihr Mann Vincenzo, eigentlich nie um eine Idee verlegen, sagt, er wisse es auch nicht. Das Tourismusbüro im Ort lässt mir am Telefon ausrichten, sie könnten mir nichts zu dem Namen sagen, aber die *'Ndunderi* seien hier in Minori, dem ältesten Ort der Amalfiküste, erfunden worden und gälten als eine der ältesten Pastasorten der Welt, deren Rezept auf ein Gericht der alten Römer zurückgehe, die *palline latine,* römische Kugeln.

In den wenigsten italienischen Kochbüchern, nicht einmal im vermutlich allerbesten, Marcella Hazans *Die klassische italienische Küche,* werden die *'Ndunderi* erwähnt.
Zum Namen finde ich schließlich verschiedene Erklärungen. Einmal heißt es, er gehe auf ein altes neapolitanisches Wort zurück, das Nörgeln oder Grummeln bedeute, ein anderes Mal soll er auf etwas verweisen, das im Weg steht, einen engen Raum versperrt. Im dritten Fall sei *ndundero* eine Variante von *ntuntaro,* was rund um den Vesuv, ein gutes Stündchen von Minori entfernt, eine törichte Person bezeichne, die – diese Beleidigung konnte ich mir merken – ein paar Knoten zu viel im Gehirn hat. Das Wort stehe damit, lese ich zuletzt, für den verstörten Ausdruck auf dem Gesicht eines Menschen.
Den Ausdruck also, den die kleinen Teigkisschen annehmen, wenn Maria ihren Zeigefinger in sie gräbt und sie über ein geriffeltes hölzernes Brett rollt, das sie manchmal *riga,* manchmal *pettine* nennt und das ein Werkzeug ist, das ich von den jüngeren Verwandten der *'Ndunderi* kenne, den Gnocchi. Maria bewegt die Teigkissen in einer über fünfzig Jahre einstudierten schnellen Bewegung wie kleine Rädchen über das Holzbrett, weder eine ganze noch eine halbe Umdrehung. Daraus entspringen leicht konkave Klone, nicht zu vergleichen mit der krummen Bastardenbande, die ich produziere. Manchmal drücke ich zu fest auf die Teigkissen und sie kleben auf dem Holz oder an meinem Finger fest, manchmal übe ich zu wenig Druck aus, dann bleiben sie träge auf dem Brett liegen.
Spingere e rotolare, spingere e rotolare, redet Maria auf mich ein, ich soll die Pasta drücken und rollen. In der Zeit, in der sie gut einhundert *'Ndunderi* formt, entstehen bei mir zwanzig. Maria beobachtet mich und kichert und gluckst auf eine Art, wie nur ältere Frauen kichern und glucksen können.

*

Als das hohe Alter bei meiner Großmutter immer mehr Spuren hinterließ, sie immer öfter krank wurde und ich ahnte, dass es irgendwann nicht mehr so sein würde, saß ich einmal bei ihr in der Küche, schaute ihr zu, wie sie aus Kartoffeln, Ei und Mehl lange Teigwülste formte, sie auf- und abrollte, und wie mit der Geschwindigkeit eines jungen Mädchens, nicht einer alten Frau über achtzig unter ihren Händen mein Lieblingsgericht entstand.
Wie immer, wenn ich bei ihr saß, lief das Radio. Ich fragte meine Großmutter, die ihre Schürze trug, mal war sie blau, mal war sie rosa, ob sie mir die Rezepte zu ihren Gerichten geben könne.
„Warum möchtest du sie wissen?"
„Damit sie nicht in Vergessenheit geraten, Oma."

*

Maria verlangt für ihre *'Ndunderi al limone* nach Zitronen, woraufhin mich Vincenzo mit in seinen Garten nimmt. Wie kleine zitronengelbe Lampions baumelnd reifen sie dort an etwa zwei Meter hohen Bäumen, ihre Äste sind um Pfähle aus Kastanienholz herumgebunden und bilden ein dichtes Dach aus dunkelgrünen Blättern; ein natürliches Gewächshaus, ein frisch, säuerlich und erdig riechendes Zitronenbiotop; eines der unzähligen, oft nur handtuchschmalen Terrassenfelder der Amalfiküste. Vincenzo schraubt zwei Zitronen herunter, vielleicht dreimal so groß wie die aus schnöden Supermarktregalen, elliptisch in der Form, ihre Haut uneben, voller Poren.

Als Vincenzo eine aufschneidet, spritzt es heraus, im Fruchtfleisch sehe ich nicht einen Kern, der Saft rinnt über die Schnittkante und über Vincenzos Hände. Die Bäume blühen drei-, eher viermal im Jahr, sagt Vincenzo.
„Wie ist das möglich?"
„Schau dich um, was siehst du?", fragt er zurück.
Himmel, Meer, Berge.
Es sei das Paradies, antwortet Vincenzo – und *il paradiso* sei die Antwort auf meine Frage. Die Hänge seien hier immergrün, am Tag von Sonne beschenkt, in der Nacht von meist angenehmer Kühle. Im Winter gebe es zwar Schnee, bis recht weit hinunter sogar, bis auf zwölfhundert Meter, aber das Meer sorge für genügend Wärme, es speichere sie und gebe sie nach und nach ab, der Wind trage sie weiter und versorge damit den feuchten, aber reichen Boden. Außerdem seien der Vesuv und seine Mineralien nicht weit entfernt, im Boden unter uns. All das stecke in diesen Zitronen, sagt Vincenzo – und das sei auch der Grund, weshalb er Maria hier ihre *Villa* versprochen habe.
„Komm, wir gehen rüber zu ihr, einen Limoncello trinken", sagt er dann.

Es gebe dreierlei Limoncello, erzählt Vincenzo.
Einen, der seinen Namen nicht verdiene. Gemacht von Betrügern, oft Römern, ein Fall für die Carabinieri.
Einen zweiten, von der Amalfiküste, schon recht ordentlich, sagt Vincenzo.
Einen dritten, von meinen Bäumen, der beste.
Salute.

✷

Limoncello alla Vincenzo

8 unbehandelte Zitronen · 750 ml Weingeist (mindestens 95 Prozent Alkohol) · 750 g Zucker · 1 l Wasser

Die Zitronen waschen, hauchdünn abschälen, nicht das Weiße, das lässt den Limoncello bitter werden. Den Alkohol in ein gut gewaschenes und mit heißem Wasser ausgeschwenktes Einmachglas füllen, die Schalen dazugeben, verschließen, für 2 bis 3 Wochen dunkel lagern, alle 1 bis 2 Tage schütteln.
Aus dem Zucker und dem Wasser bei mittlerer Hitze unter Rühren einen Sirup köcheln und abkühlen lassen. Den aromatisierten Alkohol durch einen Filter gießen, mit dem Sirup vermischen, in Flaschen füllen, dunkel lagern. Der Limoncello sollte erst nach Frucht und dann nach Alkohol schmecken. Die Zuckermenge kann je nach Geschmack variiert werden.
Sollten Zitronenschalen übrig geblieben sein, in ein Glas mit Meersalz legen und vermengen, Gefäß schließen, nach ein paar Tagen – Zitronensalz.

✷

„*La mia villa?*", sagt Maria später in der Küche, als ich sie danach frage. Ja, vor fast zwanzig Jahren habe Vincenzo zu ihr gesagt, ich baue dir eine Villa an den Hang. Heute könne sie sagen, sie habe zwar eine gewollt, aber nicht eine, in der sie dauernd zu arbeiten hätte.
Vermutlich meint Maria den Satz ein wenig so, wie sie ihn sagt, aber auch ein wenig nicht so. Denn sie sagt auch, es gefalle ihr, dass das Restaurant, der Hof und das Hotel ihren Namen trügen, *Villa Maria*.
Während Vincenzo die Gäste und sich selbst bespaßt und Geschichten erzählt – dass er das Haus ohne Genehmigung an den Hang gebaut habe, wie er dann doch eine bekommen haben will, mal beim zehnten, mal beim zwanzigsten Anlauf – dass sein Vater gegen Mussolini gekämpft habe, Partisan war, wie Vincenzo auch selbst gegen Mussolini gekämpft haben will, was zeitlich nicht möglich ist – dass er als Oberkellner in den größten Hotels Europas gearbeitet habe – dass Maria und er zehn Jahre verlobt waren, bevor sie heirateten – dass sie seine Ingrid Bergman sei, er demnach ja Gregory Peck sein müsse – dass er im Kopf ein Junge geblieben sei – das, das, das sagt er –
währenddessen steht Maria leise ächzend in der Küche und schwenkt die gekochten *'Ndunderi* in Butter, Sahne, Pfefferminzblättern und frisch gepresster Zitrone.

Ich konnte mir die *'Ndunderi al limone* zuvor nicht vorstellen. Sahne, Zitrone, Pasta und Pfefferminze? Doch sie schmecken wunderbar, mild-sahnig und fruchtig, butterig und blumig, würzig und frisch, fest, aber luftig.

Maria hat sich mittlerweile nach draußen vor ihre Küche gesetzt, ruht sich aus. Ich frage sie, warum sie ihr Rezept mit mir geteilt habe.
„Damit die *'Ndunderi* nicht in Vergessenheit geraten", antwortet Maria.

*

Marias 'Ndunderi al limone

Für die 'Ndunderi: 500 g Mehl Typ 00 · 1 Ei · 500 g Ricotta · 50 g Parmesan · Meersalz · Muskatnuss
Für die Sauce: 1 großes Stück Butter · 1 Zitrone · frische Pfefferminze · Sahne (rund 20 Prozent)

Mehl in eine Schüssel geben, einen Brunnen formen, das Ei hineinschlagen, den Ricotta, etwas Salz und den Parmesan hinzufügen. Maria reibt keine Muskatnuss hinein, ist aber zu empfehlen. Alles zu einem festen Teig kneten, dabei nicht überbearbeiten. Falls doch geschehen und zu viel Flüssigkeit austritt, etwas mehr Mehl nehmen. Aus dem Teig etwa 1,5 Zentimeter breite Wülste formen, indem man sie mit beiden Händen auf der bemehlten Arbeitsfläche, einem Holztisch, unter leichtem Druck rollt. In 1,5 bis 2 Zentimeter lange Stücke schneiden, diese noch einmal in wenig Mehl wenden und mit etwas Druck entweder über die Zacken einer Gabel oder ein Gnocchibrett rollen. In einem großen Topf Salzwasser zum Kochen bringen, Temperatur herunterdrehen. Die 'Ndunderi hineingleiten lassen und warten, bis sie an der Oberfläche schwimmen. In einen Teller heben.
In einer Pfanne ein großes Stück Butter auf kleiner Flamme erhitzen, den Saft einer Zitrone, dann die Pfefferminzblättchen in die Pfanne geben, zuletzt die Sahne. Andere reiben ein wenig Zitronenschale in die Sauce, Maria unterlässt das. Die 'Ndunderi in der Sauce schwenken, wenige Minuten köcheln lassen, servieren.

*

Es ist stockfinster am nächsten Morgen, noch vor sechs Uhr müssen wir raus. Zerknautscht packe ich meine Sachen, pflücke eine Zitrone von einem der Bäume, während Daniel sich bereits durch die Büsche nach unten schlägt, um den erwachenden Hang zusammen mit unserem Auto in eines seiner Rechtecke zu bannen. Ich setze mich allein in unser Auto, leicht zitternd springt es an, ich lasse es nach unten rollen, trete aber immer wieder auf die Bremse. Als ich ein kleines Schlagloch sehe, kurz vor einer besonders engen Spitzkehre, und ich habe noch nicht einmal die Hälfte des Hanges hinter mir, weiche ich ihm aus, bremse. Als ich merke, wie der Motor an Kraft verliert, ziehe ich die Handbremse an, doch der Hang ist zu steil, allein hält sie das Gewicht nicht, ich muss, um nicht mitten in die Bäume zu schießen, weiter auf der Bremse stehen, was es mir unmöglich macht,

Gas und damit dem Motor wieder Schwung zu geben.
Müde geworden, gluckert mein Auto leicht schwankend aus.
Wir stecken, eingeklemmt in Schräglage, fest wie ein Keil – vor uns der Abhang, dahinter die steil aufsteigende Kehre.
Anspringen möchte der Wagen nicht mehr, egal wie viele Pausen ich ihm zwischen den Startversuchen zugestehe.
Nach ein paar Minuten taucht Daniel auf, wir entschließen uns, den Kofferraum und die Sitze freizuräumen, befreien unser Auto von seiner Last. Außerdem schieben wir im Weg liegende Baumstämme zur Seite, versuchen Raum zu gewinnen.
Doch egal wie wir schieben und drücken, wir kriegen dieses Maultier von einem Auto nicht einen Zentimeter bewegt, die Kraft des Hanges ist stärker als die unserer Arme, wie eingepfercht steht es im Weg.
Was nun? Auf Helfer warten? Vincenzo wecken? Er allein würde nicht reichen, glaubt Daniel.
Während ich über unseren nächsten Schritt nachdenke, versuche ich unsere störrische Giardiniera noch einmal zu starten, ein verlegener Akt; und dann, nach siebenundvierzig Minuten, springt sie stotternd an, kann sich mit eigener Kraft aus der Klemme helfen. Ich setze sie zurück, dann beladen wir sie und rutschen den Hang hinab. Vor der letzten Kurve tauchen plötzlich drei braun gebrannte Männer auf, hüpfen aber, als wäre unser Auto nun ein wildgewordener Stier, zur Seite. Kurz habe ich gedacht, die Männer könnten schimpfen und fluchen, doch als ich in den Rückspiegel schaue, klatschen sie, *bravissimi.*

SEI

Kampanien, Neapel, das Mosaik, *il mosaico*

Nach unserem Abenteuer am Hang verlassen wir Minori später als vorgesehen, sind aber zeitig genug, um die vor über hundert Jahren kühn in den Fels geschlagene Straße entlang der Amalfiküste fast für uns zu haben. Die Touristen liegen noch in den Betten, so teilen wir diesen Sonntagmorgen nur mit dem stetig vom Meer wehenden Wind, mit schwarzgekleideten, gut frisierten älteren Italienern und Italienerinnen auf dem Weg zur Kirche und den Kellnern in weißen Hemden, die auf ihren Vespas oder in ihren Fiats zur Arbeit düsen – an Orten, die wie seit Jahrzehnten unverändert erscheinen.

Pastellfarbene, sich im Halbrund an die Steilküste anschmiegende Würfel, verwunschene Kirchen, vor denen sich kleine Menschentrauben bilden, bonbonbunte Cinquecentos, üppige Baldrianblüten und gelber Fenchel, felsige Überhänge, über Klippen kreisende Möwen. Kaum Teenager, dafür rauchende Alte, Espressobars, grünspanbedeckte Kirchenkuppeln, nach jeder Straßenbiegung Orte, die heißen wie das, was sie machen: Furore.

Nachdem wir Positano erreicht haben, einen Ort, der sich vor uns aufbaut wie die Ränge eines antiken Theaters, biegen wir landeinwärts von der *Amalfitana* ab, schlagen uns durch ein Waldstück, umkurven die Monti Lattari, die Milchberge, sehen am Wegesrand Bauern Steinpilze veräußern so groß wie Bürolampen, mühen uns über Serpentinen bergaufwärts, verlassen die Enge dieser Straßen durch einen Tunnel, der zur Brücke wird und fahren erstmals auf ein Schild zu mit der Aufschrift:

Napoli.
Was habe ich alles von Neapel gehört?

Eine Schönheit,
ein Sumpf, ein Dickicht.
Reich und arm.
Müll und Meer.
Glanz und Chaos.
Gestank und Duft,
Pracht und Tod.
Gut und böse.
Gomorrha und Camorra,
Millionen von Menschen,
Sophia und Diego,
Leidenschaft und Leere,
Vesuv und Alltag,
Alltag und Anarchie.

Alle haben mir gesagt, fahr nicht mit diesem Auto, *non andare con questa macchina,* in diesen Moloch. Sie haben keinen Respekt, sie rauben und zerstören. Fahr vorbei, lass es liegen, komm später wieder.

Wir bewältigen die letzten zweihundert Höhenmeter, den Vomero, einen Hügel mitten in der Stadt, fahren eher um Ecken als Kurven, die zweite Ausfahrt, die erste, hier abbiegen, sagt Daniel, wieder links, klingeln, ein grünes Tor öffnet sich, schließt von allein, unser Hotel, eine Stadtvilla, ein gutes Viertel, Motor aus, Schlüssel abziehen. Abgeschlossen?
Neben uns war, je näher wir ihr kamen, eine Festung wie eine Sandburg emporgewachsen, sie wacht über die Stadt, das Castel Sant'Elmo, an seiner Seite ein weißer Quader, ein Kloster. Unterhalb der beiden Gebäude ein buntes Puzzle aus Häusern, Treppen und Dächern, Türmen und Giebeln, barocke Palazzi, sechziger Jahre, siebzehntes Jahrhundert, achtziger Jahre, vierzehntes Jahrhundert, mittelalterliche Burgen und Mietskasernen, ebenerdig und sieben Stockwerke hoch, Zweckbauten und Herrenhäuser, Villen und Graffiti, Straßen und Gässchen, Wäscheleinen und Winkel, Ruinen und Terrassen, Mauerstein und Beton, zur Rechten das ewige Meer, in der Ferne ein Kegel ohne Spitze, leicht diesig, der Vesuv.
Neapel, also doch.

*

Achille Lauro, ein schwerreicher Reeder, war in den fünfziger Jahren Bürgermeister von Neapel, auf seinen Wahlkampfveranstaltungen verteilte er Schuhe, nur linke. Falls er gewinnen werde, versprach Lauro, werde er die dazu passenden rechten nachliefern – und hielt Wort.
Dieses Mittel soll angeblich keines aus grauer Vorzeit sein, sondern heute noch in Süditalien Anwendung finden, allerdings wird ein Kreuz nicht mit Lederschuhen, sondern mit Geldscheinen, Tankgutscheinen oder Handys quittiert. Achille Lauro hatte noch einen weiteren Trick, er verteilte Pasta, nicht irgendwelche, sondern die beste, die von den *pastai*, den Pastamachern aus Gragnano.

*

Dort wollten wir uns mit einem dieser Pastahersteller treffen. Doch der Hang von Minori vereitelte dieses Vorhaben, wir ließen die Stadt rund dreißig Kilometer vor Neapel rechts liegen, weshalb Giuseppe Di Martino nun am Hafen von Neapel auf uns wartet.
Denn wie Champagner aus der Champagne stammt, echter Balsamico aus Modena, Selters aus Selters, Kölsch aus Köln, so weiß jede Italienerin, jeder Italiener: Pasta, zumindest die getrocknete, *pasta secca,* sollte aus Gragnano kommen.
In Deutschland ist das nahezu unbekannt. Neulich fand ich in einer großen Sonntagszeitung Spaghetti von neun verschiedenen Herstellern im Test, einer aus Gragnano war nicht darunter; in New York dagegen schreibt *Forbes*, Gragnano habe die Pasta revolutioniert, während die BBC in London fragen lässt, warum die Pasta aus Gragnano die beste der Welt sei.

Begonnen hat das mit der Pasta und Gragnano je nach Quelle vor ein- bis zweitausend Jahren. Eine nicht unbedeutende Rolle haben auch die Bewohner Minoris gespielt. Sie bereiteten nicht nur wie Maria 'Ndunderi, also frische Pasta, *pasta fresca,* zu, sondern das Klima Minoris, die stete Sonne und der leichte Wind, half ihnen, sie zu trocknen. Frische oder getrocknete Pasta? Diese Frage würde man sich in Italien so nie stellen, beides hat seine Berechtigung, die eine passt eher zur einen, die andere zur anderen Sauce. Allerdings begünstigten die Küste und das Bergmassiv in ihrem Rücken, die Monti Lattari, die Pastahersteller aus Minori nicht nur, sie stellten auch ein Hindernis dar. Ihr Standort war zu abgeschieden, weswegen sie sich auf die Suche machten und einen besseren Ort auf der anderen Seite der Monti Lattari fanden, unweit von Neapel. Das Wasser stammt hier wie da aus den Quellen in den Bergen, hier wie da befindet sich das *Valle dei Mulini,* das Tal der Mühlen, in nächster Nähe, hier wie da das Meer und die salzige Luft, eine Art Pastafabrik in freier Natur: Gragnano.
Das genügte den Gragnanesi allerdings nicht, weshalb sie Mitte des neunzehnten Jahrhunderts alte Gebäude einrissen und die neuen so errichteten, dass der Wind durch die Gassen pfeifen konnte und die *pastifici,* die Pastafabriken, keinen Schatten mehr auf andere *pastifici* warfen. Etwas später bekam Gragnano, seit Jahrhunderten bereits Lieferant des königlichen Hofes, für diese Transporte eigens eine Zuganbindung nach Neapel.
Giuseppe Di Martino begann 1907, gerade mal zehn Jahre alt, in einer Pastafabrik zu arbeiten, fünf Jahre später vererbte der Besitzer sie ihm – und über hundert Jahre darauf pocht sein Enkel, der natürlich den Namen seines Großvaters trägt, Giuseppe Di Martino, gegen seine Uhr: Wir müssen los. Das Gebäude in seinem Rücken, das sein Name ziert, gegenüber dem Castel Nuovo, der Festung vieler Könige Neapels, könnten wir später besuchen, sagt Giuseppe. Aber San Paolo, das Fußballspiel warte nicht auf uns.

*

Als wir durch einen karg ausgeleuchteten Stadttunnel fahren – tausende Jahre alt, sagt Giuseppe –, hupt der Taxifahrer und kläfft den Vespafahrer vor uns an: ein steinalter Mann, tuckert in der Straßenmitte, im einspurigen Tunnel, hunderte Meter, drei, vier Minuten lang, kein Vorbeikommen. Die Fahrzeuge hinter uns hupen auch, ein Stau der Ungeduld bildet sich, ein Echo wie im Gebirge, die Vespa fährt nach dem Tunnel geradeaus weiter, alle anderen biegen rechts ab, er bekommt einen letzten Fluch mit auf den Weg, oder wahrscheinlich eher einen Chor von Flüchen.
Giuseppe sagt, vor zweihundert Jahren sei Neapel die größte Stadt gewesen, vor London, vor Paris. Seitdem gehe es stets bergab.
Nur manchmal, jetzt spricht er vom Fußball, zählten sie noch heute zu den Großen. „Wie vor zwei Wochen", sagt er, „als wir Liverpool geschlagen haben, *due a zero,* zwei zu null." Könige Europas für eine Nacht, *per una notte.*
Als er das sagt, befinden wir uns achthundert Meter vor dem Revier der Könige, San Paolo: kein Schloss, *niente palazzo,* aber doch oft eine Festung, *una fortezza.* Wieder inmitten einer Blechlawine, allerdings stecken wir nicht fest, es handelt

sich eher um eine dickflüssige Masse, die sich durch die Straßen windet, Ausbrecher links wie rechts, Kleinwagen drängeln, Apen und Vespas kurven, Kleinstlaster drücken, ein stetiges Hin und Her. Alle wollen vor uns, neben uns, um uns herum gelangen, und wir um sie. Am Ende werden wir vom Kopf der Schlange ausgespuckt – und stehen vor San Paolo.
Ein Stadion, das mit den Cafés und Kneipen davor, inmitten der Wohnhäuser des Stadtteils Fuorigrotta, dicht an dicht gebaut, auf den ersten Blick wirkt wie die Monumente in Madrid und Barcelona, *Bernabéu, Camp Nou,* Legenden. Auch San Paolo ist eine; allerdings fehlt es ihr an Grandezza. San Paolo ist der Anarcho unter den Stadien, alte Schule, eher Kampfbahn als Palast, die Fans lieben es innig, der Präsident des Vereins nennt es unverhohlen *un cesso*, ein Schimpfwort für Klo.

*

Neapel, Mai 1987, ein Sonntag wie heute.
Jede Bewegung berauscht sie, jeder Schuss lässt sie singen.
Nach dem Spiel – eine Eruption des Glücks, mitten im Mai, andauernd bis Juni, vielleicht Juli, sagt Giuseppe.
Italien war besiegt, durch das himmelblaue Königreich.
Meister, endlich, erstmals.
Kinder und Alte himmelblau, Fahnen und Straßen himmelbau, Vespas und Autos himmelblau, Gebäude und Plätze, alles himmelbau, der Himmel sowieso.
Ihr wisst ja gar nicht, was ihr verpasst habt, schreiben ein paar, die dabei waren, an eine Wand.
ICH WAR ACHTZEHN, UND ER HAT MEIN LEBEN VERÄNDERT, schreit Giuseppe.
Wir sind mittlerweile im Stadion, sitzen nur ein paar Meter von der *Curva B* entfernt, gegenüber die *Curva A,* Einflussgebiet der Camorra, heißt es, harter Kern, harte Kerle.
„Hast du ihn gesehen", frage ich?
Giuseppe sagt, *sì che ho visto Maradona,* natürlich habe er ihn gesehen.

Das Spiel beginnt, Neapel empfängt Brescia. *Serie A*, erste Liga. Königreich gegen irgendwen. Dreiviertelvoll.
FORZA NAPOLI, schreit Giuseppe, FORZA NAPOLI, schreit der Chor.
Neben dem Spielfeld steht Carlo Ancelotti, der damalige Trainer Napolis, ehemals Juve-, ehemals Madrid-, ehemals Bayern-Trainer, seine Hände wie immer in die Taschen seiner dunkelblauen Anzughosen versenkt. Ancelotti, ein Bauernkind aus dem Norden; in seiner Biografie schrieb er, im Ernstfall esse er Tortellini, aber lieber habe er einen Pokal. Er komme regelmäßig zum Essen, sagt Giuseppe, und die Spieler auch.
Flanke von links, Abtropfer, dreizehnte Minute, die Vierzehn, Mertens, Tor, das Eins-zu-null für Napoli.
CIRO, CIRO, CIRO, schreit Giuseppe. Alle anderen auch, CIRO, CIRO, CIRO.
In Neapel gibt es eine Zeitrechnung vor und nach Maradona. Er war der goldene

Sohn der Stadt, eigentlich in Argentinien geboren. Aber Könige kämen manchmal von außen, eroberten die Stadt, sagt Giuseppe. Bevor er zu Neapel wechselte, 1984, hatte Maradona in Barcelona eine Schlägerei angezettelt, auf dem Spielfeld, vor den Augen des anderen Königs, vor Juan Carlos. Er musste gehen. Hier in Neapel sagen sie, er war bereit für unsere Stadt, und wir für ihn.
Meister '87,
Pokalsieger '87,
Europapokal '89,
Meister '90.
Er war ihr Weltmeister, ihre Zehn, *il Dieci,* Maradona, genial, verschlagen, impulsiv, hat Neapel, genial, verschlagen, impulsiv, wieder zu einer Bedeutung verholfen, wie die Stadt sie in den Augen vieler stolzer Neapolitaner schon einmal innehatte, im achtzehnten Jahrhundert, als Hauptstadt des Königsreichs beider Sizilien.
Doch die Neapolitaner fanden sich nur schwer zurecht im Glanz der Sieger.
Erst stürzte Maradona – Kokain, Prostitution, Mafia – und dann der Klub, das Königreich versank.
Dritte Liga.
Nach mühsamen Jahren erreichten sie wieder die erste Liga, wurden sogar Pokalsieger, aber nie mehr Könige. Die Renaissance lässt auf sich warten.

CIRO, CIRO, CIRO, schreit Giuseppe.
„Heute warten wir wieder auf einen wie Maradona", sagt er. Es soll Wetten geben, was zuerst geschehe: ob der Vesuv ausbreche – oder Neapel Meister werde. 1944 oder 1987, glutrot oder himmelblau.
Nun haben sie einen Belgier gefunden, dem sie es zutrauen, sie ins Himmelblau zu führen, Dries „Ciro" Mertens.
Er brauche nur noch ein paar Tore, dann habe er mehr für Neapel geschossen als Maradona, sagt Giuseppe. Eine Stadt zählt und schreit CIRO, CIRO, CIRO.

Giuseppe entdeckt fünf Reihen vor sich Pepe, einen seiner rund vierhundert Angestellten, einen *pastaio* aus seinem *pastificio.*
Was macht einen guten Pastamacher aus?
Er stehe auf und spüre das Wetter, fühle die Luftfeuchtigkeit, stimme seine Arbeit dann darauf ab. Dreißig, vierzig Prozent Luftfeuchte seien ideal, dann gelinge die Pasta. Aber darüber würden wir später sprechen, sagt Giuseppe.

SCEMO, Idiot, schreit er, als Ciro gefoult wird, der ein paar Monate später tatsächlich mehr Tore geschossen haben wird als Maradona und der seinen Vertrag am Tag des Pokalfinales gegen Juve verlängern und Napoli zum Sieg führen wird. Andere, denen sie das Erbe Maradonas zugetraut hatten, haben den Verein in den Jahren zuvor verlassen, nach Paris oder ausgerechnet zu Juve, Ciro aber blieb und bezwang Ronaldo und Buffon. *Ho visto Ciro,* ich habe Ciro gesehen, werden sie dann sagen. Natürlich wissen sie, die Größe Maradonas, dessen Namen das ehemalige San Paolo nach seinem Tod ein Jahr darauf tragen wird, erreicht er nicht, aber sie hoffen, er führt sie zur ersten Meisterschaft nach *il Dieci.*

PUMA

Die zweite Halbzeit läuft, das Spiel plätschert unerträglich öde vor sich hin. Das Rund hat begonnen sich mit sich selbst zu beschäftigen, *voi siete come la Juve, voi siete come la Juve,* ihr seid wie Juventus, ihr seid wie Juventus, skandiert der Chor, als Balotelli prompt der Anschluss gelingt.
Der Chor schwillt an, *voi siete come la Juve,* aber das Spiel bleibt schleppende Monotonie. Auch Giuseppe ist müde geworden, wacht erst wieder auf, als es vorbei ist, sieben Minuten Nachspielzeit dehnen es bis in die Unendlichkeit, die Spieler verabschieden sich, das Rund bedankt sich.
FORZA NAPOLI, FORZA NAPOLI,
CIRO, CIRO, CIRO.
Wir lassen uns aus dem Stadion drücken, zäh fließend wie Lava, an eine Wand haben die Tifosi in Blau-Weiß einen Lorbeerkranz gemalt, daneben der Schriftzug FAME DI VITTORIA, Siegeshunger.
Was wird eher geschehen, frage ich Giuseppe, Glutrot oder Himmelblau?
Himmelblau, antwortet er.

*

Am Bahnhof fallen sämtliche Fahrten aus, Busse und Taxis scheinen San Paolo zu meiden, Polizisten sehe ich nicht mehr, Infrastrukturkollaps. Giuseppe läuft von einem Café zum nächsten, tritt dann mit einem Mann in Verhandlung.
Na gut, wir dürfen mit, zeigt er mir mit einer Geste, Giuseppe steigt vorn rechts ein, ich werde kurzerhand zwischen ihn und den Fahrer gequetscht, Daniel eine Reihe hinter uns verfrachtet, im dreireihigen Großraumtaxi ist Platz für neun Menschen. Wir sind vierzehn.

„Was habt ihr noch vor in Neapel?“, fragt mich Giuseppe.
„Die beste neapolitanische Pizza finden“, antworte ich.
„Ihr müsst Gino treffen“, sagt Giuseppe. Der sei aber seit gestern in Tokio.
Ich weiß, von wem er spricht, Gino Sorbillo. Ich hatte mich schon nach den besten Pizzerien Neapels erkundigt, gilt doch die *Pizza napoletana*, nur Teig, Mozzarella und Tomaten, als bekanntestes italienisches Gericht überhaupt. Immer fiel der Name Gino.
„Stimmt das denn?“, frage ich Claudio, den Taxifahrer.
Man sehe doch, dass sich sein Freund, dabei deutet Claudio mit den Augen auf Giuseppes Bauch, mit Pizza auskenne, antwortet er. Beide Männer lachen, zwei bebende Bäuche.
Giuseppes Bauch fügt sich gut in sein Auftreten, er stampft, dampft, bläst und schwitzt, mir war gleich aufgefallen, er hat Ähnlichkeit mit Maradona, dem älteren, die lockigen Haare, das doppelte Kinn, der Bart, die breiten Arme und Beine, ein schlenkender Gang, und der Bauch eben.
„Aber im Ernst“, sagt Claudio, der Taxifahrer, Sorbillos Pizzen seien ordentlich; aber wir sollten besser zu Enzo fahren.
„Enzo Coccia? *Una buona idea!* Phantastische Pizzen“, erwidert Giuseppe und kramt sein Handy aus der Hosentasche, ruft Enzo an, ein alter Freund, sagt er. Ein paar Mal klingeln, ein paar Sätze Fußball, wie läuft der Laden, was macht die Familie, und am Ende die Antwort, auf die wir warten: Klar können wir vorbeikommen, nur sei er gerade im Krankenhaus, habe sich den Fuß gebrochen. Falls er nicht da sei, werde ihn sein Sohn vertreten, Andrea.
Nachdem Giuseppe aufgelegt hat, sagt Claudio, Neapolitaner zu fragen, sei immer das Beste, denn Neapel befinde sich stets auf der Suche nach seiner aktuell besten Pizza. Das könne sich von Monat zu Monat ändern, an Hingabe würde es zwar nicht fehlen, aber manchmal an der guten Laune der Pizzabäcker.
„Diven“, stimmt Giuseppe ihm zu, *Pizzaioli* seien schließlich die Stars des Alltags.

*

Die Jukebox aus dem Café meiner Großmutter stand angeblich noch lange voller Spinnweben in der Scheune neben einem der Traktoren. Ich habe sie leider nie gesehen, aber ein paar der Vinylsingles befinden sich noch in meinem Besitz. Sie stecken in kaffeetellergroßen Umschlägen, darauf welk die Namen der Schallplattenfirmen jener Epoche, *Polydor, Capitol, Columbia, Electrola.* Lege ich sie auf, werde ich wie beim Blick in eine Schneekugel Gast in einer vergangenen Welt. Ich sehe das Schild mit den vier Buchstaben, CAFÉ, an der Hauswand, die nicht geteerte Straße davor, den Birnbaum in voller Blüte. Im Inneren steckt gerade ein Bauer eine Münze – fünfzig Pfennig für drei Lieder – in den Apparat an der Wand, und plötzlich singt eine Frau um die zwanzig von südlichen Gefilden und Italienern oder ein Mann von Mitte dreißig von südlichen Gefilden und Italienerinnen.
Zwei Singles stechen unter den übrig gebliebenen Platten meiner Großmutter hervor, Bing Crosbys und Grace Kellys *True Love* – und Fred Astaires *Cheek to Cheek.* Wie sie in ihre Sammlung geraten sind, ist mir schleierhaft, sie passen nicht zum Rest.

Vielleicht hat sie Fred Astaires Lied als Rausschmeißer aufgelegt? Ein bisschen Broadway im Bauerndorf? Vielleicht stolperten die Bauern nachts, während Fred Astaire sich tanzend und singend mit Ginger Rogers unterhielt, seiner Filmpartnerin in *Ich tanz' mich in dein Herz hinein*, aus der Tür? Vielleicht summte meine Großmutter die Melodie, während sie die letzten Gläser spülte?

Heaven, I'm in heaven
And my heart beats so that I can hardly speak
And I seem to find the happiness I seek
When we're out together dancing cheek to cheek

Meine Großmutter war vermutlich die größte Summerin aller Zeiten. Das konnte ich beim Blumengießen und Tomatenpassieren bewundern, draußen wie drinnen, im Kaufhaus und beim Stricken vor dem Fernseher. Sehr gern hat sie Musikfilme angeschaut, Peter Alexander, Caterina Valente und Vico Torriani waren zu Besuch in ihrem Wohnzimmer; und bestimmt auch, ich möchte mir sicher sein, Fred Astaire und Ginger Rogers. Und wer summte in ihrem Sessel? Großmutter.

*

Er sage immer, das sei ein Unterschied wie der zwischen Fred Astaire und Ginger Rogers in den alten Filmen beim Tanzen.
Beide tanzten wunderbar, sagt Giuseppe, aber es gebe einen Unterschied. Sie tanze auf High Heels – und er in flachen Schuhen. Das sei viel leichter, und dennoch wirke sie harmonischer als er. Sie schwebe, er tanze.
Ich hatte Giuseppe gefragt, was der Unterschied zwischen normaler Pasta und der aus Gragnano sei. Ich wusste bereits, dass sie natürlich aus Gragnano stammen muss, was sie zur einzigen Pasta der Welt macht, deren Herkunft geschützt ist.
Giuseppes Antwort dauert acht Gänge lang.
Wir sitzen mittlerweile direkt an der Theke seines michelinsterngekrönten Restaurants – gleich gegenüber dem Hafen – und sehen drei seiner Köche zu, die in einem ausgewogenen Rhythmus Teller um Teller vor uns herabschweben lassen, mal vegetarisch, mal mit Fisch, mal mit Fleisch, aber alle auf der Grundlage von Pasta. Beim vierten Gang, einem mit Tomatenkonfitüre, Auberginen und geräuchertem Mozzarella – also *Provola* – angesetzten Risotto, stellt Giuseppe den Vergleich zwischen den Tanzstilen und der Pasta an. Der Risotto ist nicht aus Reis, sondern aus Hartweizen – Pasta also, genannt *Orzo,* die aussieht wie Gerste und deshalb auch deren Namen trägt.
Giuseppes lange Antwort schließt Elemente der Physik, der Geografie, der Material-, Natur- und der Tanzwissenschaft ein.

Erstens, *prima di tutto*, die Pasta müsse aus *grano duro*, aus Hartweizen sein. Getrocknete Pasta habe mehr Ähnlichkeit mit Couscous als mit frischer Pasta, weil beides aus Hartweizen gemacht sei, der traditionell in Teilen Nordafrikas wachse und in Süditalien. Auf süditalienischen Feldern werde seit über zweitausend Jahren Hartweizen angebaut, er werde im Herbst ausgesät und im Juni geerntet, bei sengender Hitze. Der Hartweizen der großindustriellen Pastahersteller stamme vor allem aus Nordamerika, sagt Giuseppe, er sei billiger, mit Glyphosat versetzt – und werde im Herbst geerntet, wenn es regnet. Dort gebe es vielleicht drei verschiedene Hartweizensorten, auf italienischen Feldern über dreihundert. Der Proteingehalt der Sorten sei sehr hoch, ein veganes Schnitzel, sagt Giuseppe. Der amerikanische Hartweizen schmecke nach nichts, ihrer nach Mandeln.

Zweitens, *poi*, das Wasser, *l'acqua*.
Das Wasser müsse weich sein, dürfe nur ein wenig Kalzium enthalten. Das helfe, den Teig zu bearbeiten, ihn zu kneten, ihn aber nicht zu verändern. Ein Teig aus Weichweizen dagegen sei sehr elastisch, verliere seine Form, weshalb die *Pizzaioli* so verrückte Dinge damit machen könnten. Hartweizen aber habe ein Gedächtnis für seine Form. Um dieses Gedächtnis in Gang zu bringen, bräuchte es das Wasser aus den Monti Lattari, klar, weich und frisch.

Drittens, *in terzo luogo*, der fertige Teig müsse durch eine Bronzeform gepresst werden. Die Extrusion, Giuseppe klingt nun wie ein Vulkanwissenschaftler, sei das, was eine gute Pasta ausmache. Hartweizen könne man nicht mit der Hand formen, man brauche Maschinen dazu, das hätten schon die alten Römer gewusst. Gewöhnliche Pasta werde durch Teflon gepresst, das müsse man sich wie bei einer beschichteten Pfanne vorstellen, der Teig rutscht durch die Formen, bleibt nicht haften. Pasta aus Gragnano werde dagegen seit der Antike durch Bronze geformt, extrudiert. Sie reibt und kratzt am Teig, es entstehen Mikrofrakturen. Sie ist nicht nur heller – strohfarben –, sondern vor allem: rauer. Von gewöhnlicher Pasta gleite der Sugo ab, Pasta aus Gragnano greife nach dem Sugo, sagt Giuseppe. Sie herzustellen sei anstrengend für den *pastaio*, denn der Teig sei schwerer zu verarbeiten, könne schneller reißen, sei empfindlicher. Pastateig mit Bronze zu verarbeiten sei wie beim Tanzen High Heels zu tragen, das Ginger-Rogers-Moment.

Viertens, *infine*, die Pasta müsse sehr langsam bei niedriger Temperatur getrocknet werden.
Jede Sorte werde unterschiedlich lang getrocknet, Spaghettini nur einen Tag, die neapolitanischen Candele, die an Altarkerzen erinnern und die wir mit einem einen Tag lang gekochten Ragù serviert bekamen, fast vier Tage lang. Die Candele hätten den Tag, die Nacht, den Tag, die Nacht, den Tag, erzählt Giuseppe vom Trocknen der Pasta, es klingt, als würde er über einen reifenden Käse sprechen. Die Temperatur dürfe nie über fünfzig Grad liegen, über siebzig Grad schmecke die Pasta nach nichts, die Großindustrie dörre ihre bei über achtzig Grad.
Früher wurde die Pasta natürlich nicht in stählernen Fertigungslinien getrocknet, aber die Luft, die sie verwenden, sei noch immer die gleiche wie die einst draußen auf den Holzgestellen, sagt er.
Ob ich mich erinnere, was er mir im Stadion gesagt habe? Dreißig, vierzig Prozent Luftfeuchte seien perfekt, ein wenig Feuchtigkeit behalte die Pasta ja noch. Das mache sie für den Koch, die Köchin verlässlicher.

„Was riechst du?", fragt mich Giuseppe und gibt mir ein paar von den Candele in die Hand.
„Weizen, Süße, frisch gebackenes Brot."
Das sei die richtige Antwort, sagt Giuseppe.
Dann begibt er sich hinter den Kochtresen der Pastabar. „Das, was ich dir nun zeige", sagt er, „isst du nicht allein zu Hause, es wird für dich gekocht oder du kochst es für jemanden", *Pasta al pomodoro,* auch *Pasta napoletana* genannt. „Stell dir vor", sagt Giuseppe, „du hast mit Freunden eine lange Nacht hinter dir und plötzlich bekommt ihr Appetit, dann wird irgendjemand *Pasta al pomodoro* kochen. Lehne nie ab. Das wäre nicht nur dumm – nachts schmeckt die *Pasta al pomodoro* am besten –, sondern auch unhöflich."

*

Ich kenne diese Abende, zuletzt hatte ich so einen vor ein paar Wochen am Comer See. Wir saßen auf der Piazza Roma, die wie aus einem Italien-Malbuch wirkte – flirtende Kellner, ein kleiner Brunnen, *aperitivo,* Pizza, Pasta, Vino. Spätabends nahm uns der Wirt Diego, wir waren Anhalter, er kannte uns vom Vortag, mit auf den Berg in seine *Magic Bar.* Nach zwei Stunden füllte sie sich mit Diegos Freunden, die uns schwankend adoptierten. Eine Freundin von Diego fragte uns um drei Uhr nachts, zuvor hatte uns Diego mit Frizzante vom Fass abgefüllt: „Wollt ihr Spaghetti?"
Sì, antworteten wir. Zu unserem Glück.

*

Giuseppes Late-Night-Spaghetti al pomodoro

500 g Spaghetti aus Gragnano · Olivenöl · Knoblauch ·
500 g San-Marzano-Tomaten aus der Dose · Meersalz · Basilikum

Salzwasser zum Kochen bringen. Gleichzeitig Olivenöl leicht in der Pfanne erhitzen, darin fein gehackten Knoblauch anbraten. Tomaten in die Pfanne, im Zuge des Köchelns zerdrücken. Spaghetti, gut wären 1,7 Millimeter breite, 4 Minuten im Topf kochen, dann in die Pfanne heben, 1 bis 2 Schöpfer Nudelwasser dazugeben und die letzten 4 Minuten in der Tomatensauce köcheln lassen. Die ersten 2 Minuten ohne umzurühren, sonst bricht die Pasta. Später abschmecken. Auf einem Teller knallheiß servieren, darauf das handgezupfte Basilikum verstreuen.
Eine komplett andere Methode, die komplett anders schmeckt, aber ebenfalls komplett glücklich macht, ist die von Marcella Hazan: Tomaten aus der Dose in den Topf, eine Zwiebel schälen und halbieren, ein großes Stück Butter dazu und das Ganze 45 Minuten im offenen Topf schwach köcheln lassen, immer wieder umrühren, mit Spaghetti vermengen.

Giuseppe und Pierpaolo

*

In Giuseppes Pastabar sind wir gerade beim Dessert – unserem *dolce,* den mit Sahne und Ricotta gefüllten Conchiglioni, Pastamuscheln, über die gelbe und lila Blüten, Puderzucker und gebackener Streusel gestreut wurden –, als ein Restaurantbesitzer aus Rom einen der Köche abzuwerben versucht, Pierpaolo. Es werde ihm nicht gelingen, sagt Giuseppe gelassen, Pierpaolo werde bald nach New York gehen. Am Chelsea Market werde bald eine Pastabar wie diese eröffnen, Pierpaolo werde die Belegschaft einarbeiten. Zum Konzept des Hauses gehöre auch dort ein Straßenverkauf, für eine Handvoll *dollari* bekomme man in einer Kartonbox einhundertfünfundzwanzig Gramm *Spaghetti al pomodoro.* Es gehe um zweierlei, einmal darum, mit der Pizza mitzuhalten, die an jeder Ecke von Neapel verkauft werde, und zum anderen darum, die Vergangenheit wiederzubeleben.
Auf alten Bildern Neapels kann man sie noch betrachten, die Männer mit ihren Schnurrbärten und Mützen. Früher standen sie an jeder Straßenecke der Stadt und schöpften aus Kupferkesseln ihre Pasta, die ihre Kunden sich mit bloßen Händen von oben herab direkt in den Mund fallen ließen.
Die Tageszeitung *La Repubblica* nannte Giuseppe mal einen Musketier, *un moschettiere,* weil er immer weiter dafür kämpfe, dass die Pasta aus Gragnano als die beste der Welt angesehen werde. Giuseppes Handy klingelt, er müsse nun gehen, er habe am Abend noch einen Vortrag zu halten, sagt er.
Als er zu seinem Telefon greift, fällt mir sein Startbildschirm auf, dort prangt ein Teller voll knallroter Pasta, *Spaghetti al pomodoro.*

*

Am nächsten Morgen, Daniel ist mit Arbeit beschäftigt, laufe ich den Vomero hinab, verlasse die Jugendstilvillen, den Hügel der Reichen. Ich möchte mich zu seinem Gegenstück begeben, in die Quartieri Spagnoli. Ich hätte auch die Standseilbahn nehmen können, die das Viertel streift. Es zu meiden, soll durchaus üblich sein bei Menschen, die oben auf dem Vomero wohnen, aber nach unten müssen, zur Arbeit oder nur an die Meerpromenade.
Ich stand heute vor der Überlegung, nach Pompeji und zum Vesuv zu fahren, entschied mich aber für die Stadt. Das dauernde Fahren hat mich etwas träge gemacht, ich beschloss, Neapel auf mich wirken zu lassen.
Es geht steil abwärts, über wie mit Fischschuppen gepflasterte Treppen, Stufen, Wege, in den engen Gassen staut sich die Hitze, von überallher dringen Geräusche, Vögel am Himmel, eine knarzende Tür, eine Katze, die sich bemerkbar machen möchte, Vespas, die durch die Straßen knattern, Lieder, die aus den mit Tüchern verhangenen Fenstern dringen, meist schwülstige Songs von schwülstigen Italienern mit vermutlich schwülstigen Bärten. Abstruser Neo-Italo-Pop.
Nach einer Stunde, die ich mich zwischen den Treppen und Ebenen wie durch ein Bild von M. C. Escher habe treiben lassen, setze ich mich unter einer Hausmauer ohne Fenster in den Schatten auf einen Holzstuhl. Die Mauer grenzt an einen kleinen, terrassenartigen Platz, der sich unterhalb einer Treppe befindet. Der Stuhl

steht einfach da, das strohige Material der Sitzfläche steht ab wie das Gefieder eines Vogels. Ich schaue mich um, überall treppenförmig angelegte Häuser mit Türen, die nicht wie Türen wirken, sondern wie Luken. Ich suche Fenster im Erdgeschoss, finde sie aber nicht, auf den Terrassen stehen Waschmaschinen, daneben leere Gemüsekörbe aus Plastik. Aus einem Fenster im ersten Stock sieht mich eine Muttergottes an, jemand hat ihr eine Girlande aus Peperoni umgewickelt. Hinter einem anderen Fenster steht ein Fernseher, er flackert im rötlichen Dunkel. Ein Urwald von Fernsehantennen, überall Wäsche, die über rostigen Oberflächen und abgesprungenem Putz herunterhängt, Hemden und Hosen, Schnüre und Kabel, bunte Wimpel, Unterhemden, vornehmlich weiß, am Boden Müllsäcke, blau. Steil nach unten blickend, sehe ich auf einer Mauer vier Worte geschrieben, ein Graffiti,
NAPOLI NON È ITALIA;
nach ein paar Minuten höre ich einen Radiojingle, eine weibliche Stimme, *Radio Nuova San Giorgio*. Manchmal nennen sie in dem Sender die Namen der Interpreten, sie klingen etwas, nun ja, nach US-Amerikanern aus Filmen, die eher nicht im Vorabendprogramm laufen. Tony Colombo. Gianluca Capozzi. Angelo Angelino. Rund zehn Minuten später tauchen Menschen auf – eine dickbäuchige Mutter, Mitte dreißig, blaues Gucci-Shirt, mit ihrer pubertierenden Tochter, rotes Top, Pickel auf der Schulter, fünfzehn vielleicht, ein alter Mann in geplusterter Anzughose, Unterhemd und Hosenträgern, ein Junge mit einem lilabunten Plastikball. Nach weiteren fünf Minuten kommen zwei Bauarbeiter dazu, Ende dreißig und Anfang zwanzig, die versuchen, eine Mauer zu flicken, dem Verfall Einhalt zu gebieten. Kurz schaut ein Hund aus einer Tür, nach einer halben Stunde streicht mir ein Kätzchen, grau, weiß und braun, schnurrend um die Beine, legt sich in den Schatten, blinzelt, döst.
Irgendwann haben mich vermutlich alle gesehen, bin ich Teil der Realität geworden, nicht dazu gehörend, aber nun halt da.
Nach etwa einer halben Stunde, ich hatte schon begonnen, in meinem Buch zu lesen, und nebenbei mit mir die Wette abgeschlossen, dass ich erst wieder vom Stuhl aufstehe, wenn im Radio eine Frau singt, da ruft plötzlich die Mutter dem älteren Bauarbeiter etwas zu, ihre Tochter intensiviert ihren Blick Richtung jüngerer Bauarbeiter, der Junge mit dem Ball hört auf, gegen die Mauer zu schießen, und schaut zu mir hin.
In diesem Moment, in dem ich etwas Aufmerksamkeit von diesem Viertel geschenkt bekomme, glaube ich ein wenig von Neapel verstanden zu haben. Denn einen ähnlichen Mikrokosmos habe ich gestern schon an anderer Stelle beobachtet, der alte Mann mit Hosenträgern war eine ältere Frau mit großem Busen, der Junge ein kleines, auf einem Hocker sitzendes Mädchen, die Frau fünf Jahre jünger und schwanger, der Mann, der ihr etwas zurief, hatte ein Messer auf seine Hand tätowiert; gestern lag ein Hund mit löchrigem Fell im Schatten, und eine Muttergottes stand in einem anderen Fenster. Doch alles fand wie heute zwischen Fenstern, kleinen Plätzen und der Gasse statt. In Neapel bilden Innen und Außen einen einzigen Raum, oder zwei Räume mit breitem Übergang; und kommt ein Eindringling dazu, tauscht man sich über ihn aus. In den Städten, in denen ich lebe, gibt es

zwar Balkone, aber dazwischen oft Milchglasscheiben oder Bäume, die uns voreinander beschützen, Privatsphäre. Hier ist es anders, vermutlich nervt das die Menschen öfter, aber sie haben die Enge der Stadt angenommen, sie leben mit ihr.
Die Quartieri Spagnoli sind New-York-ähnlich in einem Raster angeordnet, angeblich beherrscht von der Camorra, die Jungs mit Bällen als Drogenkuriere missbraucht; älter geworden brechen diese dann die Schule ab, häufiger als irgendwo anders in Italien, und schicken selbst wieder Jungs zwischen den Straßen herum und schwängern junge Mädchen, die zu alten Müttern mit großem Busen werden. Bis in die neunziger Jahre soll es in den Wohnungen, die ich gerade vor mir sehe, keinen Strom gegeben haben, *bassi* werden sie genannt, ebenerdige Wohnungen, in denen das Leben vieler, dort begonnen, wohl auch enden wird. Ich kann ich es niemandem verübeln, daraus flüchten zu wollen, notfalls auch mit einem krummen Ding.
Trotzdem oder gerade deshalb hängen sie sich Heilige vor die Türen und Käfige, darin kleine gelbe Gefieder, Kanarienvögel.
Gern hätte ich gesehen – habe ich aber nicht –, wie der Typ mit dem Messer-Tattoo auf der rechten Hand das Vögelchen füttert, seinen Mund zum Kussmund formt und dem Vogel irgendetwas Zartes zuzwitschert, seine Federn durch das Käfiggitter streichelt, während ihn seine Mutter oder Großmutter, die mit den großen Brüsten, von oben beobachtet und denkt, ach, der liebe Junge, *il caro ragazzo.*
Ich verlasse meinen Stuhl, denn eine Frau, sie wurde mir als Mirna Doris vorgestellt, hat plötzlich zu singen begonnen; neapolitanisch, über einen Altar und die Eifersucht, vor allem aber, so glaube ich zu verstehen, über ihr armes gebrochenes Herz, *poveru core mio, core spezzato.* In die alte, rauschende Schallplattenaufnahme ist Schuberts *Ave Maria* eingewoben. Die Sängerin zischt und klagt, und ihr vermutlich jahrzehntealter Gesang, ihre Rhythmik und Sprachfärbung, die Melodie des Liedes verklären die heutigen Quartieri Spagnoli im Licht der Vergangenheit, ein Viertel, in dem ich mir sowieso schon nicht sicher bin, wo die Realität endet und wo Theater und Inszenierung beginnen.
Ich laufe bis zur Uferpromenade, dem *lungomare,* hinab, über einen gemauerten Steg auf ein kleines Eiland, lasse den sandfarbenen Quader des mittelalterlichen Castel dell'Ovo rechts liegen und biege in den Borgo Marinari, ein Fischerdörfchen, ab. Ich drehe eine kleine Runde über die Insel, die mich an eine italienische Version von San Franciscos Fisherman's Wharf erinnert, bestelle mir im Hotel *Transatlantico* an der Via Riccardo Wagner einen Cappuccino und beobachte von dort aus die alten Fischer, ihre Boote, die Netze voller silberner Fische. Kater und Katzen wartet ungeduldig, ob etwas für sie abfällt, und das alles bei klarem Blick auf den Vesuv.
Ich bestelle ein Glas Wein, betrachte die Silhouette des Vulkans, den Doppelgipfel, und male mir aus, wie es wäre, ihn doch noch heute zu besteigen.
Den Vesuv konnte man, so lese ich, lange nur zu Fuß, zu Pferd oder Esel begehen oder sich auf Holzgestellen hinauftragen lassen. Später führte eine zunächst dampfbetriebene, dann elektrische Standseilbahn hinauf, ein waghalsiges Projekt auf einem ständig in Bewegung befindlichen Berg. Eine Seilbahn, die erst von eifersüchtigen, da arbeitslos gewordenen Touristenführern in Brand gesteckt wurde und dem Vulkan dann später, beim letzten großen Ausbruch 1944, zum Opfer fiel.

Was von der Seilbahn blieb, war ein Lied –

Jamme, jamme 'ncoppa, jamme jà,
funiculì, funiculà!
Fahr'n wir, fahr'n wir, fahr'n wir auf den Berg,
funicu-hier, funicu-da!

– in dem ein junger Mann seine Angebetete einlädt, den Vulkan gemeinsam zu bereisen. Caruso sang es, Richard Strauss konnte sich seiner Melodie genauso wenig entziehen wie später Luciano Pavarotti oder Barbra Streisand. In den achtziger Jahren wurde nochmals versucht, die Standseilbahn instand zu setzen, Pavarotti sagte für die Eröffnung zu. Er wollte, während er sich im ersten Wagen der Seilbahn hochfahren ließ, das Lied in Richtung Vesuv schmettern.
Leider kam es nie dazu, denn wie so viele Bauvorhaben in Italien wurde auch die Seilbahn nicht zu Ende gebracht, die kümmerlichen Reste aus Stahlbeton sind noch auf dem Vesuv zu sehen.
Ich laufe in Gedanken einmal mit Franco Iacono, einem neapolitanischen Politiker, um den Krater, er hatte die Idee zur Seilbahnrenaissance, sie soll noch immer in seiner Schublade liegen, aber da Pavarotti mittlerweile gestorben ist, träumt er nun davon, zur Jungfernfahrt ein Grammophon in den ersten Wagen zu stellen; ein neapolitanischer *Fitzcarraldo*.
Ich bin zufrieden, hier geblieben zu sein, nur mit dem Blick und in Gedanken hinaufzuwandern und von diesen Dingen zu lesen. Oben auf dem Berg stelle ich es mir eher vor, wie es Goethe bei einem seiner Vesuv-Besuche einmal beschrieb: Der Berg sei ganz still, „weder Flamme, noch Brausen, noch Steinwurf". Wahrscheinlich würde ich ein wenig Rauch sehen, den ich, wüsste ich es nicht besser und röche ich nicht Feuer und Schwefel, auch mit Nebel oder Wolken verwechseln könnte. Was ich aber vermutlich zu sehen bekäme, wären deutsche Touristen in Jack-Wolfskin-Sandalen auf der Suche nach Abenteuern.
Als ich auf die Uhr schaue, stelle ich fest, es ist spät geworden, Goethe wartet. Ich eile annähernd den gleichen Weg zurück, wenig später sitzt mir Maria Carmen Morese, Leiterin des Goethe-Instituts Neapel, in ihrem Büro gegenüber. Unser Gespräch lässt sich zu zwei Sätzen verdichten.
„Ist es nicht eine hinreißende Stadt?", fragt sie mich.
Es sei eine hinreißende Stadt, antworte ich ihr.
Ich hatte zuvor eines ihrer Bücher gelesen, in dem sie von „Zauber und Schauder" der Quartieri Spagnoli spricht. Gegen Ende frage ich sie, denn ich verspüre Hunger, wo ich eine Pizza essen könnte; sie antwortet, Gino Sorbillo würde sie meiden, sehr touristisch, in Berlin habe sie schon bessere Pizzen gegessen. Doch in der Altstadt gebe es ein gutes historisches Lokal, 1916 eröffnet, das könne sie empfehlen, *Umberto*.
Signora Morese ist in Pompeji geboren, lebt aber schon lange in Neapel und darf sich daher solch ein vernichtendes Urteil erlauben; mutig ist ihre Äußerung dennoch. Wann immer ich über Sorbillo lese, heißt es stets: Pizzakönig, Pizzapapst, Star-Pizzaiolo. Ich entschließe mich, heute zweimal Pizza essen zu gehen, jetzt bei

Sorbillo und gegen Abend nochmals bei *Umberto;* Neapel sehen und sterben.
Ich fasse mich kurz, Sorbillos Pizza – ich bin in die Filiale am *lungomare* gegangen, er hat mehrere – ist in Ordnung; vielleicht sogar ein wenig trocken?
Ich ziehe ein paar Häuser weiter, setze mich auf die Terrasse eines der Restaurants, die vermutlich nur für Touristen wie mich bewirtschaftet werden, schaue weiter auf Capri, schalte abwechselnd den Lese- und den Beobachtungsmodus an, im Letzteren fallen mir die auf der Promenade knutschenden Paare auf und die Pizzabäcker, die auf ihre Abendschicht warten, telefonieren, rauchen und in Richtung Vesuv starren. Als ich die ersten Anzeichen einer untergehenden Sonne bemerke, bestelle ich mir eine mit Wodka versetzte Zitronen-Granita, freue mich daran, keine Termine und leicht einen sitzen zu haben, scheue mich aber davor, nun ein unzuverlässiger Erzähler genannt zu werden.
Gegen kurz vor sieben steuere ich das *Umberto* an, werde aber von den Schaufenstern eines Hutgeschäfts abgelenkt, das darauf spezialisiert ist, Borsalinos zu verkaufen. Eine halbe Stunde später sitze ich mit einem blauen Borsalino in der Pizzeria.
Vier Kellner, alle in Weiß gekleidet, geben mir das Gefühl, als würde ich täglich bei ihnen ein und aus gehen, ein Lokal wie aus *Es begann in Neapel*. Ockergelbe Wände, Schwarz-Weiß-Fotografien, gestärkte weiße über gestärkten roten Tischdecken. Sophia Loren könnte am Nebentisch sitzen.
Die *Pizza napoletana,* ein zarter, dünner Teig, weich und biegsam, eine breite Krempe, sechs Scheiben Mozzarella, drei Basilikumblätter, eine milde Tomatensauce. Als Nachspeise serviert mir einer der Kellner, er stellte sich als Gennaro vor, *Tiramisud,* seit über hundert Jahren nach dem gleichen Rezept hergestellt, sagt er. Eine Art *Tiramisu* mit Zitronencreme und geraspelten Haselnüssen, die Grundlage seien Babà.
„Was sind Babà?"
„Wir Neapolitaner lieben unsere Babà", antworte Gennaro. „Wir essen sie im Stehen, morgens oder nachmittags." Es handle sich um ein in Rum getränktes Hefeteiggebäck mit französisch-polnischen Wurzeln und einem orientalisch anmutenden Namen, nun aber an jeder Ecke Neapels zu Hause.
Das *Tiramisud* – ein feuchtes, frisches Dessert, vor Rum und Zitrone triefend – schmeckt wie mein Tag in Neapel – wild, aber harmonisch.
Kurz überlege ich, wieder auf der Straße, ob ich durch die Quartieri Spagnoli zurückgehen soll, fahre dann aber die vier Stationen mit der Seilbahn nach oben. In der *Funicolare* riecht es nach Pfeifentabak.
Ich steuere den Aussichtspunkt am Castel Sant'Elmo an, höre dabei den Bowie-Song *Space Oddity* in der italienischen Version *Ragazzo solo, ragazza sola*, laufe an lässig an die gemauerte Balustrade gelehnten jungen Männern und Frauen vorbei, entdecke vor einem Bauzaun eine freie Bank, setze mich und blicke über Neapel, weiße Lichter in der Nacht, *fanali bianchi nella notte*, singt Bowie.
Seltsam magische Stadt, als würde sie mehrfach existieren, denke ich. Gerade als ich mein Handy zücke, tritt eine Frau neben meine Bank, reicht mir ein Fläschchen Bier und fragt, wie es mir geht, *come stai?*
Bowie hatte eben noch gesungen: *La notte è un grande mare,* die Nacht ist ein großes Meer.

*

Umbertos Tiramisud

Babà: 325 g Manitoba-Mehl · 8 g Zucker · 5 g Salz · 7,5 g Backpulver · 7–8 Eier · 12,5 g Bierhefe · etwas Milch · 90 g Butter · Aprikosenmarmelade
Zum Einweichen: 1 l Wasser · 500 g Zucker · Rum
Crema pasticciera: 0,5 l Milch · Schale einer unbehandelten Zitrone · Mark einer halben Vanilleschote · 200 g Zucker · 4 Eigelb · 110 g Mehl Typ 00
Crema al limone: Saft von 2 Amalfi-Zitronen · 3 Eigelb · 150 g Zucker
Für das Tiramisud: Giffoni-Haselnüsse, zerkleinert · Kakaopulver · mindestens 600 g Sahne

Mehl, Zucker, Salz und Backpulver sachte mit den Knethaken miteinander vermengen, um Luft darin einzuarbeiten. Nach ein paar Minuten die Eier und die zuvor in etwas lauwarmer Milch angerührte Bierhefe dazugeben. Ist ein glatter Teig entstanden, die weiche Butter nach und nach in kleinen Stücken hinzugeben. Dann bei maximaler Geschwindigkeit kneten, bis der Teig sich von den Wänden der Schüssel gelöst und um den Haken gewickelt hat. Falls notwendig, mit etwas mehr Mehl arbeiten. Kugeln von einem Drittel der Größe der Babà-Formen, etwa 12 Stück, herstellen und hineingeben.
So lange bei Zimmertemperatur (oder eingeschalteter Backofenlampe) stehen lassen, bis sie ein paar Zentimeter über den Rand der Formen hinausgetreten sind. Im vorgeheizten Ofen 10 Minuten bei 205 Grad backen, dann für 10 weitere Minuten bei 180 Grad.
Die Babà aus den Formen nehmen und am besten zum Abkühlen auf den Grillrost des Backofens legen.
Einen Liter Wasser auf 45 bis 50 Grad erhitzen, Zucker und Rum hinzufügen, solange es heiß ist, die Babà darin 4 Minuten lang vollständig einlegen, dann zum Abtropfen erneut auf den Grillrost. Erst wenn sie abgekühlt sind, ihre Köpfe mit etwas Aprikosenmarmelade bestreichen, der Länge nach in zwei Hälften schneiden. Wenn nur Babà gemacht werden sollen, diese nicht unbedingt halbieren, mit Schlagsahne und Erdbeeren servieren. Es ist ratsam, die Babà am Vortag herzustellen.
Für die *crema pasticciera,* die italienische Tortencreme, die Milch mit der hauchdünn abgeriebenen Zitronenschale und dem Mark einer halben Vanilleschote in einen Topf geben und leicht erhitzen. Diesen, bevor die Milch köchelt, vom Herd ziehen, etwas stehen lassen. In der Zwischenzeit Zucker und Eigelb mit einem Schneebesen aufschlagen, das Mehl nach und nach hinzufügen und die gefilterte Zitronenmilch schluckweise unter ständigem Rühren dazugeben. Die Masse weiter rührend im Wasserbad schonend erhitzen; rühren, sonst drohen Klumpen. Sobald die Masse eine puddingartige Konsistenz erhält, vom Herd

nehmen, meist geschieht das bei 90 Grad. Wenn man möchte, kann man zuvor noch einen Esslöffel Limoncello einrühren.
Für die Zitronencreme die Zitronen auspressen, den Saft zum Kochen bringen. In der Zwischenzeit Eigelb und Zucker vermischen, sobald der Zitronensaft kocht, alles nach und nach dazugeben, vermengen. Unter ständigem Rühren im Wasserbad erhitzen, bis wieder eine puddingartige Masse entsteht, meistens sind dann 90 Grad erreicht.
Beide Cremes abkühlen lassen, dann vorsichtig miteinander mischen, die geschlagene Sahne (Menge nach Geschmack) sachte einarbeiten und in einen Spritzbeutel füllen. Erst eine dünne Schicht Creme in die Gläser geben, gefolgt vom triefigen Babà, karamellisierten Haselnüssen, einer weiteren Lage Creme, Babà und zuletzt einer Schicht Sahne. Mindestens 6 bis 7 Stunden in den Kühlschrank. Vor dem Servieren mit gesiebtem Kakaopulver bestreuen.

*

Ein spätes Frühstück, Brioche und Granita, in einem Café, das gleichzeitig Tabak- und Lottogeschäft ist, ein Gang über den kleinen Markt auf dem Vomero, ein Gemüseverkäufer brummt mich an, weil er meint, ich hätte seine Tomaten vom Stand geschubst, dabei war es der unachtsame Rücken der Frau vor mir. Ich beruhige ihn, indem ich Pfirsiche kaufe.
Es ist ein Uhr mittags, ich muss mit unserem Auto los, um Daniel vor der Pizzeria von Enzo Coccia zu treffen. Doch die Giardiniera will nicht. Sie würgt und krächzt, ihr kalter Husten beschallt krachend den Hof des Hotels.
Ich rufe Daniel an, nun müsse er sich in die Geheimnisse der neapolitanischen Pizza einweihen lassen, ich müsse mich um unser Auto kümmern. Wir wollen nämlich vor der Dämmerung noch in die Abruzzen, in die Berge, ausgerechnet.
Dann wähle ich die Nummer des Automobilclubs, in dem ich vorsorglich Mitglied bin, eine nette Frau sagt, kein Problem, sie schicke Hilfe.
Mittlerweile steht Vincenzo, der Vater der Hotelbesitzerin, angelockt vom hustenden Fiat an meiner Seite und beugt sich darüber. Vincenzo ist ein schicker Geschäftsmann in Hemd, Anzughose, Lederschuhen, graumeliert, gertenschlank, ein Ingenieur, wie sich später herausstellt.
Drei Minuten später schiebt er mein Auto und mich zehn, zwanzig Meter über den Hof der Villa, aber die Kiste bleibt störrisch.
Die Batterie sei defekt, sagt Vincenzo.
Ich erzähle ihm, nicht weiter schlimm, ein Pannenhelfer komme bald. Vincenzo sagt, der werde den Wagen nur in eine Werkstatt schleppen – wo er dann ein paar Tage lang stehe.
Darauf vertrauend, dass Vincenzo richtigliegt, sage ich dem Automobilclub ab. Wir steigen in seinen schwarzen Geländewagen und tingeln kreuz und quer über den Hang des Vomero, klappern drei Geschäfte ab, alle geschlossen, Mittagszeit. Einem vierten Laden mit Namen *Centro Ricambi Auto* können wir die alte Batterie auf den Tisch stellen.

Zurück auf dem Hof springt die Giardiniera mit der neuen sofort an, Vincenzo glaubt aber, der Anlasser könne dennoch beschädigt sein.
„In Neapel gibt es immer wieder Probleme, die uns dazu zwingen, schnelle, eigenständige Lösungen zu finden", sagt er auch. Habe man diese Eigenschaft nicht, würde man der Stadt nicht beikommen.

*

Ich parke den Fiat, da die Pizzeria der Familie Coccia abschüssig liegt, hangabwärts.
„Möchtest du gegen den Stress eine neapolitanische Pizza, Marco?", fragt mich Andrea Coccia, als ich die *Pizzaria* seines Vaters Enzo betrete, und drei Minuten später steht sie vor mir auf dem Tisch, süßlich-intensive Tomaten, weich, ich kann sie wie ein Heft falten, ihr Äußeres ist dennoch kross, mit den typischen, an den Vesuv erinnernden Brandblasen versehen.
Bei Andrea weiß ich endlich, warum diese Pizza, die neapolitanische, Weltkulturerbe ist. Auf unserer Reise haben wir bisher etwa zehn Pizzen gegessen, die meisten in Sizilien, alle waren sie ordentlich, sogar die eine aus gelbem Maismehl gebackene in Messina. Pizzen und neapolitanische Pizzen sind für mich zweierlei. Wenn ich mir zu Hause Musik auflege, streame ich sie nicht, sondern greife zum Vinyl. Beides Musik, aber nur Vinyl hat dieses Besondere. Wenn ich sage, ich möchte eine Pizza essen gehen, meine ich eine neapolitanische.
Die *Pizzaria* der Coccias ist ein einfaches Lokal, schlicht und hell. Touristen werden sie kaum finden, da sie weder in der historischen Altstadt noch im Zentrum liegt. Kämen sie zufällig daran vorbei, würden sie ihr keine Beachtung schenken – die *Pizzaria La Notizia* ist ein unprätentiöser Laden, ein Holzofen, Tische, Stühle, Pizzen. *Pizzaria* und nicht *Pizzeria* übrigens, sagt Andrea, weil die Lokale früher so genannt wurden, als es dort nur Pizzen gab, wie hier. Sie seien selten geworden in Neapel, möchte doch die ganze Stadt an ihrer prominentesten Schöpfung mitverdienen. Nur eine Handvoll gebe es noch davon in Neapel, sagt Andrea.
Pizza ist für mich im Unterschied zu Pasta ein Gericht, das ich auswärts mit Freunden esse, Pasta dagegen koche ich auch für mich allein. Das sei in Italien ähnlich, sagt Andrea. Für eine Pizza brauche es *Pizzaioli* und ihre Holzöfen.
Zuvor hatte Andrea die Pizza mit seinen Fingern vorgeformt, gewendet, kurz in der Luft gedreht, in Form gezupft, der Teig macht alles mit, dünn Tomatensauce aufgetragen, mit den Händen Mozzarella darüber zerrissen, drei Blätter Basilikum obenauf gelegt und zuletzt Olivenöl auf die Pizza geträufelt – sie dann in den knapp fünfhundert Grad heißen Holzofen geschoben, für gerade einmal sechzig Sekunden.

Angeblich wurden Königin Margarethe, der Frau des italienischen Königs Umberto I., im Jahr 1889 drei verschiedene Pizzen serviert, von denen ihr die mit Tomaten, Mozzarella und Basilikum am besten schmeckte. Seither trägt die *Pizza Margherita* ihren Namen, seither gilt das Ende des neunzehnten Jahrhunderts als Zeit ihrer Geburt.

Das sei Schwachsinn, sagt Andrea.
Die *Pizza napoletana* sei schon vorher erfunden worden. In einem Museum in Neapel befinde sich ein Dokument, aus dem hervorgehe, dass bereits fast hundert Jahre zuvor ein *Pizzaiolo* die Erlaubnis der Stadt für einen Holzofen eingeholt habe. Andere Quellen gingen noch weiter zurück.
Andrea, Mitte zwanzig, muss es wissen, sein Leben ist die neapolitanische Pizza. Er hat nicht nur im Alter von fünf Jahren seine erste Pizza gebacken und an der Uni seine Abschlussarbeit über sie verfasst, sondern er hat auch einen Vater, Enzo, der das Buch *La Pizza Napoletana* in Zusammenarbeit mit zwei Ernährungswissenschaftlern der Uni Neapel geschrieben hat. Enzos Großmutter, also Andreas Urgroßmutter, hatte bereits eine *Pizzaria,* hinter der Piazza Garibaldi am Hauptbahnhof. Dort arbeiteten auch Andreas Vater und Großvater. In den neunziger Jahren eröffnete Andreas Vater die *Pizzaria,* in der wir heute zu Gast sind – und zwar mit einer Mission. Er hatte festgestellt, dass die Pizzen in Neapel immer schlechter geworden waren, weshalb er nach den besten Tomaten, dem besten Olivenöl und dem besten Mozzarella suchte. Außerdem gründete er mit anderen neapolitanischen Pizzabäckern die *Associazione Verace Pizza Napoletana.* Laut Andrea ein Haufen alter Männer, die sich darin einig waren, nicht länger mit ansehen zu können, was in Neapel und auf der ganzen Welt unter dem Namen Pizza verkauft wird. Die sich aber uneins darüber waren, was eine neapolitanische Pizza genau ausmache. Jeder hatte von seinen Eltern und Großeltern andere Regeln gelernt, nun mussten sie sich auf ein paar grundsätzliche einigen. Es habe viele Treffen gebraucht, sagt Andrea, und dass sein Vater Enzo einer der ersten Präsidenten der Vereinigung war.
Der Teig der echten neapolitanischen Pizza besteht aus Weichweizenmehl, Bierhefe, Salz und Wasser, mehr nicht, niemals Olivenöl; mindestens acht Stunden sollte er ruhen, dreißig bis fünfunddreißig Zentimeter groß müsse die Pizza sein und allenfalls vier Millimeter dick in der Mitte, aber einen aufgeplusterten Rand besitzen. Belegt wird sie mit maximal drei, vier Zutaten, vornehmlich mit Tomaten, Mozzarella und Basilikum.

„Warum Salami auf eine Pizza tun, auf der schon Schinken ist?", fragt Andrea. Viele Menschen würden glauben, je mehr auf einer Pizza ist, desto besser, Pizzen seien aber dann gut, wenn sie simpel seien, sagt er.

Die Wände der *Pizzaria* sind fast kahl, nur ein Foto fällt auf – Maradona natürlich. Er hatte von einem Freund erfahren, die Pizzen von Enzo müsse er probieren. Und dann saß er hier und mampfte Enzos Pizzen, und draußen vor der Tür rund vierhundert wild gewordene Neapolitaner, die Straße gesperrt.
„Maradona ist für uns kein Fußballsymbol, sondern ein Symbol unserer Emanzi-

pation", sagt Andrea. Sie hätten auch Fotos anderer prominenter Besucher aufhängen können, Roberto Benigni etwa, aber Enzo wolle das nicht.

„Warum nennst du deinen Vater immer Enzo?", fragt ihn Daniel.

Bei der Arbeit nenne er ihn Enzo, zu Hause *papà,* antwortet er.

„Ist Enzo mit deinen Pizzen zufrieden?"

Er finde sie okay, antwortet Andrea.

Dann führt er uns in die Küche, hier lagern die *pagnotte,* die Teigkugeln, wie kleine Brotlaibe in schnöden Plastikboxen und warten auf ihren kurzen Auftritt. Vierhundert am Tag, fünfhundert an den Wochenenden, rund dreitausend in der Woche backen die Coccias und ihre *Pizzaioli* in ihrem mit Buchenholz befeuerten Ofen.

Als wir vor dem Holzofen stehen, schickt uns Andreas Vater eine Videonachricht aus dem Rollstuhl, zeigt auf seinen gebrochenen Fuß. Wir antworten ihm, keine Sorge, die Pizzen seines Sohnes seien phantastisch.

„Kannst du dir vorstellen, wie dein Vater für den Rest deines Lebens Pizzabäcker zu sein?"

Ja, antwortet Andrea, es sei eine Familientradition, es sei ihm wichtig, diese zu wahren.

Dann schenkt er uns zwei Dinge, zum einen das Buch seines Vaters, das uns auch zeigen soll, wie eine neapolitanische Pizza nicht auszusehen habe. Diese hier sei kollabiert, sagt Andrea und zeigt auf ein Bild. So schaue sie aus, wenn zu viel Mehl benutzt worden sei, so, wenn das Wasser zu kalt war, diese hier sei zu feucht, jene zu schwarz. „Ihr habt die original neapolitanische Pizza gefunden, nun studiert und backt sie auch", schreibt er uns in das Buch.

Dann sagt er noch, wir könnten ihn jederzeit anrufen, und gibt uns seine Visitenkarte, Andrea Coccia, Pizza Consulting.

⁕

Pizza Margherita von Enzo und Andrea Coccia

Für den Teig, für 8 Personen: 1800 g Mehl Typ 00 · 5–7 g frische Hefe · 50 bis 55 g Meersalz · 4 g Zucker · 20 ml Olivenöl
Für den Belag: 3 Dosen San-Marzano-Tomaten · Meersalz · Olivenöl · gut 300 g Mozzarella · Basilikum

Das Mehl in eine Schüssel geben, Brunnen formen, die in lauwarmem Wasser angesetzte Hefe und das Salz hineingeben. In Italien nimmt man 4 bis 5 Gramm Hefe, in kälteren Ländern, außer es ist Sommer, empfehlen sich 1 bis 2 Gramm mehr. Zucker und Olivenöl kommen normalerweise nicht in den Teig, aber um die typische Farbe einer neapolitanischen Pizza auch jenseits eines 400 Grad heißen Pizzaofens zu erhalten, braucht es auch sie. Nach und nach einen Liter lauwarmes Wasser dazugeben. So lange kneten – langsam, aber stark, von außen nach innen –, bis ein kompakter Teig entstanden ist, immer wieder falten, um Luft hineinzubringen, besser 40 als 20 Minuten lang. Je länger, desto mehr Blasen bekommt die Pizza später. Den Teig mit einem feuchten Tuch abdecken und mindestens 10 Stunden, am besten über Nacht, bei Raumtemperatur gehen lassen. Teig aus der Schüssel nehmen, 15 Minuten gehen lassen, in 8 bis 10 kleine Stücke teilen, zu Teiglingen formen, entweder wieder in feuchte Tücher einwickeln oder aber gleich weiterverarbeiten. Auf der bemehlten Arbeitsfläche mit dem Handballen und den Fingerspitzen zur Pizza ausweiten. Ofen vorheizen, als würde der Teufel darin einziehen wollen, so heiß es geht, am besten Pizzastein benutzen. San-Marzano-Tomaten zerdrücken, mit Meersalz abschmecken, auf dem Teig verteilen, Olivenöl daraufträufeln. Aus dem Mozzarella dünne Streifen rupfen, möglichst schon eine Stunde zuvor, und diese auf Küchenpapier in den Kühlschrank legen, das entzieht ihm Feuchtigkeit. Auf der Pizza verteilen, 3 bis 4 Basilikumblätter dazu und je nach Backofen unterschiedlich lang backen. Eine andere Möglichkeit ist es, den Mozzarella erst 5 Minuten vor Ende der Backzeit daraufzulegen. Die Coccias reiben über eine Variante ihrer Pizza vor dem Backen auch Pecorino.

⁕

Weitaus später, als wir eigentlich aufbrechen wollten, verlassen wir die *Pizzaria* der Coccias. Unser Auto springt unter Protest an, wir schieben uns eine Stunde lang durch die endlos sich hinziehende Stadt, ihre Ränder, in den schöneren Momenten liegt der Geruch von verbranntem Holz in der Luft, in weniger schönen der von geschmolzenem Plastik. Wir fahren vorbei an Mietskasernen, utopischen Gebilden aus Beton, von Menschen bewohnt, vom Tourismus gemieden und vom Sozialstaat verlassen; trostlose, alleingelassene Peripherie. Neapel, ein Mosaik, *un mosaico.*

INTERMEZZO

Abruzzen

Wir tuckern auf eine Bergscheide zu, links geht es nach Rom, der direkte Weg nach Norden, wir schwenken rechts in Richtung Abruzzen ab. Zu Anfang ist das Land flach, dann ansteigend, das Grün der Buchenwälder und das Grau der sich andeutenden Bergmassive, der nördlichste Teil Süditaliens.

Dann sinkt alles ins Schwarze, ich nehme nichts mehr wahr außer der Nacht, unseren beiden Lichtkegeln und den beleuchteten Tunneln. Sind es zehn, zwanzig? Nur ab und zu glaube ich die Silhouetten der Gipfel und Kämme zu erkennen, aber eigentlich fahre ich im Nichts, bergauf und bergab. Eine unwirtliche Fahrt, der Nebel und der einsetzende Regen lassen sie noch beschwerlicher werden. Unterhalb der Frontscheibe rinnt zwischen Glas, Gummi und Fahrgestell Wasser ins Auto, nicht viel, aber beständig, Tropfen landen auf meinem Schuh. Neben der noch immer nicht zu öffnenden Beifahrertür, dem irrationalen Anlasser und der Hupe ein weiterer Punkt auf unserer Mängelliste.

Erstmals seit unserer Bergtour in Sizilien haben wir Pullover übergezogen. Irgendwann klingelt in unserer fahrenden, tropfenden Kabine ein Telefon, unsere Gastgeberin für die heutige Nacht. Die Bäuerin fragt, wann wir denn kämen, sie wolle bald schlafen gehen. Wir entschuldigen uns, es werde später werden.

Vor dem Tunnel durch einen Berg geht plötzlich die Straße nicht weiter, eine Straßensperre im Nichts. Wir setzen zurück, finden einen Weg rechts am Berg vorbei, schlängeln uns durch das nachtgrünschwarze Dickicht. Vermutlich wären bei Helligkeit die Kalkstein- und Dolomitfelsen des Gran-Sasso-Massivs zu sehen, rund dreitausend Meter hoch, der mittlere Apennin, auf den wir zufahren. Mittlerweile befinden wir uns auf einer Hochebene, einem Gebirgsplateau, bewegen uns von dort über ein, zwei Hügel auf einer Landstraße empor, erreichen ein Dorf und ein sogar bei Nacht zu erkennendes grasgrünes Haus, die *Casa Verde,* das Haus der Bäuerin.

Ich parke am Hang. Als wir aussteigen, stehen bereits Dina und ihr Lebensgefährte Roberto, ein Schäfer, auf der Straße. Sie sieht müde aus, schmunzelt aber dennoch entzückt: Wir fahren das gleiche Auto wie früher ihr Onkel, es stehe jetzt im Museum, hinter dem Tor, vor dem ich parke, es gehörte dem Safranbauer Silvio.

GPL
EWA

SETTE

Abruzzen, alle zusammen, *tutti insieme*

Die Nacht in der *Casa Verde* ist sehr kalt, zum Glück gibt es Wolldecken. Beim Frühstück sagt Dina, die Bäuerin, dieses einfache Haus solle weiterhin offen stehen, ein Ort der Gemeinschaft bleiben, aber auch eines, in dem Wanderinnen ein und aus gehen können, wieso also die Türen abschließen, das möchte sie weiter beibehalten, so wie es ihr Onkel Silvio und seine Schwester Gina gehalten haben, von manchen Safrankönig und Safrankönigin, von anderen Krieger und Kriegerin genannt. Während sie das erzählt, liegt ein Säckchen, in unscheinbares braunes Papier gewickelt, vor ihr auf dem Küchentisch, auf der grünen Plastiktischdecke, gut abwischbar, ein Säckchen, das ihr gestern eine Bäuerin aus der Safrankooperative, ihrer Gemeinschaft, vorbeigebracht hat, ein Säckchen, das, als ich es in die Hand nehme, nicht allzu viel wiegt und in dem sich gerade mal vierhundert Gramm der roten Fäden befinden, um die sich hier alles dreht, wonach hier alles riecht und schmeckt, ein Säckchen, knapp zehntausend Euro teuer.
Lo zafferano, Safran, eines der wertvollsten Gewürze der Welt.
Um zu verstehen, wie es sein kann, dass ein Kilo dieser getrockneten Blütenfäden vierundzwanzigtausend Euro kostet, dass sie gefälscht, gestreckt und gestohlen werden, sind wir hier in Civitaretenga, einem Dorf, in dem keine zweihundert Menschen leben. Ein Dorf, in dem es eine Pfarrei, eine Kapelle, eine Kirche und ein altes Kloster gibt, dessen wichtigstes Haus aber die *Casa Verde* ist. Nirgendwo anders muss mehr Geld für den Safran auf den Tisch gelegt werden, sagen sie, weder in Indien, Afghanistan oder Iran noch in der Bretagne oder in der Toskana. Sterneköche in Mailand und Paris würdigen den Safran dieser Hochebene ebenso wie die *New York Times.*
Und das hat mit zwei Menschen zu tun.

Silvio war ein besonderer Mann, *un uomo speciale.*

Gina war eine besondere Frau, *una donna speciale.*

Der Safran war ihr Leben.

Diese drei Sätze werden wir oft hören – das wissen wir an diesem Morgen um halb neun noch nicht. Aber im Laufe des Tages werden zumeist ergraute Bäuerinnen und Bauern mit uns in dieser Küche sitzen, und alle werden sie diese Sätze fallen lassen. Die erste ist Dina, die Nichte von Silvio und Gina, sie brüht gerade Safrantee auf, stellt Brot und Marmelade auf den Tisch, und ich frage sie, ob er auch ihr Leben sei, der Safran? „Das halbe Leben", antwortet sie. Sie habe im Gegensatz zu Silvio und Gina Kinder, der eine Sohn gerade auf dem Feld, der andere seit vier Uhr morgens Wildschweine jagen. Ihr Onkel, Silvio, habe zwar zwei, drei Freundinnen gehabt, aber sie hätten nie mit ihm hier wohnen wollen, er dagegen wollte nie dieses Haus verlassen, das er für sich, seinen Vater Giacomo und seine Schwester Gina gebaut habe. Er habe stets gesagt, dieses Haus habe er mit viel Energie, Geld und Liebe geschaffen, er könne ihm nicht den Rücken kehren. Die Arbeit, die sie hier verrichteten, sei gut, sie müsse weitergehen.

Hier in der *Casa Verde* laufen sämtliche Safranfäden der Hochebene namens Altopiano di Navelli, die wir gestern durchquert haben, zusammen.
Und genauso riecht es hier auch. Rural, erdig, nach Salz, Tabak und Honig.
Nicht jeder mag den Geruch, der Schriftsteller Alexandre Dumas schrieb in seinem *Grand dictionnaire de cuisine,* Safran rieche äußerst penetrant und könne zu heftigen Kopfschmerzen führen, andere dagegen mischen seinen Duftstoff in Parfüms, behandeln Depressionen damit oder stärken damit ihre Nerven.
Ich selbst würde seine intensive Note, die wie ein unsichtbarer Nebel über der *Casa Verde* liegt, ungern mein ganzes Leben lang riechen wollen, aber für ein paar Tage erzeugt sie in mir ein Gefühl von Zugehörigkeit zu den Menschen, die in diesem Dorf hier leben.
Der Safrantee von Dina ist jedenfalls wunderbar, klärt den Kopf.
Die *Casa Verde* ist nicht nur ein Bauernhaus, in dem man ein paar Nächte verbringen kann, sondern vor allem Sitz einer Kooperative von sechsundachtzig Bauern aus dreizehn Gemeinden, der *Cooperativa Altopiano di Navelli.*
Gegründet hat sie Silvio Sarra, ohne ihn und seine Schwester Gina gäbe es den Safran der Hochebene heute nicht mehr. Die Geschichte ist eine Geschichte mehrerer Rettungen.
Anfang der siebziger Jahre überschwemmte billiger Safran aus dem Nahen Osten den Markt, ein Zehntel so teuer wie der ihre, die Bauern hier in den Abruzzen begannen die Knollen an ihre Schafe zu verfüttern.
Silvio zürnte mit ihnen und überzeugte knapp fünfzig der Bauern der Hochebene, eine Kooperative zu gründen. Doch gegen den billigen Safran kamen sie nicht an; auch weil kaum jemand den ihren kannte. Seit über sieben Jahrhunderten war Safran bereits hier angebaut worden, ein Mönch hatte ein paar der Krokusknollen aus Spanien eingeschmuggelt, zu seinen besten Zeiten wurde er auf knapp fünfhundert Hektar Fläche kultiviert. Anfang der Achtziger aber waren auf der Hochebene nur mehr einige wenige kleine Felder geblieben, insgesamt ein Hektar.
Silvios Schwester Gina hatte eine Idee, sie war wie so oft die treibende Kraft, sie schrieb an Enzo Tortora, der auf *Rai 2* die Fernsehshow *Portobello* moderierte. Halb Italien sah ihm zu, oft über zwanzig Millionen Menschen, sie riefen in der Sendung an oder wurde dorthin eingeladen. Römer präsentierten abstruse Erfindungen, Neapolitanerinnen verkauften Heiligenfiguren, Mailänder britische Doppeldeckerbusse, andere versuchten, eine verlorene Person oder endlich *amore* zu finden, eine Fernsehshow wie eine Kleinanzeigenseite, der Untertitel der Show lautete *il mercatino del venerdì*, der Freitagsmarkt. Im Zentrum standen Tortora und sein grüner Papagei Portobello, die Gäste der Sendung mussten versuchen, ihn dazu zu bekommen, seinen Namen zu sagen – Por-to-bel-lo.

Silvio wurde eingeladen, stellte sich ins Scheinwerferlicht des Fernsehstudios, erzählte Tortora die Geschichte des Safrans, der Hochebene, der *Casa*

Verde. Danach erreichten Gina und ihn Bestellungen aus dem ganzen Land, ein wenig später saß Italiens bekanntester Koch Gualtiero Marchesi, drei Michelin-Sterne, in Ginas Kochstube. Er gilt als der Erfinder der modernen italienischen Küche; das *Risotto alla milanese*, das Safranrisotto, wie man es heute kennt, soll auf ihn zurückgehen. Gina erkannte ihn nicht, stellte ihm lediglich Brot und Salami vor die Nase.
Erst starb Silvio, ein knappes Jahrzehnt später seine Schwester Gina. In einem Nachruf heißt es, sie hätten das karge Land in eine Goldmine verwandelt.
Silvio hatte vor seinem Tod Dina gefragt, ob sie die *Casa Verde* am Leben erhalten wolle. Wenn sie nicht Ja gesagt hätte, wäre es zu Ende gegangen, sagt seine Nichte und sitzt dabei auf dem Stuhl, auf dem ihr Onkel Silvio immer saß – die dritte Rettung.

*

Achtzehn Kilo Safran jährlich hat die *Cooperativa Altopiano di Navelli* zuletzt produziert. Das klingt nach wenig, sind aber fünfhundert Arbeitsstunden pro Kilo, ein Kilo seien vierhundertfünfzigtausend Fäden, antwortet Dina. Für ein Gramm müsse man sich hundertfünfzig Mal auf dem Feld bücken.
Vor einem Jahrzehnt erntete die Genossenschaft noch rund fünfzig Kilo pro Jahr, doch dann bebte die Erde, das große Beben von L'Aquila 2009, auch ein Turm in Civitaretenga stürzte ein, viele Menschen gaben ihre Häuser auf, verließen die Hochebene und damit ihre Felder. In den Jahren darauf plünderten immer mehr Tiere die Felder, erst kamen die Wildschweine, dann die Hirsche und nun die Stachelschweine. Dennoch steige die Produktion wieder, sagt Dina, bald sollen es über zwanzig Kilo im Jahr sein.

Pronto, sagt Dina. Immer wieder klingelt ihr Telefon oder ein Bauer steht direkt im Türrahmen. Dina ist die *Cooperativa*. Wir folgen ihr kurz vor die Tür, sie öffnet ein rostbraunes Holztor. Der Himmel ist tiefschwarz, ein Gewitter kündigt sich an. Hinter dem Tor verbirgt sich ein Museum, es ist der Hochebene und dem Safran, aber auch Silvio und Gina gewidmet. Im Zentrum steht ein Fahrzeug, ein Cinquecento, Silvios alte Giardiniera
Sie sieht meiner zum Verwechseln ähnlich, ich setze mich auf den Fahrersitz, sie riecht wie meine, dasselbe Baujahr, achtundsechzig, für keine dreihundert Euro im Nachbarort gekauft. Das Auto war ein Freund fürs Leben, sagt Gina, er fuhr es immer mit offenem Dach, über vierzig Jahre lang. Er lud Ölfässer, Hühnerkäfige, Werkzeuge, Kisten, Schaufeln und die Körbe voller Safranknollen und -blüten in und aus dem Auto. Es sieht aus – der Schlüssel steckt im Zündschloss, daran baumelt ein runzeliges Lederetui, zwischen Tank und Ersatzrad liegen Schneeketten –, als würde Silvio es jeden Moment aus der Garage fahren. Er war stolz darauf, dass das Auto nie in eine Werkstatt musste. Silvio parkte es stets rückwärts; sollte es einmal nicht anspringen, half ihm der Hang.
„Warum sollte ich ein neues Auto kaufen, solange das alte noch funktioniert?", sagte er immer.
Vor ein paar Wochen wollte ein Wanderer das Auto kaufen. *No, no, no – non è in vendita,* unverkäuflich, hat Gina gesagt.

59539 AQ

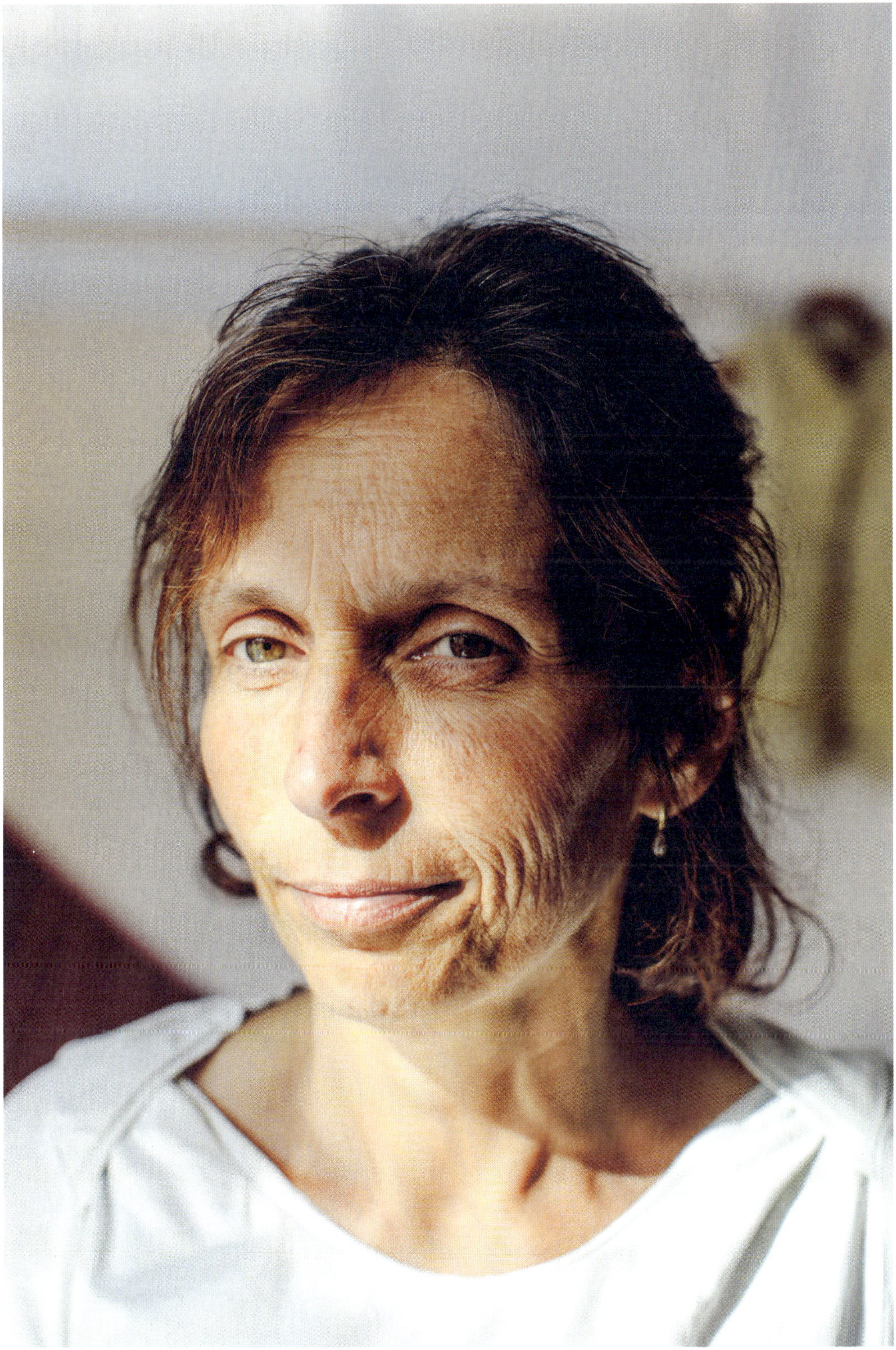

Dina und der Fiat ihres Onkels Silvio

*

Vormittags, zehn Uhr: der Himmel stockdunkel, die *Casa Verde,* Stromausfall, Blitz und Donner. Gerade als ein Bus mit Touristen ankommt, öffnet der Himmel alle Schleusen. Dina führt sie durch die *Casa Verde,* wir verabschieden uns für diesen Morgen. Massimiliano, ein Safranbauer der Kooperative, Mitte der siebziger Jahre geboren und damit einer der Jüngsten im Dorf, möchte uns sein Safranfeld zeigen. Bereits am Morgen waren Daniel und ich nach unten in den nächsten Ort gefahren, nach Navelli. Dina hatte dort zuvor Piero angerufen, einen befreundeten Mechaniker. In seiner Werkstatt standen Lastwagen und Reisebusse, wir erzählten ihm von unseren Problemen in Neapel. Piero hatte sich den Motor angesehen, war eine Runde gefahren, hatte gesagt: „Hört sich doch gut an", und uns aus der Werkstatt geschickt. Doch jetzt lässt das Auto uns erneut im Stich. Ich hatte es geparkt wie früher Silvio, lasse es rollen, allerdings keucht der Motor lediglich und das Auto schaukelt wie ein Bötchen auf plötzlich ruhiger See aus.
Daniel, Massimiliano und ich schieben es den Hang hinauf, ich lasse es erneut rollen, Gang rein, nun röchelt sich der Motor in Fahrt. In Pieros Werkstatt angekommen, sagt dieser nun, er werde sich darum kümmern.

*

Massimilianos Mutter Maria steht am Herd, bereitet das Mittagessen für ihn zu, *pasta ai funghi,* mit Pilzen, sagt sie und lächelt die zwei Fremden an, die da plötzlich durch ihre Küche gehen. Das Safranfeld der Familie befindet sich hinter der Verandatür. Unscheinbar liegt es da, ein paar Reihen angehäufte Erde, lehmiger Boden, dazwischen zwanzig Zentimeter Abstand, ein größerer Garten. Rund dreihundert Kilo Zwiebeln habe er dieses Jahr gesetzt, hundertfünfzig Gramm Safran

erwarte er daraus, sagt Massimiliano. Alle Bauern der Hochebene, sagt er, seien Safranbauern lediglich im Nebenerwerb. Dina bewirtschaftet einen großen Bauernhof, hat Felder und Schafe; Massimiliano arbeitet an der Universität in L'Aquila, verließ den Ort für ein paar Jahre, kehrte aber wieder zurück, übernahm das Feld seines verstorbenen Vaters, wollte nicht derjenige sein, der die Familientradition aufgibt. Schon die Urgroßeltern haben die Knollen angepflanzt.
Dina sagt, ohne Massimiliano gäbe es die Kooperative nicht mehr, Massimiliano sagt dasselbe über Dina. Die beiden sind in die Rollen von Silvio und Gina geschlüpft, führen Gespräche mit Bauern und Bäuerinnen, mit der Handelskammer und suchen neue Wege. Massimiliano arbeitet daran, dass die Kooperative moderner und jünger wird. Sie spendet fünfzig Kilo Knollen als Anreiz an jeden neuen Safranbauern, jede neue Safranbäuerin. Zuletzt kamen dreizehn hinzu.

Sie pflanzen die Zwiebeln Anfang August, die des vergangenen Jahres hatten dann ein Jahr lang Zeit, um neue Knollen zu bilden. Sie putzen sie und setzen sie um in ein anderes Feld, das sie im Frühjahr vorbereitet und mit organischem Dünger angereichert haben. Nicht einmal die Sarden machen sich diese Mühe, sagt Massimiliano, dort werden die Knollen einfach im selben Boden belassen.
Ab Mitte Oktober wird Massimiliano täglich vor Sonnenaufgang schauen, ob an den Pflanzenbüscheln Blüten zu sehen sind; entdeckt er welche im Schein seiner Taschenlampe, dann wird geerntet – im Morgengrauen. Die Blüten dürfen nicht geöffnet sein, nur so erreicht der Safran seine volle Qualität. Die knorrigen alten Männer und Frauen der Genossenschaft versammeln sich dann auf seinem Feld, zupfen Reihe um Reihe die Blüten ab, in Handarbeit. Tag für Tag ein anderes Feld, zuerst bei dem einen Bauern, dann bei der anderen Bäuerin, zwanzig Tage lang, der alte Rhythmus der Safranerntens, der alte Rückenschmerz.

Anschließend setzen sie sich in die *Casa Verde* und ziehen bei Kaffee und Gesprächen die Fäden aus den Blüten, rot wie Dachziegel, zwölf Stunden lange Arbeitstage. Danach breiten sie die Fäden in geflochtenen Drahtkörben aus, hängen sie über den Kamin und behalten ihr rotes Gold im Blick. So, wie sie es schon ein Leben lang getan haben, und davor ihre Mütter und Großväter, über einer Glut aus Eichen- und Mandelholz.

*

Um den Tisch in der Küche meiner Großmutter saßen sieben, acht Menschen, ihre Enkel, ihre Kinder, deren Frauen und Männer. Sie unterhielten sich, tranken Kaffee und Limonade, spielten Karten – und warteten. In meiner Erinnerung regnete es. Um den Tisch im Wohnzimmer saßen genauso viele Menschen, auch hier warteten wir; im Gang tickte wie immer die Pendeluhr. Doch es war nicht wie immer, wir warteten, bis sie starb.
Zwei Monate zuvor hatte sie noch für sich selbst und für uns gekocht, nun lag sie in ihrem Schlafzimmer, unter dem Bild einer Heiligen, der Muttergottes. Auch hier saßen Menschen, mal ein Sohn, mal ein Enkel, mal eine Tochter, mal eine Enkelin, wir pendelten in ihr Schlafzimmer, nahmen Abschied.
Sie starb – und damit auch unsere Mitte. Es ist nicht so, dass unsere Familie danach zerbrochen wäre, noch heute sitze ich ab und zu im Garten meiner Tante, im Dorf meiner Großmutter, aber sie ist uns abhandengekommen. Der Stall wurde eingerissen, ihr Gärtchen plattgemacht, wir hatten nicht das Glück, ein so besonderes Gut wie den Safran zu teilen.

*

Simone, Dinas älterer Sohn, Mitte zwanzig, hat seinen Traktor vor der *Casa Verde* geparkt, er kommt zum Mittagessen. Er ist nicht zufrieden, es sei das falsche Reiskorn, Dina hatte keinen Risottoreis zur Hand, Salz fehle auch. Es ist, zugegeben, nur ein ordentliches Risotto, aber eines, das guttut nach dem Regen heute.
Einen halben Tag habe es im August geregnet, sagt Gina. Das sei zu wenig. Die Krokusse würden trockener und kleiner. Seit fünf Jahren sei das ein Problem – das nächste, das sie werden lösen müssen, der Klimawandel.
Eine Idee von Dina ist es, die Knollen des Vorjahrs einen Monat lang einzulagern, sie erst im September ins neue Feld umzusetzen.
Unmöglich, sagt Massimiliano, sie würden die DOP verlieren, die *Denominazione d'origine protetta*. Der Safran darf nur nach einem bestimmten, jahrhundertealten Verfahren gewonnen werden, sonst verliert er das Siegel zum Schutz seiner Herkunft.
„Dann müssen wir mit den Menschen, die das Siegel vergeben, reden", sagt Dina.
„Unmöglich", sagt Massimiliano.
Sie werden eine Lösung finden, Dina und Massimiliano, die Gemeinschaft der dreizehn Gemeinden, *tutti insieme,* alle zusammen.

*

Annähernd Dinas Safranrisotto

1 große Zwiebel · 30 g Rindermark · 8 EL Butter · 500 g Carnaroli-Risottoreis · 130 ml Weißwein · 1,5–2 l Rinderbrühe · 20 Safranfäden · 100 g Parmesan

In einer großen Kasserolle mit hohem Rand fein gehackte Zwiebel in 5 Esslöffel Butter und dem Rindermark (oder Olivenöl) glasig dünsten. Der Reis, der nun dazugegeben wird, muss beim Rühren Platz haben, soll nicht beschädigt werden. Der Boden der Kasserolle sollte dick sein, damit der Reis nicht ansetzt, während er leicht angeschwitzt wird, bis die Körner leise knacken. Am besten eignen sich die Sorten Carnaroli und Arborio, sie sind innen hart, außen weich. Mit dem Weißwein ablöschen, verdampfen lassen. Hitze reduzieren, aber es sollte immer köcheln. Nach und nach heiße Brühe zugeben, rühren und rühren. So lange, bis der Reis den gewünschten Biss erhalten hat oder der Holzlöffel eine Spur im Risotto hinterlässt, die wieder verschwindet, *l'onda*, die Welle. Dann die 2 Stunden zuvor in einer Tasse leicht warmen Wassers aufgelösten Safranfäden einrühren, 3 Esslöffel Butter und den geriebenen Parmesan unterheben, sämig rühren, salzen, vielleicht pfeffern, auf den Tisch damit.
Schmeckt auch mit ein wenig Zitronensalz, passt auch als Beilage zu Fisch.

*

Wild und urwüchsig sind sie, mit dichten Kastanien- und Eichenwäldern, Braunbären und Wölfen, dazwischen Wiesen, gelegentlich ist eine Schafherde zu sehen, auf Anhöhen nistende Dörfer, am Hang festgekrallte Kirchen und Burgen, auf siebenhundert Meter Höhe gelegen, die Abruzzen. Sie liegen weder im Norden noch im Süden Italiens, und falls das Land einen Osten und einen Westen hat, dann befinden sie sich auch dort nicht. Zur Mitte Italiens wollen sie ebenfalls nicht gehören, dort sei doch bereits Rom, sagen die Einwohner. Die Abruzzen liegen nah an der größten Stadt Italiens, doch weit entfernt, sie bilden den höchsten Teil des Apennins, sind schwer zu erreichen, man streift sie nicht zufällig, man möchte dorthin. Immer wieder haben sich Menschen hier versteckt, Brigantenführer und ihre Banden, Tagelöhner und ihre Frauen.

Sie wurden Schäfer und Bäuerinnen, gründeten Familien und blieben. Manche bezeichnen sie als renitente Sonderlinge.

Massimiliano würde eher sagen, *forti e gentili,* charakterfest und gastfreundlich. Genau das möchte er uns nun zeigen, und auch, wonach die Abruzzen sonst noch schmecken, neben dem Safran. Massimiliano biegt nach rechts in einen Feldweg ein, weder ein Ort noch ein Ortsrand ist zu sehen, nur Wiesen, Äcker und eine recht große Trauerweide, nach einer Biegung dann ein flaches Haus. An den Tischen des *Settefonti* sitzen Schäfer, Safranbäuerinnen und Greise, am Tresen trinken pubertierende Jugendliche Bier, die Tische sind braun furniert, der Boden aus weißbraunen Fliesen.

Massimiliano bestellt *Arrosticini,* knusprige gegrillte Lammspieße, aufgetragen in schweren Terrakottakrügen – und zuvor haben wir *Coratella* gegessen, ein mit Weißwein, Knoblauch und Lorbeerblättern versetztes Ragout aus Innereien vom Lamm. Alte Hirtengerichte.

Mein Vater und Gérard Depardieu essen sie immer noch: Innereien. Ich dagegen habe mich, sobald ich verstand, was es war, von ihnen abgewandt. Herz, Leber, Milz, Lunge, Niere und Kutteln passen nicht zu einer Küche, wie ich sie mir vorstelle. Sind sie nicht eine barbarische Angelegenheit? Schon allein, dass ich Fleisch esse, bereitet mir ab und zu ein schlechtes Gewissen. Aber das Herz eines Tieres? Seine Darmwand?

Hier im *Settefonti* fühle ich mich verpflichtet, sie zu essen. Das Ragout schmeckt weich, saftig, leicht säuerlich, grandios.

Soll ich meinen Ansatz überdenken? Ist es nicht sogar ehrlicher, wenn man denn Fleisch isst, dann auch das ganze Tier zu essen?

Das Essen der Abruzzen ist deftig, wild, fleischlastig, gepfeffert wird stets stark – uns wurde außerdem noch ohrringförmige *Pasta alla pecorara* aufgetischt, sogenannte *Anelli,* mit Ricotta, Speck von der Schweinebacke und Pecorino –, aber durchaus eklektisch. Dina etwa isst am liebsten Penne mit Safran, Zucchini und Garnelen.

Zu dritt trinken wir zwei Flaschen Rotwein, nachdem wir am Tresen gezahlt haben, warten noch drei Gläschen Likör auf uns. Hirten wärmen sich an ihm, sagt Massimiliano. Er schmecke wie Gift, sagt er auch.

Ich denke erst, das sei ein Witz, doch es ist wirklich ein Teufelszeug, aus den Wurzeln des Enzians, *Genziana,* ein ungnädiges Gesöff, kriegen vermutlich nur Hirten und ihre Nachfahren ganz herunter.
Massimiliano führt sein Auto durch die Nacht, wir singen italienische Popsongs, als wären wir Dorfjugendliche aus den Achtzigern, *Lasciatemi cantare.* Ein Polizist dürfte uns jetzt nicht aufhalten, es ist aber wohl auch wahrscheinlicher, dass uns ein Braunbär den Weg versperrt.

*

Die Coratella von Maria, einer Bäuerin aus den Abruzzen

1 kg Innereien vom Lamm · 80 ml Olivenöl · 2 Knoblauchzehen · 1 Zwiebel · 1 Karotte · 1 Glas Weißwein · 2 Zweige Rosmarin · 1 Lorbeerblatt · 1 l Tomatenpüree · 2 Prisen Salz

Jede Familie in den Abruzzen hat ihr eigenes Coratella-Rezept. Maria benutzt kein Lorbeerblatt und keinen Knoblauch, üblicherweise gehört aber beides in das Gericht, das als Antipasto zusammen mit Weißbrot serviert wird. Die Lamminnereien waschen und in kleine Würfelchen schneiden. Das Olivenöl in einer großen Pfanne erhitzen, den Knoblauch klein hacken und anbraten, die gewürfelte Zwiebel und danach die geschälte und in größere Würfel geschnittene Karotte dazugeben, dann das Fleisch, für ein paar Minuten auf schwächerer Hitze köcheln lassen und mit Weißwein ablöschen. Den Rosmarin und das Lorbeerblatt hinzufügen, eine Prise Salz, weiterkochen, bis der Wein vollständig verdampft ist. Die *Passata di pomodoro,* das Tomatenpüree, hinzugeben, nochmals salzen und für rund 50 Minuten auf kleiner Flamme köcheln lassen, in der ersten halben Stunde zugedeckt, ab und zu umrühren. Kräuter entnehmen, heiß servieren.

*

Der Anlasser sei defekt gewesen, sagt Piero. Er habe einen gebrauchten eingebaut. Unser Auto hustet nicht mehr – und ein gebrauchtes Türschloss haben wir auch gekauft, zum Preis einer Flasche Wein. Daniel zückt, zurück vor der *Casa Verde,* den Schraubenzieher, bringt das neue Schloss an; ein älterer Mann geht derweil durch die Tür des Hauses, sitzt einen Augenblick später im Büro der Genossenschaft und wartet darauf, ihr als siebenundachtzigster Safranbauer beizutreten. Wir verabschieden uns von Dina, die uns noch ein Stück Safrankuchen in die Hand gibt. Ihr Büro sieht aus, wie ihr Onkel Silvio es ihr nach seinem Tod hinterlassen hat, hinter seiner Nichte hängen Fotos von *Padre Pio* an der Wand, Kreuze und mehrere Bilder von ihrer Tante und dem Onkel selbst.

Der sagte einmal, Safran zu Hause zu haben, sei, wie einen Goldbarren zu besitzen. Er hatte recht damit; ein paar Jahren später drangen Diebe in die *Casa Verde* ein, erbeuteten eineinhalb Kilo Safran. Vielleicht ganz gut, dass Silvio den Diebstahl nicht mehr miterleben musste.
Er war ein ehrlicher, bescheidener Mann, sagten uns die Menschen hier.
Womöglich ist es daher besser, dass er nie erfahren wird, welche Straße wir nun in Richtung Rom nehmen. Sie führt vorbei an gartenschuppengroßen Reihenhäuschen, die nur ein, zwei Fenster haben und in denen Menschen wohnen, die nach dem Beben ihre Häuser verloren hatten, und sie trägt den Namen eines Safranbauern: *Via Silvio Salvatore Sarra.*

INTERMEZZO

Latium

Die Straße fühlt sich an wie ein guter Popsong.

Sie ist leicht und fröhlich, führt bergauf und bergab, lenkt uns durch Schleifen und Kehren, zwischen Berge und durch Täler. Sie mäandert vor sich hin, und wir mit ihr. Ich muss kaum Gas geben, wir sind ihre Schwungmasse, als wären wir eine Murmel in einer dieser Holzbahnen.

An ihrem Anfang liegt die Hochebene von Navelli, lange Zeit eine bettelarme Region. An ihrem Ende wartet *la grande bellezza*, Rom.

Bis dahin fahren wir Loops in unserem Popsong auf der *Strada statale 17,* der *diciassette.* Sie folgt als eine der längsten Staatsstraßen Italiens alten Pfaden. Früher wanderten darauf Hirten mit ihren Schafen, noch heute sehen wir gelegentlich Herden in den Hängen. Sie strömten in lange vergangenen Zeiten wie wollweiße Flüsse aus den Bergen hinab in die Schluchten, Millionen von Tieren auf der Flucht vor dem Winter in den Süden, in weniger raue Gegenden. Im Frühjahr bahnten sie sich ihren Weg zurück, ein Strom bergaufwärts.

Wir biegen von der *diciassette* ab, folgen einem kieseligen Weg und halten spontan bei einer Kirche; sie tauchen überall auf wie gut eingestreute Klänge eine Xylophons, Kirchen, Kapellen, Klöster, sie stehen auf Bergen, heften sich an Hänge, Ortschaften wurden um sie herum oder mit Blick auf sie gebaut, oft eine *Santa Maria* in ihrem Namen. In einem weiten Tal fahren wir auf die Hauptstadt der Abruzzen zu, L'Aquila, eingerahmt von sanft ansteigenden Hügeln und gewaltigen Bergen, mächtig wie ein Chor, gekrönt im Osten durch den knapp dreitausend Meter hohen Gran Sasso.

Nach gefühlten tausend Kurven legen wir einen zweiten Halt ein. Abbremsen lässt uns die schwarz-weiße Fahrbahnmarkierung in einer abfallenden Steilkurve, die wie ein kleiner See zwischen dicht bewaldeten Bergen liegt und den Namen *Curva Piero Taruffi* trägt. Sie gehört zur *Mille Miglia,* jenem legendären Autorennen über tausend Meilen, das in seiner Ursprungsversion zwischen Brescia und Rom ausgetragen wurde und aus dem zuletzt 1957 Piero Taruffi als Sieger hervorging. Nachdem Taruffi die *Mille Miglia* in seinem Ferrari gewonnen hatte, erfuhr er von einem Unfall auf der Strecke, bei dem elf Menschen gestorben waren, darunter fünf Kinder. Er soll geweint haben und beteuerte, nie wieder ein Rennwagenlenkrad berühren zu wollen. Ein paar Monate darauf verfasste er einen Zeitungsartikel mit dem Titel *Stop Us Before We Kill Again*, in dem er die Rennwagen mit für den Stierkampf hochgezüchteten Bullen vergleicht – Boliden, an deren übermenschlichen Kräften die Piloten scheitern, die deshalb sich und anderen den Tod bringen.

Ich lese von dieser letzten *Mille Miglia,* nachdem wir in Antrodoco gehalten haben, einem Ort unterhalb der *curva parabolica*. Wir essen in einer einfachen Bar zwei einfache Ciabatta, während wir fünf Arbeiter und Arbeiterinnen der hiesigen Wasserwerke beobachten, wie sie um unsere Giardiniera schleichen. Sie hat knappe achtzehn PS, Taruffis Ferrari hatte gut dreihundertfünfzig. Wir hatten Probleme

mit dem Anlasser und bei Regen dringen Tropfen ins Auto, die Schwachstelle des Ferrari waren die Bremsen – und das bei Tempo dreihundert, wir erreichen eher achtzig als neunzig Kilometer die Stunde. Tauschen möchte ich nicht.

Antrodoco ist ein Ort, der aussieht, als hätten ihn die Römer erst gestern verlassen, ein Flickenteppich aus hellbraunen Häusern, aus Stein gemauert, an denen sich der Velino vorüberschlängelt, über sie wacht der Monte Giano.

Auf einem Schild lese ich, wir befinden uns im *centro d'Italia*, in der geografischen Mitte des Landes. *Non male,* nicht schlecht, das hätten wir schon mal geschafft.

Ab hier wird die *diciassette* zur *quattro*, wir dringen ins Latium vor, winden uns durch Höhen und Tiefen, an alten Pinien- und Kastanienwäldern, über Schotterwege, an Bächen und Flüssen und grünen Tälern vorbei. Früher transportierten hier die Römer Salz ins Landesinnere, wir dagegen bringen nun Kanister voller Olivenöl, ein paar Flaschen Wein, Pasta in unserem Bauernauto in die große Stadt. Und einen Auftrag …

Anfangs verläuft die ehemalige *Via Salaria* noch schlängelnd wie die *diciassette*, hat Launen wie ein Song von Velvet Underground. Doch sobald wir uns am Tiber entlangbewegen, schlingert sie aus zur seichten Ballade, *the long and winding road* –

und plötzlich stehen wir im Dschungel: Rom.

OTTO
Rom, zwei Frauen, *due donne*

Rom, so viele waren schon hier und haben davon erzählt – vom römischen Leben, römischen Jahren, römischen Tagen.
Sie habe anfangs auch über Rom geschrieben, sagte Ingeborg Bachmann einmal, dann nie wieder, sie würde es nicht mehr wagen. Das höre in dem Moment auf, wo man wirklich beginne, etwas über Rom zu wissen.
Als wir in Rom einfahren, lässt mich der Gedanke an die Aufgabe, über die Stadt zu schreiben, die ich nie zuvor betreten habe, verzagen.
Ich sehe aus den Fenstern des Autos, wir fahren, immer aufwärts, vorbei an Gärten, Parkanlagen, steinernen Toren und Mauern, Villen und Brunnen, versunkenen Ruinen auf feuchtgrünem Gras, an Gebäuden, die wichtig aussehen, aber doch nur irgendwelche Bauwerke im Freilichtmuseum Rom sind – und mit all diesen Eindrücken ändert sich etwas in mir, fasse ich allmählich Zutrauen.
Ich glaube durch diese flüchtigen Blicke Rom wiederzuerkennen – die Bäume Roms, die Kiefern, Zedern und Pinien, die Straßen, die sich öffnen und verengen, die Kurven, Kreisverkehre und Hügel, und auch das eine oder andere Bauwerk, die Engelsburg, die Engelsbrücke, den Justizpalast, und den schlammgrünen, dann wieder strohfarbenen Tiber. Spätestens als wir an einer Mauer, die den Vatikan umgibt, rechts abbiegen und mittendrin sind in dem wilden Gedränge vor den Ampeln Roms, wird mir immer deutlicher, dass mir seine Oberfläche ein wenig vertraut ist – aus Büchern und Filmen, Bachmann und Fellini, kein Goethe.
Als wir an einem Verkehrspolizisten auf einer schwarz-weißen Empore vorüberfahren, der mit seinen weißen Handschuhen wie ein Dirigent sein Orchester aus Blech anweist, der scheinbar Rom fließen lässt, fällt mir ein Woody-Allen-Film ein. Ein Verkehrspolizist sagt darin zu Anfang, Rom sei voller Geschichten.
Wegen ein paar Postkartenmotiven, Daniels Fotos, einem Rezept, vor allem aber wegen zweier kleiner Geschichten sind wir hier, der einer Nonne und der einer Köchin, *due donne a Roma*, zwei Frauen in Rom, Maria und Lucia.

*

Aus dem Augenwinkel betrachte ich eine Kuppel, den Petersdom, *San Pietro*. Er ist ganz nah, nur zweihundert Meter entfernt, kommt mir aber seltsam klein vor. Als ich abbiege, sagt Daniel, ich hätte die kleine Straße davor nehmen müssen.
Also drehen wir nochmals eine Runde, über altes Pflaster, entlang steiler Sträßchen, an Villen und in Form geschnittenem Buchsbaum vorbei. Unvermittelt stehen wir auf einem Hügel, dem Gianicolo, dreihundertsechzig Grad wimmelndes Rom. Türme, die wie Pfeffermühlen in den Himmel ragen, Kuppeln, Grünanlagen als Kleckse dazwischen, die Tiberschleife, das Pantheon, das Kolosseum, eine Ansicht wie eine überbelichtete Postkarte.

*

Sie wolle mir das Zimmer geben, in dem über vierzig Jahre lang Kardinal Meisner gewohnt habe, wenn er zu Besuch in Rom war, sagt Schwester Maria.
Mich belustigt, dass ich – am Glauben zweifelnd, aus der Kirche ausgetreten – im Gästehaus der Schwesterngemeinschaft der Pallottinerinnen ausgerechnet im Zimmer eines katholischen Hardliners schlafe. Des Zimmers größter Luxus sind seine Nähe zum Petersplatz und ein Schaukelstuhl. Ich kann mir vorstellen, nachdem ich kurz einen Blick in seine Biografie geworfen habe, wie Meisner sich in diesen Stuhl zurücklehnte und im Schein einer fahlen Lampe nächtelang die Bewerbungen von Bischofsanwärtern durcharbeitete, die er tags darauf mit dem Papst besprach.
Wir treffen uns am Eingang des Hauses mit Schwester Maria, um gemeinsam durch Rom zu schlendern. Sie ist ausnahmsweise keine Italienerin, sondern wie ich in Bayern geboren, eine Frau um die sechzig, seit knapp zehn Jahren lebt sie in Rom, trägt an einer langen Kette ein Kreuz um den Hals. Wir wollen von ihr erfahren, was für einen Verlauf ein Leben nehmen muss, um sich diesem einen hinzugeben, Gott.
Schon als Kind sei der Gedanke da gewesen, sie sei in einer katholischen Familie aufgewachsen, drei Kinder, eine jüngerer und ein älterer Bruder, sagt Schwester Maria. Ihr Vater sei Landwirt und Mesner gewesen. Als sie siebzehn war, habe sie in einer katholischen Jugendgruppe Fotos von Ordensschwestern im Ausland gesehen, wie sie dort arbeiteten, halfen. „Das hat mich begeistert. Später war ich selbst in Indien, das war eine tiefe Erfahrung, ein Geschenk, Liebe. Danach habe ich nach etwas gesucht, das dieser Erfahrung entspricht."
„Sie sprachen von Liebe", sage ich.
„Ja, aber der Partner ist die Gemeinschaft. Ich wollte nicht einen Orden suchen, der irgendwelchen Kriterien entspricht. Ich wollte, dass er mir zufällt, wie man sich wünscht, dass der Partner einem plötzlich begegnet."
„Wie sich verknallen?"
„Ja." Eine Freundin habe ihr zu Beginn der achtziger Jahre vom Orden der Pallottinerinnen erzählt, sie habe ihn sich im Juni für eine Woche angesehen und sei im September eingetreten.

*

Ich bin beeindruckt von dem, was Schwester Maria mir erzählt; einerseits, weil es weit weg ist von meiner Welt und ich ihren Schritt als mutig empfinde. Andererseits, weil ich ihre Gefühle nachvollziehen kann. Verknallen, irgendwann Liebe. Wenn ich bei diesem Gedanken bleibe, führt er irgendwann zu den dunklen Schluchten, in die diese Liebe mich stürzt, wenn sie endet. Ich habe das zwei, drei Mal erlebt in meinem Leben; stets tauchte der Gedanke auf, der Welt, wie ich sie kannte, abzuschwören, in ein Kloster zu gehen, Frieden nur mit mir selbst zu finden. Den Mut dazu hatte ich nie. In einer Krise vor ein paar Jahren saß ich mit einem Mal in einer Kirche. Wie ich in den Gottesdienst hineingekommen bin, ist mir schleierhaft. Der Besuch hat mich allerdings beruhigt; und das, obwohl ich die

Predigt als uninspiriert empfand. Zu der Zeit flüchteten mehr und mehr Menschen aus Syrien zu uns nach Deutschland, doch dazu von dem Pfarrer kein Wort. Dennoch war ich in dem Moment nicht allein, für kurze Zeit geborgen.
Ein wenig später trat ich aus der Kirche aus, weil ich es nicht verstehen kann, wie eine Institution, die für die Gesellschaft da sein möchte, Menschen ausschließt. Spätestens seitdem trenne ich Kirche vom Glauben.

*

Schwester Maria versucht uns in den Petersdom zu schleusen, in ein paar Stunden soll dort vom Papst ein Kardinal geweiht werden. Der Schweizergardist lässt uns noch gewähren, wir biegen links in den Garten des *Campo Santo Teutonico* ab, drehen eine Runde in dem grünen Quadrat aus mit Efeu überwucherten Gräbern, Palmen, Zypressen, Feigen- und Mandarinenbäumen. Heute ist der als deutscher Friedhof bekannte Ort ein Idyll, früher soll sich hier der Zirkus des römischen Kaisers Nero befunden haben, der Apostel Petrus gekreuzigt worden sein. Als wir die Kapelle des Friedhofs betreten, frage ich Schwester Maria, was den Orden der Pallottinerinnen für sie besonders gemacht habe. Im Mittelpunkt stünden bei ihnen nicht Kirchen- und Ordensleute, sondern der einfache Mensch, antwortet sie. „Jeder ist für uns interessant, jeder mit seinen Fähigkeiten willkommen." Dort mitzuwirken, in dieser einfachen Glaubensgemeinschaft, habe ihr gefallen.
„Hat Ihre Familie versucht, Ihre Entscheidung anzuzweifeln?"
„Nein", antwortet sie. Es sei eine andere Zeit gewesen. Heute würde es jungen Menschen anders ergehen, damals spürte sie eine breite Unterstützung, nicht nur eine familiäre, sondern durch das zweite Konzil – das als letzte große Öffnung der Kirche gilt – auch eine öffentliche.
„Wäre es eine Option gewesen, eine Familie zu gründen?"
„Ja, aber es gab Momente, wo mich das, was ich beschrieben habe, mehr fasziniert hat."
„Sie haben Ihre Entscheidung nie bereut?"
„Es gibt Aufs und Abs", antwortet sie. „Am Anfang habe ich auch Angst gehabt." Aber falsch habe es sich nie für sie angefühlt. Sie sei zufrieden, obwohl sie mit Mitte sechzig heute zu den jüngsten Schwestern zähle, der Nachwuchs ausbleibe. „Es wäre schön, wenn es lebendiger wäre", sagt sie.

Wir betreten den Petersdom mit Schwester Maria über eine Treppe, von der ich vermute, dass sie nicht so viele kennen dürften, unter uns der Portikus. Kurz vor dem zweiten Balkon verwehren uns zwei Carabinieri den Zugang ins Innere der Basilika, zu Michelangelos Pietà und den Gräbern der Päpste. Der Dom müsse für die Zeremonie vorbereitet werden, sagen sie. Sie lassen sich nicht einmal vom demütigen Charme einer Nonne erweichen.
Auf dem Petersplatz ist ungewöhnlich wenig los. Er kommt mir vor wie ein Schiffsdeck, über uns das Gekreische der Möwen, vor uns der Dom, an dessen Fenster wir eben noch standen, nur ein paar Meter vom Balkon entfernt, der Schiffsbrücke des Papstes, von der aus er seine Kirche durch die Welt navigiert und von wo er seinen Segen spricht, *urbi et orbi*.

*

Meine Großmutter hat nicht einen päpstlichen Segen vor ihrem Fernseher oder Radio verpasst.
Neben dem Bauernhof meiner Großmutter befindet sich noch heute ein Kloster, die Gärten grenzen aneinander, lange Zeit gab es einen Durchgang. Früher wurden im Kloster Ordensbrüder für ihre Missionen in den Ländern Afrikas als Schreiner, Buchbinder, Gärtner und Bauern ausgebildet. Heute ist das Kloster ihr Ruhesitz. Manche Männer, die sich unsicher waren, ob sie sich für ein Leben im Kloster entscheiden sollten, zelteten im Garten meiner Großmutter; wurden sie dann Mönche, so freute sie sich besonders; wahrscheinlich weil sie dazu beigetragen hatte, dass die Männer zu Gott fanden. Sie hatte natürlich für sie gekocht, sie immer wieder in ihre Küche zum Essen eingeladen.
Als Landwirt tätig im Garten des Klosters war auch Bruder Fridolin. Zu ihm – und seinem Nachfolger Bruder Ingbert – hatte meine Großmutter eine besondere Beziehung. Meine Mutter sagt, sie war alle vier Wochen bei ihnen; mein Vater erzählt, sie sei einmal die Woche dort gewesen. Im Garten des Klosters war vor knapp hundert Jahren nach Wasser gesucht worden, ein Wünschelrutengänger bestellt. Bruder Fridolin wollte es auch probieren, die Rute schlug ungewöhnlich kräftig aus. Der Orden schloss daraus, dass der Mönch außergewöhnliche Kräfte besaß, weshalb er sich auf diesem Gebiet weiterbildete und im Kloster eine Praxis eröffnete. Sein Bart hing ihm bis auf die Brust, er trug ein Scheitelkäppchen und eine John-Lennon-Brille.
Durch diese schaute er den Menschen in die Augen, oft nicht mehr als das, und sagte ihnen, woran sie litten. Die Ärzte bestätigten später häufig seine Diagnosen, was dazu führte, dass Menschen aus ganz Deutschland seinen Rat suchten, aber auch aus anderen Ländern Europas und sogar aus Australien und den USA anreisten. In den Kriegsjahren wollten die Nazis sein Geschick für sich nutzen, er weigerte sich, wurde eine Zeitlang inhaftiert.
Die Patienten von Bruder Fridolin waren der Grund, weshalb meine Großmutter ihr Café eröffnete. Immer mittwochs und freitags trafen ganze Busse von ihnen vor der Praxis ein. Zerstreuung fanden sie im inoffiziellen Wartezimmer des Klosters, dem Café meiner Großmutter. Freitags, die Regeln des Klosters galten auch in ihrer Küche, mussten sich die Patienten mit fleischloser Kost zufriedengeben. Ihnen wurde Kartoffelsuppe serviert, Kartoffelpuffer mit Apfelmus, Grießschnitten mit Gartenfrüchten, Milchsuppen und Mehlspeisen.

*

Hinter uns beginnt die Via della Conciliazione, Händler preisen ihre Rosenkränze und Heiligenbilder an, als wären ihre Waren Edelsteine. Zwischen den Verkaufsständen hindurch eilen Pfarrer verschiedenster Hautfarbe im taillierten Gewand, Nonnen, Bauarbeiter, Geschäftsfrauen und Touristen und Touristinnen auf der Suche nach dem besten Motiv, oft ein Selfie.
Schwester Maria biegt mit uns in Richtung Trastevere ab, in das alte Arbeitervier-

tel, unterhalb des Gianicolo gelegen. Schmale Gassen, orangerote Häuser, von deren Wänden der Putz bröckelt und die Kletterpflanzen sich erobern, Pflaster, das sich wellt wie feucht gewordene Zeitungsseiten. Ennio Morricone lebte hier. Heute würde die Familie eines kleinen Jungen, dessen Vater Trompeter und dessen Mutter Schneiderin ist, wie Morricones Eltern es waren, sich diesen Ort nicht mehr leisten können. Der Junge müsste die Inspiration für seine Melodien vermutlich aus den grauen Betonmonstern an den Rändern der Stadt ziehen. Die Künstlerhäuser des heutigen Trastevere heißen *Art & Yoga Room Trastevere* oder *Art Loft Penthouse*. Ihre Klientel zieht von Boutique zu Gelateria, von Bar zu Ristorante, immer auf der Suche nach einem Stück Bella Italia, das sie hier auch findet, allerdings ohne dabei eine zufällige Trompete aus einem der Fenster zu hören.
Schwester Maria möchte uns noch den Campo de'Fiori zeigen. Diesen kenne ich aus einem frühen Text Bachmanns über Rom. Wir laufen über den Ponte Sisto, auf dem ein Musiker Paolo Contes *Via con me* in einer schläfrigen Jazzversion spielt, *ah, it's wonderful, it's wonderful, it's wonderful, good luck, my baby,* wir lauschen seinen Klängen bis zur nächsten Brücke des Tiber hinterher, *chips, chips, chip, du-du-du-du-du-cibum cibum bum* – und ich frage Schwester Maria, ob sie in ihrem Leben nicht oft allein sei?
Natürlich sei es manchmal schwierig, völlig abgeschieden zu leben, antwortet sie.
„Meiner romantischen Vorstellung nach hat man in diesen Momenten dann Gott", sage ich.
„So einfach ist es nicht. Man braucht den Menschen."

Auf dem Campo de'Fiori, einem blumenbunten, nach Gewürzen und Käse riechenden Markt, auf dem vor gut vierhundert Jahren der Dominikanermönch Giordano Bruno verbrannt worden ist, weil er die Erde nur als eine von vielen betrachtete, die sich um die Sonne drehen, und weil er sich eine Kirche wünschte, die nicht Knochen und Kleidungsreste von Heiligen für ihre Pilger und Pilgerinnen ausstellt – „Götzendienst" nannte er das einmal. Die Souvenirhändler Roms hätte er vermutlich verflucht, das zweite vatikanische Konzil wäre für ihn ein Witz gewesen.
Ende des neunzehnten Jahrhunderts ließen linke Studenten und Anarchisten – sie wurden durch Intellektuelle wie Henrik Ibsen, Victor Hugo und Walt Whitman unterstützt – ein Denkmal für Bruno errichten. Seither blickt er finster unter einer Mönchskutte in Richtung San Pietro.
Ich frage Schwester Maria, ob es an der Kirche oder an den Menschen liege, dass sie nicht mehr zueinanderfinden.
„Im Tiefsten ist es eine Gottesfrage, ob wir noch glauben, dass er da ist", antwortet sie. Ihr Eindruck ist, er sei aus dem allgemeinen Bewusstsein verschwunden, Konsum an seine Stelle getreten: „Wir sprechen nicht mehr über ihn, es gibt keine Begeisterung mehr für ihn. Wenn die Menschen die nicht spüren, wodurch kann sie in ihnen geweckt werden?"

*

Noch heute gibt es im Kloster neben dem Hof meiner Großmutter eine Praxis, meine ganze Familie hat sich von Fridolin und seinen Nachfolgern in die Augen sehen lassen. Bei meiner Tante spürte Fridolins Schüler Ingbert einen Abszess am Hals auf, den ein Arzt kurz zuvor nicht entdeckt hatte. Ohne seinen Rat, sich ins Krankenhaus zu begeben, wäre sie verstorben. Meine Mutter war vor ein paar Jahren zuletzt bei einem seiner Schüler in Behandlung; und auch meine Großmutter, die immer wieder Zeiten der Schwermut erdulden musste, suchte Rat bei Bruder Fridolin und Bruder Ingbert. Heute würde man vermutlich sagen, sie waren ihre Therapeuten. Ich glaube, meine Großmutter starb als glückliche Frau.

*

Unten am Sockel des Denkmals für Giordano Bruno hat jemand purpurrote Nelken abgelegt, wir machen kehrt in Richtung Trastevere. Schwester Marias Antwort darauf, warum immer weniger Menschen den Weg in die Kirche finden, ist, fürchte ich, unvollständig, aber die Fragen, die ich ihr gestellt habe, wären womöglich sogar für Gott, wenn es ihn denn gibt, schwer zu beantworten.
In dem Ristorante, in das es Schwester Maria zieht, unweit der Basilica di Santa Maria in Trastevere, isst sie manchmal, wenn die Leiterin ihres Ordens die Schwesternschaft einlädt, sagt sie. Die Kellnerin serviert solide Pizzen, wir teilen sie genauso untereinander auf wie den Wein. Ich frage sie, ob sie sich als Nonne immer vorbildhaft verhalte.
„Um Gottes willen, nein", antwortet sie. „Es gibt Momente, in denen ich mich über mich ärgere. Ich denke, wir Ordensschwestern sollten auf die Gottesfrage konzen-

triert sein, aber dann ertappe ich mich, wie ich mich zerstreue."

„Wie meinen Sie das?"

„Ich sehe mir gern blöde Nachrichten an, Trumps Mist."

„Auf Twitter?"

„Ja, manchmal – und dann denke ich mir, da hast du wieder eine Stunde deines Lebens mit so einem Schmarrn verbracht."

Schwester Maria verabschiedet sich von uns. Ihr Tag beginnt immer um kurz nach sechs Uhr mit einem ersten Gebet und endet mit einem letzten am Abend, dazwischen arbeitet sie an Übersetzungen, sie spricht Deutsch, Italienisch und Portugiesisch. Gleich wird sie Pilger und Pilgerinnen an der Rezeption begrüßen. Ihre freie Zeit verbringe sie gern in Museen und Ausstellungen – in religiösen, sagt sie.

„Wie gefällt Ihnen eigentlich Rom?", frage ich sie noch.

„Ich finde die Stadt schön. Es gibt hier viele Möglichkeiten", antwortet sie. „Na ja, es gäbe viele Möglichkeiten."

*

Ich setze mich gegenüber dem Trevi-Brunnen mit einem Eis auf die Treppenstufen der Kirche Santi Vincenzo e Anastasio a Trevi und beobachte den Irrsinn des Schauspiels vor mir. Der fast unwirkliche Brunnen rückt für mich in den Hintergrund, die Menschen sind interessanter. Das sich um ein beschädigtes Telefon kabbelnde chinesische Paar, die Kanadier, die unbedingt eine Fahne mit auf ihr Foto quetschen müssen, der dicke Brite neben mir, der sein Polohemd bei jedem Bild, das er knipst, bauchfrei trägt, die Russin, die beinah in den Brunnen fällt, das Drama um eine verlorene Eiskugel. Auch Daniel ist irgendwo in dem Spektakel, an dem ein Pieter Bruegel seinen Gefallen gefunden hätte, verloren gegangen. Natürlich muss ich auch an Anita Ekberg in Fellinis *La dolce vita* denken. Wie sie sich in einer Mischung von Schwer- und Übermut in den Brunnen stürzt, während ihr Filmpartner, Marcello Mastroianni, ein Journalist, dessen beste Jahre hinter ihm liegen, Sinn und Liebe in seinem Leben sucht, aber stets nur Einsamkeit findet.

Ich stelle mir den Brunnen wie im Film nachts und verlassen vor. Jetzt ist er eindrucksvoll, im Mondschein wäre er mystisch; die Figur im Mittelpunkt des Bauwerks, Oceanus, ein Meeresgott, würde sich aus dem Marmor lösen, in den Brunnen steigen, sich achselwaschend mit dem bei Nacht wachhabenden Carabiniere, Beppo, der wie immer an den Rand des Brunnens getreten wäre, über die Erlebnisse des Tages und der Nacht austauschen, während um sie herum die Tritonen mit ihren Seepferden ein Bad nehmen.

OCEANUS: Kommt dir die Gegend bekannt vor, Beppo?

BEPPO: Ich meine, dass wir gestern schon hier waren. Oder war das am Donnerstag? Ist heute denn Samstag? Kann nicht auch Sonntag sein? Oder Montag? *O mio dio,* jeden Tag das Gleiche. Wie war deine Nacht?

OCEANUS: Ich hatte einen Traum.

BEPPO: Erzähl ihn.

OCEANUS: Ich war im Meer baden. *Melancholisch:* Endlich im Meer.

BEPPO: Ein schöner Traum. Wollen wir ihn bald wahr werden lassen?
OCEANUS: Türmen? Nach so vielen Jahren?
BEPPO: Übermorgen habe ich frei, ich besorg uns einen Wagen, *amore mio.*
Beppo streicht Oceanus zärtlich über die Wange.
OCEANUS: Was Größeres bitte.
Corriere della Sera, drei Tage später: „Trevi-Brunnen: Diebstahl! Oceanus entwendet!"

Ich laufe am Pantheon vorbei, betrachte nur die tempelartige Fassade, ihre Granit- und Marmorsäulen, und habe das Gefühl, würde ich mich in die wie ein Labyrinth vor dem Bauwerk verlaufende Schlange einreihen, es würde dämmern, bis ich es von innen sähe.
Auf der Spanischen Treppe wiederhole ich meine Studien, helfe zwei jungen Asiatinnen bei einem Foto und setze mich auf die Treppe, als ein Junge, der zusammen mit seiner Schwester eine der seitlichen Balustraden als Rutsche verwendet, mich fragt, ob ich mitspielen möchte. Leider muss ich verneinen – ich warte sowieso schon auf die Polizistin, die mich bereits vom unteren Abschnitt der Treppe vertrieben hat und deren einzige Aufgabe es ist, auf den Stufen sitzende Menschen aufzuscheuchen. „Ohne schriftlichen Hinweis ist das eh für mich hinfällig", sagt ein Tourist auf Amtsdeutsch über den wohl traurigsten Job Roms.

*

Sechs Uhr morgens, nie wieder werde ich das Kolosseum so verlassen sehen. Kein Vogel sitzt in seinen beleuchteten Bögen. Ich fahre zum siebten Mal in einer Acht um das halbe Rund, Daniel ist nie ganz zufrieden mit dem Bild.
Danach gleiten wir ziellos durch die erwachende Stadt, vorbei am recht konkreten Bahnhof Roms, *Termini,* bei dessen Stahlbetonkonstruktion ich davon ausgehe, dass sie ihre Wette mit den antiken vulkangesteingestählten Bauwerken Roms – Wer hält länger? – verlieren wird. Angetan hat es uns die Piazza della Repubblica, ich fahre zehnmal im Kreisverkehr um den Najaden-Brunnen – den die Kirche verachtete, aber Mussolini liebte; dralle, unbekleidete Frauen vertreiben sich die Zeit mit Kreaturen aus dem Wasser –, und spüre in leichter Schieflage die Karussellwirkung.
An der Engelsburg vorbei, überqueren wir auf dem Ponte Vittorio Emanuele II den Tiber, diesmal seegrün, und fahren auf *San Pietro* zu; ich kann kaum fassen, wie nah wir ihm kommen, kurz vor der Vatikanstadt biegen wir links ab und umfahren auf der Via Paolo IV ein Stück des Petersplatzes in großem Bogen. Wenn ich die Karte richtig deute, fährt die linke Hälfte unseres Autos in Italien, die rechte im Vatikan. Beide Staaten haben sich darauf geeinigt, Obdachlose unter ihren Kolonnaden nächtigen zu lassen.
Vermutlich haben wir heute bereits viele Verkehrsregeln Roms gebrochen, Ampeln missachtet, sind abgebogen, wo wir nicht durften – und überall diese Kameras, die unsere Vergehen aufzeichnen könnten. In Stadtführern heißt es, von einer Autofahrt in Rom sei abzuraten, auch wegen der *zone a traffico limitato,* den Zonen, in denen es den meisten untersagt ist, zu fahren.

Die Köchin Lucia, die wir gleich treffen werden, meinte, früh am Morgen sei die Zone um ihr Lokal herum inaktiv; allerdings stoßen wir, egal wie wir zu ihr fahren, überall auf Schilder, auf denen es heißt: Durchfahrt verboten. Kurzerhand fahre ich entgegen einer Einbahnstraße und parke vor Lucias Tür – was auch nicht erlaubt ist.

„Nur, wenn man die Regeln missachtet, ist es auch Rom", sagt Lucia und lacht und krächzt, wie ich noch nie zuvor eine Frau habe krächzen hören, eine Frau mit

glänzend grauem Haar und artischockenfarbenen Strähnen, die der *Città delle donne*, Fellinis *Stadt der Frauen*, einem surrealen Werk, entsprungen sein könnte, aber auch der Plakatkampagne einer großen Modelinie.
Eine Audienz bei ihr ist schwer zu bekommen; ihres Alters wegen. Sie ist über achtzig, ich soll aber lieber schreiben, sie sei Ende sechzig.
Wir waren an einem der Vorabende schon bei Lucia essen, im *Sora Margherita*, das wir auch heute wieder durch einen Vorhang aus roten Schnüren betreten.
„Legendär", „spektakulär", „unvergesslich", „verrückt" – allein diese Zuschreibungen habe ich zu einem einzigen Gericht des Lokals, das sich seine Mauern mit einer Kirche teilt, gefunden. Uns hat es weder der *Guardian* noch Jude Law, Adrien Brody oder der deutsche Künstler Christoph Niemann empfohlen, die alle bereits hier waren – wie vermutlich auch Wes Anderson, betrachte ich Lucias winziges, zwölf Tische umfassendes Lokal, das eher an einen schummerigen Nachtclub einer vergangenen Epoche erinnert. Sondern hergeschickt hat uns Michele Librandi, der Olivenbauer aus Kalabrien. Zuvor hatte er eine Freundin in Rom angerufen, weil wir ihm gesagt hatten, wir müssten unbedingt Artischocken auf jüdische Art probieren, *carciofi alla giudia.*

Wir sind im jüdischen Viertel, von den Römern und Römerinnen *il Ghetto* genannt, wo sie, Kopfsteinpflaster unter den Füßen und einen Streifen blauen Himmel über den Köpfen, die *cucina ebraica* serviert bekommen, die jüdische Küche. Besser wäre es, das Viertel *Sant'Angelo* zu nennen, nach einer kleinen Kirche in der Nachbarschaft des Portikus der Octavia, einer Säulenhalle, zwei Minuten von Lucias Lokal entfernt.
Kurz vorher fuhren wir noch auf der Straße, die nach Papst Paul IV. benannt ist, nun sind wir auf dem Stück Schwemmland auf Höhe der Tiberinsel zu Gast, auf dem dieser – ein Antisemit – knapp fünfhundert Jahre zuvor römische Juden hinter hohe Mauern verbannte. Diese mussten sich von dem ernähren, was die Christen für sie übrig ließen, Fischabfälle, Ochsenschwänze, Köpfe, Innereien.
Da man kross gebacken fast alles essen kann und das Öl unangenehme Geschmacks- und Geruchsnoten überdeckt, frittierten die Juden viele dieser Dinge. Oftmals taten dies jüdische Straßenköchinnen auf Vorrat, da es nur wenige Öfen, sogenannte *friggitorie*, für das Viertel gab.
Irgendwann muss eine Artischocke in das heiße Öl gefallen sein; sie wuchern noch heute rund um Rom wie anderorts Löwenzahn.

Über den Stuhllehnen im *Sora Margherita* baumeln gelbe Teigbänder, Fettucine. Wenn Lucia sie nicht selbst formt, übernimmt es wie heute Giorgia, ihre Küchenchefin. Diese Pasta bildet die Grundlage des zweiten Klassikers aus Lucias römisch-jüdischer Küche, *Pasta cacio e pepe*, mit schwarzem Pfeffer und geriebenem Pecorino. Giorgia übernimmt nach und nach die Aufgaben von Lucia, die wiederum auf Margherita folgte, die Namensgeberin des Lokals. Margherita kochte hier über vierzig Jahre lang und vermachte ihr vor ihrem Tod nicht nur ihre höllenfeuerheiße Bratküche, ihre *friggitoria*, nicht größer als zwei römische Telefonkabinen, sondern auch ihre Rezepte: *Coratella con carciofi o cipolla*, Innereien vom Lamm,

mit Artischocken und Zwiebeln, *Rigatoni al sugo di coda,* Rigatoni mit Ochsenschwanzragout, immer samstags *trippa*, Kutteln – und ab und zu auch für ganz mutige oder der Sprache unkundige Gäste *Fritto di cervello,* frittiertes Hirn.
Das Wichtigste aber lagert achtzig Meter entfernt, vorbei an der jüdischen Schule zu unserer Linken, in der Dunkelheit, im Keller von Lucias Wohnung – die Artischocken. Einmal die Woche werden Lucia ein paar Kisten der grün bis violett gefächerten Gemüseblüten geliefert, sie stammen von einem Feld unweit Roms in Latium, manche bezeichnen sie als *re dell'orto*, als Könige des römischen Gemüsegartens. Die Region Latium trägt maßgeblich dazu bei, dass in Italien mehr Artischocken angebaut werden als in jeder anderen Gegend auf der Erde.
Die Artischocke ist eigentlich eine wilde, stachlige Pflanze, die bereits Homer und die Griechen schätzten – und die durch die Mauren in Nordafrika kultiviert worden ist, sie nannten sie *al-karshuf,* arabisch für Distel. Im fünfzehnten Jahrhundert fand sie ihren Weg nach Italien und bald ins Zentrum von Sant'Angelo.

Das *Sora Margherita* wurde 1927 eröffnet, der Onkel Margheritas verkaufte hier seinen Wein, den Velletri. Dieser, ein milder, gefälliger Wein aus den mit Vulkankratern übersäten Albaner Bergen vor Rom, wird hier nach wie vor in die Gläser geschenkt. Nachdem Giorgia die Artischocke zweimal in Öl frittiert hat, sieht sie aus wie eine bronzeschimmernde Chrysanthemenbrosche. Ich zupfe Blatt für Blatt ab, im Inneren schmeckt sie zart und leicht saftig, außen ist sie knusperig. Meist ist sie nur ein *contorno,* also eine Beilage, etwa zu einer *Saltimbocca*. Oft, wie hier bei Lucia, wird sie als Antipasto gegessen.
Ehrlich gesagt, meint Daniel, könne man ihren Geschmack noch ein wenig abfedern. Mit ein paar Spritzern Zitrone vielleicht? Auch einen leichten Salat aus Staudensellerie, Thymian und Karotten könnte ich mir dazu vorstellen.
Ehrlich gesagt ist es auch so, dass Lucias Lokal abends so voll ist wie eine römische Straßenbahn.
Deshalb sollte man, ehrlich gesagt, darauf verzichten, in der ersten der beiden Abendschichten zu Gast zu sein. Sonst ist es, wie eine der Kellnerinnen sagte: Man isst die Pasta zusammen mit der Artischocke, während man den Kaffee trinkt – und irgendwann wird man rauskomplimentiert. Die nächsten Gäste stehen vor der Tür schon Schlange.
Lucias Lokal hat Charme – wackelnde Tischbeine, an den Wänden vergilbte Zeitungsseiten, die Lucias Kochkünste genauso preisen wie die Notizen über das Lokal, die Gäste darangepinnt haben, dazu handgefertigte Zeichnungen ihres Mannes Mauro, eines Malers, der alle halbe Stunde durch das Lokal schlurft, an Alzheimer erkrankt, und über den ich lieber schreiben soll, er sei Mitte siebzig. Früher verfasste er die Speisekarte täglich noch selbst; heute erledigt das eine der Kellnerinnen.
Und meist vorn an einem Tisch sitzt Lucia, isst, trinkt ein Glas Wein und bekommt Besuch von Freunden.
Sie ist keine Jüdin, auch Margherita war keine, es leben nur noch rund vierhundert Juden und Jüdinnen im Viertel, viele von ihnen in Lucias Alter. Dennoch sind viele der knapp vierzigtausend Juden Roms in den Straßen des Viertels zu sehen. Ihr

Lucia und Mauro

wichtigstes Gebäude, die Große Synagoge von Rom, und ihre Schulen befinden sich nur zwei Gehminuten vom *Sora Margherita* entfernt, genauso wie das Jüdische Museum unweit des Portikus der Octavia und die vielen anderen jüdischen Lokale, weshalb die Juden Roms in den Stadtteil kommen, um zu beten und zu heiraten, zu lernen und zu essen.

Vor ein paar Jahren schlugen sie sich mit dem Oberrabbinat in Jerusalem herum. Da es nicht möglich sei, die Artischocken jüdischer Art hundertprozentig zu säubern, und da Würmer sich in deren Herzen verbergen konnten, wurden sie als nicht koscher eingestuft, was die jüdische Gemeinde Roms aufbrachte. Die italienische Presse sprach von der *guerra del carciofo,* dem Artischockenkrieg. Der Oberrabbiner Roms und die Leiterin der jüdischen Gemeinde ließen sich daraufhin beim Säubern der Artischocken filmen; die Aktion blieb von ihnen bis auf Weiteres unkommentiert. Auch kursierte wieder ein älterer Ausspruch des römischen Rabbiners: „Wir sind auch das Volk der Artischocken, nicht nur das des Holocaust."

Die Artischockensorte, die sie verwenden, sagt Lucia, sei so kompakt, dass ein Eindringen von Würmern fast unmöglich sei. Außerdem achteten sie und ihre Köchinnen schon bei der Zubereitung darauf.

„Warum arbeiten eigentlich nur Frauen bei Ihnen?", frage ich sie.

„Sie sind verlässlicher." Als sie das sagt, erinnere ich mich an unseren ersten Besuch; wir konnten uns nur mühsam mit Lucia verständigen. Ihr Sohn hatte uns nicht nur versetzt, auch wusste niemand von unserem Kommen.

Lucia möchte noch ein Abschiedsfoto mit uns und dem Auto, sie habe selber einen Cinquecento, sagt sie, früher habe sie ihn gefahren. Ich solle mir keine Sorgen machen, das sizilianische Kennzeichen schütze mich vor Strafzetteln, auch in Rom. Daniel, der sich noch ein wenig mehr in Lucia verknallt hat als ich, glaubt sowieso, die alten Nummernschilder aus den sechziger Jahren könnten von den modernen Videokameras nicht erfasst werden. Lucia sitzt schon auf dem Fahrersitz: Am liebsten möchte sie mitkommen, sagt sie. Ihr Haar leuchtet in der Sonne. Ich antworte ihr, wir hätten Platz, und frage sie, ob ihr schon einmal aufgefallen sei, dass die Farbe ihrer Haare der der Artischocke ähnele. Sie lacht laut und krächzend, *no, ma è vero* – nein, aber das stimme.

*

Lucias Artischocken auf jüdische Art

Große, runde Artischocken (Sorte: Cimaroli, Mammole) · Pflanzenöl · Salz · 1 Zitrone oder Essig

Das erste Mal eine Artischocke zu schälen, kann seltsam sein, denn nur rund 20 Prozent davon sind essbar. Die Artischocken von den äußeren Blättern befreien, dabei die unteren Enden einen Daumenbreit stehen lassen, sie sind oft zart. Von dem dadurch freigelegten Kegel an der Spitze die oberen 2 bis 3 Zentimeter abschneiden, die Artischocke sollte nun aussehen wie eine leicht geöffnete Blüte. Aus der Mitte das sogenannte Heu mit einem kleinen Löffel entfernen, den Stiel ungefähr auf Daumenlänge kürzen, diesen vorsichtig bis zum unteren Boden der Artischocke schälen, das weiße Innere freilegen. In einen Topf mit Wasser Salz geben, den Saft einer Zitrone oder 2 Esslöffel Essig dazugeben. Die Artischocken 30 Minuten darin einweichen, dann trocknen lassen. In einem großen Topf das Öl auf mittlere Hitze bringen. Rund 10 Minuten die Artischocken vollständig darin eintauchen. Sie sollten dann geöffnet und kross sein. Mit einem Spieß kann man hineinstechen und probieren, ob sie weich genug sind. Herausnehmen, auf Haushaltspapier legen, Öl abtropfen lassen, die Artischocken unter Umständen ein wenig auseinanderpressen. Bevor man sie serviert, das Öl nun stark erhitzen, sie für eine halbe Minute ein zweites Mal darin eintauchen, dabei um eine Armlänge zurücktreten. Für Mutige: die Artischocken vor dem Frittieren mit ein wenig Zitronensaft, Weißwein oder Wasser besprenkeln. Knallheiß servieren – nach Belieben salzen, pfeffern (kann man auch schon vor dem ersten Ölbad tun) oder mit frischem Zitronensaft beträufeln.

*

Aus Rom nehmen wir eine kleine Schramme am rechten hinteren Kotflügel mit, nichts Schlimmes, aber doch sichtbar. Das ärgert mich kurz, dann nehme ich sie als Souvenir. Vielleicht lässt sie sich rauspolieren? Lucia meint, man könne nicht in Rom Auto fahren, ohne eine Schramme davonzutragen, Schönheit hinterlasse eben Spuren.

Ihr Satz passt zur Doppelbödigkeit dieser Stadt.

In Rom habe ich Pomp und Moder gesehen, Arm und Reich, Unglauben und Glauben, zwei Religionen, zwei sehr unterschiedliche Frauen – und einen grünlichen Fluss, der alles miteinander verbindet und gleichzeitig trennt. Meine Eindrücke lassen mich auch an Marcello Mastroiannis Worte in *La dolce vita* denken: „Ich finde Rom einfach wunderbar, eine Art Dschungel, schwül und schön – und mal voll Lärm, mal friedlich, wo man sich im Dickicht verstecken kann."

INTERMEZZO
Autostrada del Sole

Wir rumpeln, kurz nach sechs, den Berg vom Missionshaus aus nach oben. Er ist zu steil für den zweiten Gang, und der erste springt neuerdings bei Anstiegen heraus, was dazu führt, dass unser Auto rückwärts rollt – und ich in einem Moment gleichzeitig viele Dinge tun muss, da die Handbremse allein dem Gefälle des Bergs nicht standhält. Ich stehe mit aller Gewalt auf der Bremse, ziehe mit der rechten Hand die Handbremse, so fest es geht, muss mit dem linken Fuß kuppeln, die Handbremse lösen, wir rollen zurück – und dann, was mir am Hang nur mit viel Gewalt gelingt, den Gang reinhauen und Gas geben.
Manchmal passiert es, wie in diesem Moment, dass der Motor absäuft, nun wird es noch komplexer – und noch lauter!
Die Schwestern dürften gerade in der Morgenandacht knien und unser wie ein Drache fauchendes Auto direkt vor dem Fenster der Kapelle hören, sich fragen, was zur ...?

Schwester Maria hat uns noch eine Nachricht hinterlassen. „Gute Reise, Sr. Maria", hat sie in roter Schrift geschrieben, ich hefte den Zettel mit einem Magneten an die Armatur unseres Autos, dort, wo schon das „Nicht rasen"-Schild von Signor De Pasquale und mittlerweile das Bild von *San Giuseppe* klebt. Zudem haben wir seit ein paar Tagen einen weiteren geistlichen Beistand an unserer Seite, den Daniel und ich zwischen Aschenbecher und Windschutzscheibe geklemmt haben, eine Madonna. Mit geöffneten Armen steht sie nun in unserer Mitte, ihren Blick und ihre Arme in Richtung Straße geöffnet, eine Art Kühlerheiligenfigur aus Polypropylen.
Sie entpuppt sich als die Maria von Međugorje, die Anfang der achtziger Jahre in dem gleichnamigen, damals jugoslawischen Ort erstmals sechs Jugendlichen erschien. Erstmals, weil sie ein paar von ihnen, mittlerweile erwachsen, noch immer aufsucht. Bei einer dieser „Seherinnen", Marija, hielt sie sich lange Zeit strikt an den Kalender. An jedem Zweiten des Monats suchte die Gottesmutter sie auf, derzeit unregelmäßiger, vermutlich Terminkollisionen.
Wenn ich mir die Botschaften durchlese, die sie verkündet haben soll, muss ich an die Weisheiten aus den Kalendern meiner Großmutter denken. Ähnlich scheint es auch Papst Franziskus damit zu gehen, er sagte über die bosnische Maria, die Muttergottes sei keine Oberpostbeamtin, die täglich Botschaften versende. Dennoch ließ er kurz vor unserer Abfahrt verlauten, die Marienerscheinungen von Međugorje erkenne er zwar nicht als Wunder an, aber Pilgerfahrten dorthin seien ab jetzt offiziell erlaubt.
Die jährlich rund drei Millionen Pilger und Pilgerinnen dürften das als Segen des Papstes verstanden haben – und auch die Camorra freut sich, soll es doch enge Bande zwischen der neapolitanischen Mafia und bosnischen Clans geben. Die Camorra soll an Pilgerreisen nach Bosnien-Herzegowina mitverdienen und dafür gesorgt haben, dass die religiösen Andenken, die in Međugorje verkauft werden,

von Firmen rund um Neapel hergestellt werden. Davon hat ein von Franziskus eingesetzter Erzbischof Wind bekommen, der untersuchen sollte, ob es auch nur ein einziges Wunder in Međugorje gegeben hat.
Von einer Seherin, Vicka, heißt es, vor ein paar Jahren habe eine Marienfigur in ihrem Haus zu leuchten begonnen, je intensiver gebetet wurde, desto stärker. Als ich mir die Fotos ansah, glaubte ich auch – allerdings den Wissenschaftlern, die sich mit der Madonna beschäftigt und herausgefunden hatten, dass der Gips mit einem fluoreszierenden Grün bestrichen worden war. Und ein Licht abgab wie in den Dorfdiscos der neunziger Jahre.

Nachdem wir schließlich den Hügel des Schwesternwohnheims erklommen haben, blicke ich zu unserer Polypropylen-Madonna.
Bringt sie uns Glück? Heute wäre ein guter Tag dafür, denn schweren Herzens haben wir uns entschlossen, die Autobahn zu benutzen, trotz des Verbots – NO AUTOSTRADAS – von Signor De Pasquale.
Ich hatte die heutige Etappe, die fünfhundert Kilometer von Rom nach Bologna, zu knapp geplant.
Vielleicht haben wir den Schutzvorrat unserer Madonna bereits aufgebraucht, sie stammt aus dem Frühstücksraum der Pallottinerinnen. Ich habe sie mir vor ein paar Tagen aus einem Souvenirkorb genommen, aber keine Kasse entdeckt und später vergessen, zu bezahlen. Im Grunde genommen haben wir sie – *una confessione*, eine Beichte – aus der Obhut einer katholischen Schwesternschaft in Rom gestohlen; zwar aus Unachtsamkeit, aber dennoch.
Apropos True Crime, wir passieren eine Tankstelle, keine hundert Meter vom Schwesternheim entfernt. Nach unserer Ankunft in Rom wollten wir dort tanken und sie fotografieren, im Hintergrund sollte der Petersdom zwischen den Zapfsäulen hervorragen. Doch zwei Männer verscheuchten uns, gaben uns zu verstehen, dass dies eine der Tankstellen für Mitarbeiter des Vatikans sei. Hier soll Anfang der achtziger Jahre Emanuela Orlandi zuletzt gesehen worden sein, die Tochter eines päpstlichen Postbeamten, fünfzehn Jahre alt. Viele Theorien ranken sich um ihr Verschwinden – ein Papstattentat, die CIA, die Stasi und die Mafia tauchen darin auf und oft die Kirche selbst. Sie soll sich ein Schweigegelübde verordnet haben und musste sich wenige Monate vor unserer Ankunft gefallen lassen, dass die Staatsanwaltschaft zwei Gräber des Campo Santo Teutonico öffnete, jenes Friedhofs, den wir mit Schwester Maria besucht haben. Es wurde vermutet, dass die Überreste Emanuelas dort vergraben lägen. In manchen der Theorien wird eine Tankstelle erwähnt, an der ein Mann im Priestergewand Emanuela in Empfang genommen und in ein Auto mit vatikanischem Nummernschild verfrachtet habe. Uns fehlt über vierzig Jahre später ebendieses Schild, wir tanken am Stadtrand.

*

Ein vier- bis sechsspuriger Rausch. Langweilig, öde, nichts zu sehen außer Beton, Brücken, Asphalt, Streifen zwischen Grau und Grün. Meine Aufmerksamkeit ist nachlässig.

Die *Autostrada del Sole* ist eine Autobahn wie jede andere; allein der Zufall führt sie in den Süden.
Wir fahren auf der anderen Seite, dem Norden entgegen – nicht nur bei den Anstiegen sind wir ein Hindernis, ein passiver Teil dieses an uns vorbeiziehenden Rausches.
Von Zeit zu Zeit macht sich ein Fahrzeug mit einem lang gezogen wehenden Ton bemerkbar, Hupen von links hinten. Wir stellen verwundert fest: nicht aus Ärger über unser Kriechschneckentempo, sondern aus Sympathie. Daumen hoch, Lächeln, Kinder, die sich an Fensterscheiben pressen, winken – wir sind eine rollende Attraktion.
Immer wieder werden wir durch die Windstöße, die von den uns überholenden Lastwagen ausgehen, fast aus den Angeln gehoben.
Ich bin froh, dass wir nach halber Strecke die *Autostrada* verlassen, ein Schild lockt, Montepulciano.
Noch bevor wir den Ort erreichen, endlich wieder mit Tempo sechzig, und während ich die rissige Straße, die Apfel- und Olivenbäume zur Linken, die Weinreben zur Rechten betrachte, machen wir Halt. Auf einem großen Holzfass eines Weinguts steht in weißer Farbe: VINO, PANINI, VENDITA DIRETTA – Direktverkauf. Ich erlaube mir ein Glas von dem sanften, nach Veilchen und Wildkirschen schmeckenden, rubinroten Wein; perfekt zu Prosciutto, Käse, Oliven. Wir kaufen vier Flaschen.
Eine gute Stunde gestatten wir uns, auf der Landstraße zu fahren, die Toskana und ihre sorgfältig kultivierte Anmut ziehen an uns vorbei, sanft gewellte, moosgrüne Hügel, von schlanken Zypressen eingerahmte Wege und Weinhänge, dazwischen steinerne Inseln, Landgüter. Wir hören Musik, das Dröhnen unseres Motors, das Rauschen der *Autostrada* hat vorher alles verschluckt: *Postcards from Italy.*

*

Nach rund neun Stunden Fahrt, wir haben Florenz mit einem Phantomschmerz links liegen lassen, verlassen wir für eine Nacht die Toskana, Richtung Emilia-Romagna. Die *Autostrada* ist zuletzt ein wenig interessanter geworden, steil und kurvig windet sie sich durch grünes Bergland; ihre Trassen und Tunnel bohren sich durch den Apennin.
Vielleicht doch einmal gut, das Wesen der italienischen *Autostrada* kennenzulernen? Sie wurde Ende der fünfziger, Anfang der sechziger Jahre gebaut, um den Süden des Landes mit dem Norden zu verbinden. So können wir heute noch nachspüren, um wie viel leichter es für Fernfahrer geworden sein muss, Strecken wie diese zu überbrücken. Ohne tagelang unterwegs sein zu müssen, sich durch enge Gassen, Ortschaften, Dörfer zu drücken – und diese in ihrer Ruhe zu stören.
Dann, ein letzter Anstieg, ein paar letzte Tunnels, spuckt die *Autostrada* uns aus, abends in Bologna.

NOVE

Bologna, Freunde, *amici*

Giacomo düst auf seinem Motorrad vorweg, lotst uns durch Bologna, durch die aus rotem Ziegelstein gemauerte Altstadt; in den Gängen der Arkaden sitzen Männer und Frauen, die Ersten gehen schon zum *aperitivo* über.
Ein paar Wochen zuvor saß ich noch mit Giacomo am Comer See, er ist Fotograf, ich durfte ihn für einen Auftrag kennenlernen; wir aßen Tortellini – und ich erzählte ihm von unserem Vorhaben. Da sagte er: „Marco, du musst nach Bologna kommen – mit uns *Ragù* essen." Sofort wusste ich, er hat recht. Denn was wir als Spaghetti Bolognese kennen, in Bologna aber nie so genannt werden darf, ist hier zu Hause.
Bologna liegt inmitten einer Landschaft, die auf der einen Seite von der Gebirgskette des Apennins, auf der anderen von einem Fluss, dem Po, geprägt ist. Sein Wasser erzeugt den grünen Übermut der Emilia-Romagna, auf deren Wiesen Rinder weiden, von deren Feldern Schweine dick werden, wo das Gemüse wächst und gedeiht. Das wichtigste Utensil der Bologneser Küche sei die eiserne Bratpfanne, sagte mir Giacomo – und dass Bologna drei Namen habe.
La dotta, die Gelehrte, Sitz der ältesten Universität Europas.
La rossa, die Rote, ihrer roten Mauern und ihrer politischen Färbung wegen.
La grassa, die Fette, weil das Essen hier auf die Bauchregion zielt, gehaltvoll ist.
Wegen ihres dritten Namens haben wir den Abstecher unternommen, sind in Zeitnot geraten, sind nicht auf der Landstraße gefahren. Uns geht es allein um das Ragù – und um eine Nacht in Bologna, *una notte a Bologna.*

*

Erst schlug mir Giacomo eine Trattoria vor, die bekannt ist für ihr Ragù, die *Trattoria da Me*, doch nun sagt er, Ragù esse man unter Freunden – und ein enger Freund von ihm sei der beste Ragù-Koch, den er kenne.
Andrea, stellt sich heraus, ist nicht irgendein Hobbykoch. Er, Giacomo und sechs weitere Freunde, junge Männer, haben einen Club gegründet, die *Amici della Petroniana*, die Freunde der *Petroniana*.
„Petrowas?", fragte ich Giacomo am Comer See.
Er meinte, das sei eine Spezialität Bolognas, im Grunde sei es die bolognesische Variante des Wiener Schnitzels.
Jedes Jahr würden sie sich auf die Suche nach der besten *Cotoletta alla bolognese* machen – so ein anderer Name dafür – und ihre Recherchen teilen, weshalb die *Amici* ein paar tausend Fans in den sozialen Medien haben.
In ihrer Satzung heißt es, sie seien eine „gemeinnützige Kulturorganisation mit Sitz in Bologna. Gegründet als kulinarische Vereinigung zur Förderung der *Petroniana,* bemüht sich die Organisation, die das Terrain im wöchentlichen Rhythmus unerbittlich absucht, eine persönliche Rangliste zu erstellen, die sich vor dem tra-

ditionellen Rezept verneigt, aber dennoch für Variationen offen ist."
Nebenbei, sagte mir Giacomo, hielten die Freunde auch stets Ausschau nach dem besten Ragù der Stadt, ihrem zweiten Lieblingsgericht. Der Präsident dieser Vereinigung ist Andrea.

*

„HA DETTO NOODLES?",
ob ich *Nudeln* gesagt habe, fragt Andrea mit leicht gespielter Empörung in die Runde. Auf seiner Dachterrasse, unter uns das unwirklich rot glimmende Bologna, sitzen noch seine Freunde Giacomo und Francesco, außerdem Daniel und ich, der ich ihn gerade gefragt habe, ob ich noch eine zweite Portion Nudeln bekommen könnte.
„Marco, du darfst hier nicht *Nudeln* sagen – und *Spaghetti* auch nicht. Tagliatelle mit Ragù!"
Dass Spaghetti nicht die passende Pasta zum Ragù sind, habe ich schon gelernt. Sie seien zu glatt, sie würden beim Aufwickeln mit der Gabel das Ragù nicht mitaufnehmen, sagt Andrea. „Sie sind völlig ungeeignet."
Zum ersten Mal taucht 1891 in dem Kochbuch *La Scienza in cucina e l'Arte di mangiar bene* – in etwa: *Von der Wissenschaft des Kochens und der Kunst, gut zu essen* – ein Gericht namens *Maccheroni alla bolognese* auf; Maccheroni, weil bis zum Beginn des neunzehnten Jahrhunderts jede Art von Pasta so hieß. Im Rezept schreibt der Autor des Kochbuchs, Pellegrino Artusi, der mit seinem Standardwerk die italienische Nationalküche begründete, dass die Bologneser eine Pastasorte namens *denti di cavallo*, Pferdezähne, verwendeten, was den heutigen *ziti* entsprechen dürfte, einer kleinen hohlen Teigware, die gebrochen werden muss.
Artusi empfiehlt, sein Rindfleisch-Sugo auch mit Dörrfleisch, getrockneten Pilzen, Trüffeln und Geflügelleber anzureichern.
All das wird dem Ragù heute eher nicht mehr beigemengt, obwohl auch Varianten mit Wild- und Lammfleisch gekocht werden, sagt Andrea. Eigentlich gebe es auch gar kein Originalrezept. Die meisten hätten sich auf ein paar Zutaten und eine Zubereitungsweise geeinigt, die eine abgespeckte Version des Rezepts von Artusi ist und eher demjenigen ähnelt, das Anfang der achtziger Jahre durch die *Accademia Italiana della Cucina* in der Handelskammer von Bologna hinterlegt wurde.
„Wenn du einen Freund von mir besucht hättest, hätte er das Ragù anders gemacht. Wieder eine Freundin hätte es wieder anders gemacht – aber am Ende beziehen wir uns alle auf unsere Nonnas."
Das Ragù müsse sanft, ein wenig süß, aber auch intensiv schmecken und nicht zu fettig sein.
Die perfekte Beschreibung für das, was ich gerade gegessen habe – Rinderpesto.
Andrea habe von seinem Vater Claudio kochen gelernt, der es wiederum von Andreas Großmutter Cesarina – Mutter von drei Kindern, wie er und sein Vater in Bologna geboren – beigebracht bekommen hatte. Später habe sein Vater zusammen mit einem Freund, für dessen Restaurant Andrea als Koch gearbeitet hat, eine Kochschule eröffnet. Heute arbeitet Andrea für eine Versicherung, „doch im Grunde genommen bin ich Koch – mein zweiter Job".

Das Ragù ist ein einfaches Gericht, erfordert wenig Zutaten, die aber von guter Qualität. Am Herd mussten die Bäuerinnen früher oft das teure Fleisch, ähnlich wie das beim Gulasch der Fall ist, verlängern, ohne dass es gestreckt wirkte. Manchmal mussten sie auch *primo* und *secondo*, Vorspeise und Hauptgericht, verbinden. Essen für die guten Tage, sagt Andrea, für sonn- und feiertags. Eine seiner klarsten Erinnerungen stamme aus dem Haus seiner Großmutter. Sonntagmorgens, das köchelnde Ragù, vielleicht der schönste Geruch, den er im Leben gerochen habe. Er erinnere sich auch gern an die Laune seiner Großmutter an diesen Sonntagen. Gab es Ragù, war sie – aufgewachsen in einer Zeit des Krieges, in der Fleisch knapp war – immer sehr vergnügt.

*

Meine Großmutter summte, sie tänzelte fast um die Röhre, in der seit Stunden der Braten stand. Es war sonntags, immer wieder sonntags.

*

Die Dachterrasse von Andrea ist ein magischer Ort, sie liegt direkt an der Piazza Maggiore, dem zentralen Platz Bolognas, unter uns reihen sich die wichtigsten Bauwerke der Stadt aneinander, die nie zu Ende gebaute Basilika San Petronio, eine der größten Kirchen der Welt, und nur ein paar Momente zu Fuß entfernt die beiden wie Brüder wirkenden viereckigen, sich in den Himmel streckenden Türme, der knapp hundert Meter hohe Asinelli und der knapp halb so hohe Garisenda, *le Torri;* man kann sagen: Wolkenkratzer. Als ich Bilder des frühen Bologna sehe, damals gab es zweihundert solcher Türme, muss ich an Fritz Langs *Metropolis* oder gleich an New York denken; gebaut von wohlhabenden Familien – sie waren repräsentativ und boten Schutz vor Angriffen.
Am faszinierendsten finde ich aber die *portici,* die Arkadengänge. Giacomo erzählt, dass er sie liebe, weil Bologna eine der wenigen Städte sei, in denen man bei Regen nicht nass werde. Schon vor rund tausend Jahren erweiterten die Bewohner Bolognas ihre Wohnungen; als später immer mehr Studierende und Wissenschaftler in die Stadt drängten und der Wohnraum knapp wurde, bauten sie die *portici* noch weiter aus; so entstanden Gänge, die sich über eine Gesamtlänge von knapp vierzig Kilometern durch die ganze Stadt ziehen. In den Geschäften, die sie beherbergen, werden Käselaibe in allen erdenklichen Größen verkauft, baumeln Schinken von den Decken, werden Balsamico aus Modena und Trüffeln aus den Wäldern der Emilia-Romagna angeboten, und frische Pasta liegt eierteiggelb und spinatgrün in den Auslagen.
Zwischen diesen Ladenzeilen führen Treppen und Aufzüge in die Wohnungen der Bologneser. Schaue ich, es dürfte jetzt gegen acht Uhr abends sein, auf die Dächer und Mauern der Stadt, also nach rechts und links: rot; sehe ich nach oben, ist der Himmel aufgeladen von der untergehenden Sonne: rot. Und sehe ich nach unten – rot, meine zweite Portion Ragù. Diese Farbe, *questo rosso,* ein seltsames Rot, Nicht lehmrot, nicht terrakottarot – bolognarot.

*

„Machst du die Tagliatelle selbst?", habe ich Andrea ein paar Stunden zuvor in der Küche gefragt.
„Wenn ich für meine Freundin koche – immer. Das ist ein Weg, ihr zu zeigen, dass ich sie liebe."
Heute hatte er dafür keine Zeit. Er habe frische Pasta gekauft, das gehe ausnahmsweise, fühle sich aber merkwürdig an.
Am meisten hat mich überrascht, dass Andrea ein Glas Milch in das Ragù gibt, um die Säure abzufedern. Außerdem benutzt er fast zwei Tuben Tomatenmark – weder *conserva* noch frische Tomaten. Andrea fragte mich, wie ich bisher mein Ragù zubereitet habe.
„Mit Dosentomaten", antwortete ich.
„Eine gute Alternative", sagte er.
„Bisschen frischem Thymian."
„Hmm."
„Knoblauch", sagte ich daraufhin zögernd.
„Oh", er verzog das Gesicht, Knoblauch überdecke den Geschmack. Andrea sagte, seine Großmutter streue noch in Olivenöl gebratene Steinpilze über das fertige Ragù, das verleihe ihm zusätzlich eine nussig-erdige Note. Aber das wichtigste sei das stundenlange Köcheln des Fleischs auf kleiner Flamme.

✷

Andreas Ragù alla bolognese

*Olivenöl · 50 g Butter · 1 große Zwiebel · 1–2 Karotten ·
2 Stangen Staudensellerie · 150 bis 200 g Pancetta ·
400 g Rinderhackfleisch (falls möglich: Cartella di Manzo) · Muskatnuss ·
1 Glas Rotwein · etwa 280 g dreifach konzentriertes Tomatenmark oder
500 g San-Marzano-Conserva · 1 Glas Milch
Für die Tagliatelle: siehe Rezept Seite 72*

Zuerst das *Soffritto,* also die Aromabasis des Ragù, herstellen. Dafür reichlich Olivenöl und das Stück Butter in eine schwere Pfanne geben, Herd auf höchster Stufe, erst die Zwiebeln, dann die Karotten und 2 Stangen Staudensellerie, jeweils sehr fein gewürfelt, anbraten. Nach 5 bis 7 Minuten die klein geschnittene Pancetta dazugeben, weitere 5 Minuten später das Hack hinzufügen, immer rühren, nun salzen und pfeffern. Ganz Bologna tut es, es gehört aber nicht ins klassische Rezept: Muskatnuss darüberreiben. Wenn kein Fett mehr zu sehen ist, Rotwein dazugeben; ein Chianti oder ein perlender Lambrusco di Sorbara passt später auch gut zum Ragù. Sobald der Wein verdampft ist, Herd auf kleine Stufe stellen. Das dreifach konzentrierte Tomatenmark oder die Tomaten-*Conserva* hinzugeben, umrühren und die Milch ins Ragù, sie macht es cremiger und gleicht die Säure der Tomaten aus. Deckel drauf – und 3 bis 4 Stunden köcheln lassen. Immer wieder einen Blick in die Pfanne werfen, fehlt Feuchtigkeit, einen Schuss Wasser nachgeben. Wenn sich das Fett von der Sauce trennt, ist das Ragù fertig. Mit der gekochten Pasta vermengen. Frisch geriebenen Parmesan dazu servieren.

✷

Andreas Bauch buchtet sein schwarzes Polohemd leicht aus, das sich beim Kochen sanft über die Arbeitsplatte der Küche wölbt. Zu Anfang sagte er den Satz: „Ragù ist nicht gesund. Das ist ein Problem in Bologna. Im Grunde essen wir hier nur Fleisch." Auf Brusthöhe ist ein weißer Schriftzug auf den Stoff des Polohemds gestickt, *Amici della Petroniana.* Ich frage ihn, was sie mit ihrem Club bezwecken wollen.
Er antwortet, die *Cotoletta alla bolognese* sei das einzige Hauptgericht der Stadt. Ihr Ziel sei es, sie über Bologna hinaus bekannter zu machen.

La Petroniana di Bologna degli Amici

Für die Cotoletta: 4 Scheiben Kalbsschnitzel (oder -kotelett) · Mehl · 2 Eier · 120 g Parmesan · Zitrone · Paniermehl · 4 dünne Scheiben roher Schinken · Butter · Rinderbrühe · Bratensauce · Salz · Pfeffer
Für den Friggione: 2 kg weiße Zwiebeln · 1 TL Puderzucker · Meersalz · 2 TL Schmalz (oder Olivenöl) · 400 g reife, blanchierte und enthäutete Tomaten · schwarzer Pfeffer

Für den *Friggione* Zwiebeln schälen und in dünne Scheiben schneiden, mit dem Zucker und dem Salz gut vermischen. Damit sie Wasser verlieren und an Süße gewinnen, mindestens 2 Stunden ruhen lassen. Die Zwiebeln mit der gewonnenen Flüssigkeit und dem Schmalz in einen großen Topf mit dickem Boden geben. Bei schwacher Hitze 2 Stunden köcheln lassen, gelegentlich umrühren. Die Zwiebeln dürfen nicht am Boden kleben bleiben. Sobald sie sehr weich und haselnussbraun sind, die blanchierten, gehackten Tomaten und den frisch gemahlenen Pfeffer dazugeben. Mindestens 1,5 Stunden weiterköcheln lassen, bis der *Friggione* cremig geworden ist.
Das Kalbsfleisch – in Bologna werden eher Schnitzel verwendet als Koteletts – säubern und dünn klopfen, erst durch Mehl, dann durch eine Mischung aus Eiern und ein wenig Parmesan ziehen, mit Zitronensaft beträufeln, salzen und pfeffern, schließlich im Paniermehl wenden, andrücken.
Reichlich Butter erhitzen, Koteletts goldgelb braten, auf jedes eine Scheibe Schinken legen und darauf den geriebenen Parmesan verteilen. 2 Esslöffel Brühe und, falls vorrätig, ein wenig *Sugo di carne*, Bratensauce, in die Pfanne geben. Zugedeckt auf kleiner Flamme stehen lassen, bis der Käse geschmolzen ist. Zur *Cotoletta alla bolognese* und dem *Friggione*, der auch als Antipasto gegessen werden kann, Thymian-Backofenkartoffeln servieren.

*

Am nächsten Morgen, ein Sonntag, sieben Uhr, hole ich uns einen *caffè* bei einem *panificio* unter den Arkadengängen. Als wir die Tiefgarage erreichen, fragt mich der Parkwächter am Kassenhäuschen: „Welches Auto?" „Die Giardiniera", antworte ich. Plötzlich beginnen seine Augen zu leuchten. Er stellt sich als Roberto vor, sagt, dieses Auto habe auch sein Vater, ein Gemüsehändler aus Messina, gefahren. Schon bei unserer Ankunft in Bologna hatte uns ein Mann angesprochen, wir warteten gerade auf Giacomo. Erst dachten wir, wir hätten den Wagen des Mannes

zugeparkt, da wir in zweiter Reihe standen. *No, no, no*, sagte er uns zeigefingerschüttelnd; sein Vater habe auch so einen gefahren. Dann machte er ein Foto von unserer Erinnerungsmaschine.

Die Bewohner Bolognas werden oft als offen beschrieben. Auch mir fiel sofort auf, wie unbekümmert sie auf einen zugehen. Giacomo bot mir bereits am Comer See an, uns in Bologna bei seinen Freunden einzuquartieren. Andrea öffnete sofort seine Dachterrasse und seine Küche für uns, er dürfte einer der hilfsbereitesten Menschen sein, die ich kennengelernt habe. Nein sagt er nur zum Knoblauch im Ragù. Bei den meisten Restaurants der Stadt, das fiel mir auf, wenn ich durchs Fenster hineinsah, liegt die Küche, gut einzusehen, direkt am Eingang.

Vielleicht, denke ich, färbt die Offenheit der *portici* auf ihre Bürger und Bürgerinnen ab? Vielleicht leben in der Hochburg des linken Italiens die glücklichsten Menschen? Vielleicht sollte Bologna einen weiteren Namen tragen, *la gioiosa*, die Glückliche. Vielleicht ist es kein Zufall, dass ein Song über Bologna diese offene Art ebenfalls anspricht, *wenn jemand fragt, wofür du stehst, sag für Amore, Amore.*

♥

INTERMEZZO
Apennin

Noch in Bologna frage ich Daniel, ob er denkt, dass wir schon wieder tanken müssen. „Ach nein", antwortet er.
Dann fahren wir eine lange, gerade Straße entlang, durch flaches, träges, grüngelbes Land, vorbei an Modena, wo nicht nur der Balsamico, sondern auch der Maserati herkommt, und durch Maranello, direkt links von uns die Fabrik, in der die Rennwagen von Ferrari erdacht, zusammengeschraubt und getestet werden. Weil ganz aus der Nähe auch Lamborghini und die Motorräder von Ducati stammen, hat sich die Region den Namen *Terra dei Motori* gegeben, das Land der Motoren. Da hier die Tankstellen nicht rar gesät sein dürften, kommen wir gar nicht auf den Gedanken, vorsorglich schon mal eine aufzusuchen.
Zwei Stunden später holen uns diese nachlässigen Momente in Form eines roten Lämpchens ein.
Wir hatten noch weniger als sonst auf die Karte geschaut und sind mittlerweile mitten im *Parco Nazionale Appennino*, mitten im Apennin, schlängeln uns an knapp zweitausend Meter hohen Bergen entlang, am Wegesrand wachsen Buchen und Kastanien, aber vor allem ragen Tannen in den Himmel. Manchmal modern verlassene Holzhäuser vor sich hin, über uns glaube ich einen Falken in der sonnenwarmen Luft kreisen zu sehen; wüsste ich es nicht besser, würde ich mich in der Einsamkeit Kanadas wähnen.
Das Benzin geht uns aus.
Unser Tank fasst einundzwanzig Liter; ich vermute, dass wir noch zehn Kilometer weit kommen könnten, das nächste Dorf ist etwas weiter entfernt. Ob es da eine Tankstelle gibt? Ist der Motor gut eingestellt und neu, verbraucht er unter fünf Liter, wir haben auf unserer Reise bisher einen halben Liter mehr benötigt; aber unser Kofferraum ähnelt von Tag zu Tag mehr einem Tante-Emma-Laden, ist immer schwerer beladen. Der Motor beginnt zu stottern.
Noch einmal lasse ich den Wagen abwärtsrollen, in den grünen Duft des Nadelwalds mischt sich der stechend schwarze Geruch heiß gelaufener Bremsbeläge. Dann, hinter einer Kurve, eine Tankstelle; ich pumpe so viel Benzin in den Tank wie noch nie. Später werde ich in einem Reiseführer lesen, dass es Tankstellen hier nur in größeren Orten gebe, „weswegen rechtzeitiges Volltanken vor der Fahrt ins Gebirge dringend angeraten" werde.
Zwischen den Bergen haben wir die Emilia-Romagna verlassen, fahren nun auf toskanischen Wegen unserem Ziel entgegen, der ligurischen Küste. Auch der Tankwart von gerade eben sagt: *Bella macchina!* Dieses Wort, *macchina* – immer wieder. Die Baristas nennen ihre riesige Espressomaschine *macchina* – und nicht nur unser kleines Auto, sondern auch ein schwerer Lastwagen, eine Vespa, ein Ferrari, ein Motorrad und der Tretroller eines Mädchens werden so gerufen, wahrscheinlich auch Rasenmäher und Taschenlampen.

Ich finde, das Wort trägt eine liebevolle Komponente in sich. Manche behaupten, der Grundzustand einer italienischen *macchina* sei ein instabiler, einer, den man aber mit technischem Geschick immer wieder selbst ins Lot bringen kann. Ganz abstreiten kann ich das nicht, unser Auto hat erst seit Kurzem wieder zwei funktionierende Türen.

Ein Wort, das in Italien ähnlich häufig fällt, ist das Wort *dottore*. Jeder, der ein wenig grau meliert ist, eine Brille trägt und belesen aussieht, wird so bezeichnet. Nur gut einhundert Kilometer südlich von unserer brüchigen Straße, dem Kalksteingebirge und den Tannen ist rund fünfhundert Jahre zuvor ein Junge aufgewachsen, der später, zum *dottore* geworden, vielerlei *macchinari* – Apparate – entwarf, einen davon, nicht seinen berühmtesten, nannte er *macchina del paradiso*. So weit möchte ich mit unserem kleinen Auto nicht gehen; aber mich beeindruckt schon, wie weit es uns auf und ab trägt, seine Räder ineinandergreifen, sein Motor nicht stottert – außer ein kleines Teil ist defekt, das Benzin geht aus.

Der *dottore*, der die *macchina del paradiso* entwarf, zeichnete Landkarten der Toskana genauso wie er Fluggeräte baute, mit denen er seinen *assistente* von toskanischen Anhöhen geworfen haben soll. Als Kind beobachtete er Vögel, schaute Wolken nach, stromerte rund um das aus Bruchstein gemauerte Bauernhaus, in dem er aufwuchs, saß auf Olivenbäumen und blickte von dort auf die Ausläufer des Apennins. Also dahin, wo wir nun fahren.

Von seiner *macchina del paradiso* gibt es kaum Aufzeichnungen, sicher ist nur, sie stand auf einer großen Bühne in Mailand. Nachdem sich der Vorhang gelüftet hatte, drehten sich angeblich zwischen Bühnenboden und Decke in einer Art Riesenrad ellipsenförmige, nachtblaue Flächen, die einen dreidimensionalen Raum, einen Kosmos entwarfen, in dem Sterne und Planeten tanzten und sich ein kolossales Himmelsgewölbe eröffnete. Aus jedem der kugelförmigen Planeten, die ein Stück weit geöffnet waren, schlüpfte ein Darsteller, sang und sprach zum Publikum. Ein lebendes Planetarium, eine schimmernde Apparatur, eine *macchina*. Hinter der Bühne griffen Zahnräder ineinander, senkten sich Gewichte und Seilzüge, eine Art Uhrwerk, angetrieben von Gehilfen des Regisseurs und kleinen Feuern, deren Licht zugleich auf die Bühne gelenkt wurde und die Sterne funkeln ließ, sie illuminierte.

Ungefähr so stelle ich mir auch das Innere unserer *macchina* vor – und ähnlich wie beim *dottore*, gemeint ist natürlich Leonardo da Vinci, erzeugt auch unsere *macchina* ein sich veränderndes Bild des Himmels, durch das geöffnete Dach betrachten wir es immer wieder neu. Bei unserer Ankunft in Ligurien ist er zartrosahellblau.

DIECI

Ligurien, vier Farben, *quattro colori*

Ligurien ist klein und bunt, auf vier seiner Farben, *quattro colori,* wollen wir uns konzentrieren. *Nero, marrone, verde, rosso*, Schwarz, Braun, Grün, Rot.

Wir parken unsere Giardiniera vor einem der Tore Sarzanas, der Porta Romana, laufen durch die rechtwinklig angelegten Gassen der Altstadt; auf der Piazza vor Santa Maria Assunta, der Kathedrale des kleinen Ortes, spielen weißhaarige Männer ihr Kartenspiel, zehn, zwölf von ihnen um einen kleinen Plastiktisch, wer Spieler und wer Zuschauer ist, verschwimmt. Es riecht nach Spätsommer, nach trockenen Weizenfeldern und Tabak. Nur durch eine Mauer von ihnen getrennt, im Inneren der Kathedrale, wird eine Ampulle verwahrt, angeblich das Blut Jesu. Auch die Wurzeln der Familie Napoleons, der Bonaparte, befinden sich in Sarzana. Dennoch bleibt der Ort eine unaufgeregte Kleinstadt am äußersten Rand Liguriens, auf touristischen Landkarten ist sie selten verzeichnet, die Toskana nebenan, die fünf Dörfer der *Cinque Terre* im Westen, Pisa im Süden, beides rund eine Stunde entfernt, fordern zu viel Aufmerksamkeit. Verirren sich doch einmal Besucher wie wir an diesen Ort, dann nicht wegen des Blutes Jesu Christi, sondern wegen der haselnussbraunen Kuchen von Melissa Forti.

Wir treffen Melissa in einer der ältesten Konditoreien Italiens, der *Pasticceria Gemmi,* äußerlich ein unscheinbarer Ort, im Inneren meinen wir kurz, in der Hofzuckerbäckerei Demel in Wien zu sein. Bunte Ornamente verzieren die Decken, sie scheinen fast bis zum Marmorboden herabzureichen, ein altes Klostergewölbe, in den Vitrinen aus Glas und Holz befinden sich Zuckerbäckereien wie bunt gebackene Edelsteine.

Die Konditorei gab es schon zu Zeiten Napoleons, sagen sie hier, seit knapp neunzig Jahren ist sie im Besitz einer Familie. Allerdings arbeitet Melissa, selbst Kuchenbäckerin, nicht in diesem Café, sondern stellt uns lediglich Simone vor, bei dem sie sich jeden Morgen ihren ersten Espresso holt. Schon mit vierzehn Jahren sei er fasziniert gewesen von den – da ist es wieder, das Wort – *macchine grandi,* den riesigen Maschinen, sagt er uns, weshalb für ihn damals schon klar war, was er werden wollte, Barista. Über zwanzig Jahre arbeite er nun in der Pasticceria, sagt Simone, täglich lässt er rund achthundert *caffè* aus seiner *macchina* laufen. Eigentlich wollte er mir zeigen, wie ein perfekter Cappuccino gelingt. Ich habe zu Hause einen kleinen Würfel aus Edelstahl, aber dessen Espresso hat Launen, mal gelingt er mir grandios, mal scheitere ich, er rinnt dann wie rostiges Brunnenwasser aus dem Würfelinneren. Bei Simone sind die Espressos identische Koffeinklone.

Allerdings hat sich Simone über die Jahre eine Geschwindigkeit zugelegt, die er nicht mehr imstande ist abzustreifen.

Simone spricht schnell, er sagt, er fahre schnell Motorrad und schlafe sogar schnell, also wenig, und er bereitet so schnell einen Espresso zu, dass es sogar Daniels schnellen Fingern anfangs zu rasch ist. Auch ich kann seinem Tempo kaum folgen.

Im Grunde ist die Stunde mit Simone eine meines Scheiterns. Einen kleinen Tipp nehme ich aber mit nach Hause. Simone sagt mir, er drücke im Gegensatz zu seinen Kollegen den gemahlenen Espresso stärker in den Siebträger, dadurch werde er cremiger.

Seiner schmeckt – ich zitiere nun ein italienisches Sprichwort, das ich im vermutlich schönsten Reiseführer über Italien, *Eine Reise nach Neapel* von Reinhard Raffalt, gefunden habe – *caldo come l'inferno, nero come il diavolo, puro come un angelo e dolce come l'amore*, heiß wie die Hölle, schwarz wie der Teufel, rein wie ein Engel und süß wie die Liebe.

*

Manchmal halte ich mich noch im Dorf meiner Großmutter auf. Niemand außerhalb meiner Familie kann mich dort mehr zuordnen, häufig werde ich gefragt, woher ich bin. Dann antworte ich: „vom Kaffe" – und ich habe noch niemanden getroffen, der nicht Bescheid wusste. Und das, obwohl das Café meiner Großmutter bereits seit über fünfzig Jahren geschlossen ist und ich nie erlebt habe, wie aus einem an die Wand montierten Ungetüm aus Edelstahl Kaffee rieselte, mit seinen Brühaufsätzen und Manometern einer heutigen Espressomaschine nicht unähnlich. Ein ganzes Dorf wurde damit versorgt, sagen alle. Ausgesprochen wird das Café meiner Großmutter anders als üblich, sie verschlucken das Wort fast, sagen es schnell, es klingt wie aus dem Italienischen – *Kaff-fä.*

*

Melissas Tea Room & Cakes ist das einzige Café Italiens, das ich kenne, in dem Filterkaffee serviert wird.

Melissa sagt, sie sei eine ungewöhnliche Italienerin, sie hat weiße Haut, mag lieber Regen als Sonne und Strand, zieht Filterkaffee dem Espresso vor – und sieht mit ihren Tattoos und pechschwarzen Haaren aus wie die Dita-von-Teese-Version der jungen Isabella Rossellini.

Vor ein paar Jahren habe ich sie kennengelernt. Sie stellte ihr Buch *The Italian Baker* vor, buk auf offener Bühne. Ich war nicht wegen ihr da, mir ging es darum, eine gemeinsame Freundin zu treffen. Backen ist für mich öde, phantasielose Bürokratie. Alles muss bis aufs letzte Gramm abgewogen, Temperaturen und Zeiten peinlichst genau eingehalten werden. Kochen dagegen ist Zauberei, ich gehe wie meine Großmutter vor, nach Gefühl – eine Handvoll davon, ein wenig das, das könnte gut dazu passen, wird schon.

Als ich Melissa zusah, war ich fasziniert, ihr Backen erinnerte mich an dieses Prinzip, es wirkte leicht und einfach. Man könne dies, man könne jenes, sagte sie. Später las ich über sie, sie sei eine Punkbäckerin.

Danach haben Melissa und ich ein wenig geplaudert, ich erzählte ihr von meinen Vorbehalten, sie schenkte mir ihr Buch und lud mich ein, sie einmal in Sarzana zu besuchen, mit ihr zu backen. Vielleicht würde es ihr gelingen, meinen Abscheu zu minimieren?

Melissa ist wie ihre Mutter – ein Model – und ihr Vater – ein DJ – in Rom geboren, sie hat auch in London und Los Angeles gelebt, ging mit Bands auf Tour, war Kellnerin, Innendekorateurin und Stewardess.
Von alldem nahm sie sich vor gut zehn Jahren eine einjährige Auszeit, zog, der Liebe wegen, nach Sarzana, wusste aber nicht, was sie hier tun sollte, nutzte die Zeit, um sich darüber klar zu werden, reiste. In New York stand sie plötzlich in einem Kaufhaus: „Wie viel Zuckerstreusel kann man bloß auf fünf Stockwerken verkaufen?", fragte sie sich, aufgewachsen in einer Familie, in der Backen keine Rolle spielte, und blieb eine Stunde. Ein paar Wochen später in Sarzana, sie war gelangweilt, dachte sie sich, sie bäckt mal etwas mit dem in New York gekauften Zucker. Die Cupcakes waren schrecklich, sagt sie. Sie habe noch mal welche gebacken, ein anderes Rezept probiert. Sie war zufrieden, schenkte die Cupcakes einem Freund, der ein Restaurant hatte. Nach einer Stunde rief er an und sagte, ihre Cupcakes seien alle weg. „Kannst du jede Woche welche bringen?"
Dann buk sie eine Zeitlang von zu Hause, merkte, es machte ihr Spaß, bildete sich bei italienischen wie britischen Konditoren fort, eröffnete ein erstes Café, vor ein paar Jahren dann ihr zweites, den *Tea Room,* bald soll ein drittes in Kopenhagen folgen.
Melissa sagt, sie backe, um Menschen, insbesondere Kinder, glücklich zu machen. Früher, sagt sie, sei sie an viele Dinge überstürzt rangegangen – egal ob beruflich oder in der Liebe –, doch ihr Wissen über das Backen habe sie Schritt für Schritt entwickelt. Zuvor habe sie immer gesagt, sie backe niemals in ihrem Leben einen Kuchen. Auch sie konnte den präzisen Charakter des Backens nicht leiden. „Ich mochte Kuchen und kaufte sie gern – aber selber backen?", sagt sie heute in ihrem wohnzimmergroßen Café, das mit seinen urwaldgrünen Wänden und den Ölbildern von Adligen und Katzen wie ein sich selbst nicht ganz ernst nehmender britischer Teesalon wirkt. Als wir eintreten, werden silberne Teekannen in Richtung der Gäste auf den Sofas und Sesseln getragen; auf einer kleinen Theke aus Holz und Marmor warten Melissas Kuchen.
Wegen diesen, besonders beliebt sei die *Torta tiramisù,* planten viele ihren Italienurlaub um den Besuch bei ihr im Café herum. „Sie rennen uns die Tür ein, als wären wir ein Museum", sagt Melissa und führt uns in ihre Backstube hinter der Theke. Ich bin überrascht, wie klein die Küche ist, wie wenig Zubehör Melissa benötigt – ein paar Formen und Spachtel, mehr nicht.
„Ich backe einfach, wie zu Hause", sagt sie. Jeden Tag gebe es andere Kuchen, sie verarbeite das, was die Marktstände böten. Dann gehe sie mit ihren Einkäufen nach hinten, höre Jazz, Folk und leichten Electro und backe.

*

Immer wenn ich zu Besuch war, beobachtete ich meine Großmutter, wie sie – sie hörte Radio dabei – den Teig bearbeitete, ihn geschmeidig bekam. Ein Rezept habe ich nie gesehen, auch keine Waage, ihr Gefühl half ihr genauso wie ihr Gedächtnis. Sie schob immer das, was ihr Garten hergab, in die Röhre, im Sommer Erdbeer- und Johannisbeerkuchen, im Herbst Zwetschgenkuchen und immer Apfel-, Marmor- und Käsekuchen.

Ihre Praxisbesuche nebenan, bei den Brüdern im Kloster, bezahlte sie nicht wie die anderen aus dem Dorf mit einem kleinen violettblauen Schein, sie brachte Kuchen.

*

Wenn Gott gewollt hätte, dass wir Rezepte befolgen, sagt Melissa, hätte er uns keine Großmütter gegeben. Zuvor hat sie mir geraten, ich solle lieber zwei als einen Löffel des Extrakts verwenden, sie spare auch nie daran, Vanille sei die wichtigste Zutat beim Backen, wie Salz beim Kochen.
Tim Raue, einer der besten Köche der Welt, sagte ihr, als er bei ihr in Sarzana zu Besuch war, der Grund, warum sie zu wenig Geld mit ihrem Café verdiene, sei, dass sie ihre Zutaten, gerade die teure Vanille, nicht abwiege.
Ich backe nach Geschmack, gab sie ihm zur Antwort.
Auch bei den anderen Zutaten, den Schokoladenstreuseln und dem Abrieb einer Orange, müsse ich nicht sehr präzise sein, sagt mir Melissa.
„Wie viel von der Orange?", frage ich sie.
„Riech einfach daran."
So geht das immer wieder, während ich mit ihrer Hilfe den Teig und die Füllung für den Ricotta-Orangen-Schokoladen-Kuchen zubereite. „Schau, du backst gerade nicht, du kochst, Darling", sagt sie.
In der Nacht zuvor hatte ich gesehen, wie ebenjener Tim Raue immer wieder gesagt hatte, Backen sei nicht Kochen – und dass er backen weder möge noch könne. Der Fernsehkoch Tim Mälzer hatte ihn dazu gezwungen – eine dieser Kochshows. Danach bewertete eine Jury, besetzt mit Freunden Melissas, Tim Raues Version der *Torta tiramisù:* „Man hat das Bedürfnis, etwas zu trinken beim Essen." – „Sie ist trocken, sehr trocken." – „Kauen ist anstrengend." Insgesamt sei der Kuchen nicht sehr harmonisch, hieß es.
Mein Ziel ist simpel: besser als der Spitzenkoch abzuschneiden – mehr Freude am Backen zu entwickeln als er. Raue ächzte sich durch die Sendung. Auch mich ertappt Melissa dabei. Als ich das – zugegeben – streng abgewogene und gesiebte Mehl zuerst mit den mit Zucker und Butter schaumig geschlagenen Eiern, dann mit dem angewärmten Gemisch aus Zucker, Sahne und Butter verrühre und nicht verstehe, wieso ich dafür drei Schüsseln brauche statt eine und es zudem nach und nach tun soll, fragt sie mich, ob ich gerade leide:
„Ja", antworte ich.
„Vermutlich liegt Backen einfach nicht in deiner Komfortzone", sagt sie. Drei Schüsseln brauche man übrigens, weil beim Backen sachte mit den Zutaten umzugehen sei, einen Teig solle man genauso gut behandeln wie eine Frau, sagt Melissa. Würde man alles zusammen verarbeiten, ergebe das etwas, das eher Rührei ähnle als einem Kuchen.

Mir macht die Backstunde Freude. Allerdings streut Melissa immer wieder Sätze ein, die schmerzen. Sie hätte dafür zehn Minuten gebraucht, sagt sie nach einer Stunde.

Einer Stunde, in der ich zudem dachte, wir würden backen.
„Backen? Bislang haben wir nur alle unsere Komponenten zusammen."
„Wir haben noch nicht gebacken?", frage ich sie.
„Das war Vorbereiten, Darling."

*

Melissas Ricotta-Orangen-Schokoladen-Kuchen

300 g Mehl Typ 00 · 95 g Kartoffel- oder Maisstärke · 1 EL Backpulver · 200 g Butter · 200 g Zucker · 250 ml Sahne (Crème double) · zwei große Eier · Puderzucker
Für die Füllung: 500 g Ricotta · 250 g Zucker · 250 g Schokoraspel · 1 unbehandelte Orange · 2 TL Vanillepaste

Werkzeuge vorbereiten und Zutaten abwiegen. Eine Springform von 23 Zentimeter Durchmesser fetten, bemehlen und mit Backpapier auslegen.
Für die Füllung die Hälfte des Ricottas (Kuh, Schaf oder halb und halb) in eine Schüssel geben, den Zucker, die Schokoraspel, es müssen nicht alle sein, und so viel dünn abgeriebene Orangenschale wie gewünscht hinzugeben und umrühren, aber nicht zu sehr bearbeiten, sonst wird der Ricotta zu flüssig.
Für den Teig das Mehl, die Stärke und das Backpulver sieben. In einer dritten Schüssel jeweils die Hälfte der zuvor im Wasserbad geschmolzenen Butter und des Zuckers mit der Hälfte der Sahne vermischen, die andere Hälfte der Sahne zum Mehl und der Stärke geben. In einer weiteren Rührschüssel die Eier schaumig schlagen, die andere Hälfte des Zuckers und der weichen Butter in Würfeln dazugeben, die Masse unter die Mehlmischung rühren und mit der Butter-Zucker-Creme vermengen. Die Hälfte des Teigs in die vorbereitete Form füllen, mit einem Teigspachtel verteilen.
Die zweite Hälfte des Ricottas sowie die Vanillepaste in die Füllung einarbeiten und in einen Spritzbeutel geben. Auf die Mitte der Kuchenmasse spritzen, mit dem Spachtel bis 1,5 oder 2 Zentimeter vor dem Rand verstreichen. Über die Schicht Ricotta den restlichen Teig verteilen. Im auf 180 Grad vorgeheizten Backofen rund 45 Minuten backen. Mit Puderzucker oder Kakaopulver bestreuen.
Als Dessert lauwarm servieren. Anstelle der Orangen können auch Zitronen, statt Schokolade auch 100 g Mandeln verwendet werden, oder auch weniger Zucker, dafür aber Honig. Ein wenig Orangenlikör oder Limoncello in den Teig würde den Kuchen noch ein wenig aufpeppen.

*

Einfache Dinge seien nicht einfach, man müsse dabei präziser sein als bei komplizierten, sagt Melissa, einen Fehler sehe man sofort. Ich antworte ihr, wir hätten keinen einfachen Kuchen gebacken. „Einen sehr einfachen", sagt sie, ich hätte doch nur zwei Eier aufgeschlagen und mit ein bisschen Mehl zusammengerührt. Und das alles von Hand. Aber der Kuchen habe einen Wow-Effekt, weil er gefüllt sei. Mittlerweile sitzen wir beim Mittagessen. Melissas Freund Diego hat uns auf das Weingut seiner Familie eingeladen, in dessen Küche wir auch den Kuchen gebacken haben. Das Weingut ist eines der größten in Ligurien, über fünfzig Hektar, die ihren Profit aus den verstreuten Hügeln rund um Sarzana ziehen. *Colli di Luni* nennen sie die Weinberge, die zudem wie Mondhügel aussehen. Der strohgelbe Vermentino, den wir zu den glücklich machenden *Trofie al Pesto* trinken, einer handgerollten Pasta, vermengt mit Kartoffeln, grünen Bohnen und grünem Pesto, zieht seinen Geschmack aus der Lage zwischen den vor den kalten Winden des Nordens schützenden Gipfeln des Apennins, der Nähe zu einem Fluss und dem Meer.

Diego erzählt von den unverlässlichen Wintern, mit denen sie seit ein paar Jahren zu kämpfen hätten, weshalb die Weinlese manchmal im August, manchmal erst im September beginne. Früher sei das anders gewesen – auch hier: der Klimawandel.

Während Melissa davon spricht, wie Diego und sie trotz eines von ihr versalzenen Radicchio-Risottos beim ersten Date zueinanderfanden, kommen wir zum Dessert, dem von mir gebackenen Kuchen, dem *dolce*. Das sei der magische Moment, sagt Melissa, wenn der Kuchen wie eine Weihnachtsgans aus dem Ofen komme.

Er ist haselnussbraun, leicht warm, als wir ihn essen, ein weicher, nach Orangen duftender Boden, durch den gezuckerten Ricotta und die Schokolade ein wenig süßsäuerlich.

„Es ist ein komplett anderer Kuchen als meiner", sagt Melissa und legt eine kleine Pause ein. „Aber er ist großartig", ich solle stolz auf mich sein. Ich hätte auch recht gehabt, nicht mehr von dem Orangenabrieb zu verwenden.

„Ist es nicht zu viel Orange?", frage ich sie.

„Es ist verdammt noch mal ein *Orangen*kuchen, Marco!"

*

Morgentau auf dem Gras, den Scheiben, es ist noch frisch, als unser alter Fiat erst nach dem vierten Versuch endlich anzittert. Ein letztes Mal fahren wir über die toskanisch-ligurische Grenze. Wir hatten die vergangenen Tage nicht in Sarzana, sondern keine zehn Kilometer entfernt in einem Bauernhof auf einem toskanischen Hügel übernachtet. Die Tochter des Besitzers ist angeblich mit dem Mann liiert, dem in der Nachbarschaft genau der Steinbruch in Carrara gehört, aus dem der Marmorblock für Michelangelos David gestammt haben soll. Jedes zweite Bauteil im Haus ist aus diesem – wie manche Menschen aus der Umgebung sagen – Stein gewordenen Licht; die Fußböden, die Fensterbänke, die Auflagen der Schränke, und sogar die Waschbecken und die Duschen.

Bescheidener ist die Landstraße über eine in Grün getränkte Anhöhe, die erst, als sie uns bergab schickt, ihre Zurückhaltung aufgibt – spätestens aber, als dieser tiefblaue Fleck, das Meer, sich uns wieder in Erinnerung bringt und die dunklen Landzungen der Cinque Terre vor uns auftauchen.
Mittags das erste der fünf Dörfer, Riomaggiore. Mehrstöckig verschachtelte Häuser, öfter rot als orange, öfter gelb als weiß, drängen sich den Hang hinauf, in ein felsiges bisschen Meer springen Touristen, ich kaufe mir frittierte Meeresfrüchte, Daniel eine Pizza, auf einer Bank beschließen wir uns einen ruhigeren Ort zu suchen, wir möchten baden gehen.
Wir ziehen weiter nach Corniglia. Vom kleinsten der fünf Dörfer erhoffen wir uns Einsamkeit – und finden sie.

Je weiter wir von dem Ort auf dem vielleicht achtzig Meter hohen Felsen über dem Meer nach unten laufen, desto weniger Menschen begegnen wir. Die Treppenstufen, vielleicht drei-, vielleicht vierhundert, sieben die Ungeduldigen und Schwachen aus. In der Bucht liegen acht Menschen, auf einem Felsen im Meer, neunzig Meter entfernt, wie fest daraufgegossen, ein sehniger Mann, ein Langzeitsonnenanbeter. Lange Haare, knappe Shorts; ihm fehlen nur ein Walkman und die Bügelkopfhörer, wie man sie in den Achtzigern trug; er könnte aus einem Human-League-Video stammen. Wir legen uns an den Strand, dösen ein, danach schwimmen wir und lesen bis zum frühen Abend, holen uns, nachdem wir die Treppen erklommen haben, zwei Eistüten und hoffen, dass es stimmt, was sie über Cinquecentos sagen, nämlich dass sie in Italien keine Strafzettel bekommen – mit Erfolg.

Wir lassen die restlichen Dörfer aus; fahren die Bergkette entlang, an Oliven- und Zitronenbäumen und an einem Schild vorbei, das uns vermutlich sagt, dass die Straße gesperrt ist, denn anders können wir uns nicht erklären, dass uns über eine Stunde nicht ein Auto begegnet, wir allein zwischen Hügeln, Meer und untergehender Sonne auf und ab fahren; erst als die rote Benzinlampe wieder gefährlich flackert, geht es zurück in einen Ort. Die Dämmerung setzt ein, ich trinke ein leichtes Bier von der Tankstelle, werde hungrig, muss an die Trofie von gestern denken.

Nachdem es dunkel geworden ist, erreichen wir durch einen wie von tausenden Kerzen erleuchteten Tunnel den Ort Moneglia; gekommen sind wir wegen seines Grüns.

*

Diegos Glücksbringer – Trofie al pesto

Für die Trofie: 400 g Mehl Typ 00 · 200–250 ml Wasser
Für den Rest: 200 g Kartoffeln · 150 g grüne Bohnen · Olivenöl ·
Für das Pesto: siehe Rezept Seite 194

Für die Trofie Mehl und lauwarmes Wasser zu einem Teig verarbeiten, mindestens 10 Minuten bedeckt stehen lassen, auf bemehlter, rauer Arbeitsfläche zu 1 Zentimeter breiten Wülsten formen. Davon je gut 1 Zentimeter große Teigkissen abschneiden, eventuell nochmals bemehlen. Diese jeweils mit leichtem Druck zwischen Handfläche und Tischplatte zunächst vom Körper weg und rasch an der Handkante entlang zurückrollen, sodass sie sich spiralförmig aufwickeln. Sind alle Trofie geformt, bei Bedarf nochmals bemehlen.

Kartoffeln schälen und in Würfel schneiden. Die Bohnen halbieren oder dritteln. In einem größeren Topf Wasser zum Kochen bringen, die Kartoffeln hineingeben sowie nach 5 Minuten die Bohnen und die Trofie, weitere knapp 10 Minuten auf dem Herd gar ziehen lassen. Das Pesto wie auf den nächsten Seiten beschrieben zubereiten. Den Topf mit den Bohnen, Kartoffeln und Trofie abseihen, mit dem Pesto vermischen, eventuell Olivenöl und einen Löffel Kochwasser unterheben, sofort servieren.

*

Ein helles Grün wie das Fleisch einer jungen Avocado. Schon ihre Großmutter und deren Mutter hätten es so zubereitet wie sie, sagt Orietta, in einem Mörser aus Carrara-Marmor, mit einem Stößel aus Birnenholz.

Orietta Schiaffinos Großvater Giuseppe und ihre Großmutter Livia waren schon in der dritten Generation Pächter eines Bauernhofs, sie bewirtschafteten Weinberge und Olivenhaine und hatten Kühe. In den zwanziger und dreißiger Jahren

des vergangenen Jahrhunderts transportierte ihr Großvater mit seinen Maultieren Steine für die Via Aurelia, die *Strada statale 1,* eine ehemalige Straße der Römer, die ungefähr dort ihren Anfang nimmt, wo sich heute der Vatikan befindet, und heute bis nach Arles führt. Von seinem Lohn kaufte er sich einen Weinberg, baute darauf das Haus der Familie. In den sechziger Jahren eröffneten sein Sohn und er zusammen mit ihren Frauen dort die *Villa Edera,* rund fünfzig Minuten von Genua entfernt.

In der Küche des Hotels, in dessen Gärten und auf dessen Hängeterrassen Weintrauben, Orangen und Zitronen, Tomaten und Fenchel wachsen, bereitet Orietta gerade das zu, weshalb wir hier sind: Basilikum-Pesto, das Grün. Ich habe mich durch Ligurien, seine Herkunftsregion, gefragt, am Ende hieß es, zu Orietta müssten wir fahren, fast täglich bereite sie Pesto zu, gebe ihr Wissen auch in Kochkursen weiter. Orietta hat die Hotelfachschule in Genua besucht und im Hotel *Ritz* in Paris gekocht, sagt aber, das meiste habe ihr eine Bäuerin beigebracht, ihre Großmutter.

Wichtig sei es, sagt Orietta, nicht mehr als sieben Zutaten zu vermengen, alle sollten Zimmertemperatur haben, und die Reihenfolge müsse eingehalten werden, der Knoblauch zuerst. Natürlich bereite jede Familie ihr Pesto anders zu, aber die meisten würden heute weniger Knoblauch nehmen als früher, nur mehr eine leichte Note.

Orietta bewegt den Stößel im Mörser im Kreis, drückt die Knoblauchzehe an den Boden und an den Rand, rund eine Minute lang, bis eine cremig-butterige Masse

entsteht, fügt stampfend die Pinienkerne hinzu, die sie vorher nicht röstet, weil ihr das Öl der Kerne wichtiger ist als das Röstaroma. Den daraus entstandenen Teig entnimmt sie dem Mörser, gibt grobes Meersalz und drei Handvoll Basilikumblätter hinein, reibt und stampft beides zu einem knalligen Grün, vermengt es dann wieder mit der Creme aus Knoblauch und Pinienkernen. Den Pürierstab könne man nehmen, sagt Orietta, aber *Pesto* komme von *pestare* – zerstampfen, durch die Kräfte des Mixers entwickle sich mehr Reibung und Wärme als nötig, das Pesto würde eine zu dunkle Farbe annehmen.

In diesem Grün steht das Pesto in unseren Supermarktregalen. An seiner Farbe ist zu sehen, dass es bekannter geworden ist, als ihm guttut; es enthält oft Cashewkerne anstelle von Pinienkernen, Sonnenblumen- statt Olivenöl, Kartoffelflocken anstelle von Pecorino, billige statt hochwertige Zutaten. Trotzdem sind die Gläser mit *Pesto alla Genovese* beschriftet, weil es den Liguriern bisher nicht gelungen ist, den Namen ihres Pestos zu schützen.

Mitte des neunzehnten Jahrhunderts tauchte Pesto das erste Mal im Kochbuch *La Cuciniera Genovese* als geschlagene Mischung aus Knoblauch und Basilikum auf. Das Rezept ist älter, bei den Römern gab es bereits einen aus Kräutern und Käse gestampften Brei namens *Moretum*. Zudem heißt es, dass im Mittelalter ein Mönch aus dem Kloster San Basilio, im Hinterland von Genua, Basilikum mit Öl und Knoblauch zu Brei stieß.

Erst in den vierziger Jahren, als Oriettas Großvater den Weinhügel gekauft hatte, veröffentlichte die *New York Times* erstmals ein Pestorezept außerhalb Italiens, später warb Frank Sinatra, dessen Mutter aus einem Dorf bei Genua stammte, für Pesto – und trug dazu bei, es neben Ketchup und Mayo zu einer der am weitesten verbreiteten Saucen der Welt werden zu lassen.

Mittlerweile steht in Oriettas Küche eine Wolke aus Basilikum, frisch, grün, leicht pfeffrig. Eigentlich gehe es darum, diesen Geruch in das Pesto zu transportieren, sagt sie. Sie verwende daher das Basilikum von den Hügeln von Prà, einem Vorort von Genua, direkt am Meer. Dort bekomme es tagsüber die volle Kraft der Sonne, nachts falle die Temperatur ab, weswegen die Pflanze sich schütze und mehr Chlorophyll als üblich bilde – ihr Grün. Basilikum müsse das Meer sehen, sagen die Ligurier, Köche aus New York und London lassen es daher aus Prà einfliegen – ich bin froh, dass ich auf meinem Markt zu Hause einen Händler kenne, dessen Basilikum mich an Oriettas Basilikumwolke erinnert.

Orietta reibt Pecorino und Parmesan in die Masse, zuletzt löffelt sie Öl darunter. *Finito,* sagt sie. Früher seien *Gnocchi al pesto* lediglich ein Essen armer Leute, oft eines von Bauern, gewesen. Sie erzählt erneut von ihrem Großvater Giuseppe. Er musste im Zweiten Weltkrieg sein Maultier Pallino dem italienischen Militär überlassen, nach dem Krieg durfte er es wieder abholen. Pallino habe ihn gesehen und sei sofort auf ihn zugelaufen, habe ihn erkannt. Ihr Großvater, sagt Orietta, sei ein Mann gewesen, der spärlich mit seinen Gefühlen umging. Aber in dem Moment habe er angefangen zu weinen. Pallino durfte irgendwann in Rente gehen – und um auf den Weinhügel zu gelangen und Lasten hinauf- und hinunterzutransportieren, habe sich ihr Vater in den sechziger Jahren ein Auto gekauft, eine Giardiniera, selbstverständlich in Grün.

*

Oriettas Gnocchi al pesto

Für das Pesto: 1 kleine Knoblauchzehe · 30 g Pinienkerne · 4 Bund Basilikum (60–70 g Blätter) · 3 g grobkörniges Meersalz · 45–60 g Parmesan · 20–40 g Pecorino · 60–80 ml Olivenöl
Für die Gnocchi: 800 g abgelagerte Kartoffeln · 220–230 g Mehl Typ 00 · 1 Ei

Die Knoblauchzehe im Mörser cremig zerreiben, die Pinienkerne (nicht geröstet) dazugeben, erst stampfen, dann reiben. Die teigartige Masse aus dem Mörser nehmen, dafür Salz und Basilikumblätter hineingeben, das Ganze in kreisenden Bewegungen an die Mörserwand pressen, stampfen und reiben. Bei Verwendung eines Pürierstabs das Basilikum eine Stunde vorher in den Kühlschrank legen. Sind erste grüne Tropfen zu sehen, die Pinienkern-Knoblauchmasse sowie den geriebenen Parmesan und Pecorino hinzufügen. Das Pesto mit dem Olivenöl binden.
Für die Gnocchi die geputzten Kartoffeln in Wasser kochen, sie sollten weder mehlig- noch festkochend sein, sondern abgelagert. So wird der Teig weder zu mürbe noch zu wässrig. Noch warm schälen, zerstampfen, behutsam vorgehen. Mit drei Viertel des Mehls, dem Ei, eventuell etwas Salz vermengen. Auf das Ei kann, je nach Kartoffelsorte, auch verzichtet werden. Das restliche Mehl nur falls benötigt hinzufügen. Auf einer bemehlten Arbeitsfläche den Teig zu einer Kugel formen, dann zu schmalen Wülsten, 1,5 bis 2 Zentimeter lange Kisschen abschneiden, übers Gnocchibrett rollen, in Mehl wenden. In einem großen Topf Salzwasser erhitzen, Gnocchi hineingeben. Kurz nachdem sie an die Oberfläche gestiegen sind, die Gnocchi herausnehmen und mit dem Pesto vermengen.

*

Orietta packt uns eine Kleinigkeit aus ihrer Küche ein, ihre *Focaccia genovese* lässt unser Auto nach Hefe, Salz und Olivenöl riechen, Wegzehrung.
Wir lassen erst Portofino links liegen, streifen dann nur kurz durch Genua, was ich nicht als schlimm empfinde, ich kenne die Stadt schließlich von früheren Besuchen, ihre stolzen Gebäude und Straßen, ihre Zahnradbahn, die in Richtung Hafen ruckelt. Dort liegen auch heute wie bunt aneinandergelegte Bausteine die Kreuzfahrtschiffe. Der Himmel darüber hat sich gelichtet, doch, das wird deutlicher, unsere Giardiniera ächzt von Kilometer zu Kilometer mehr. Immer wieder springt sie morgens nur knapp an, manchmal versagt das linke Licht, die Hupe sowieso, und als Daniel nun das Fenster nach unten kurbelt, springt etwas heraus, die Scheibe bleibt unten, weshalb wir auf einem Parkplatz hinter Genua versuchen, den Mechanismus zu verstehen, ihn zusammenzupuzzeln. Nach einer halben Stunde gelingt es uns. Verschleißerscheinungen; auch uns haben sie nach knapp dreitausend Kilometern und im Abstand von eineinhalb Tagen getroffen, gestern Daniel, heute mich, Rücken in Bella Italia.

*

Oriettas Focaccia

400 g Mehl Typ 00 · 12 g Schmalz · 220 g Wasser · 10 g Trockenhefe · 8 g Mais- oder Reisstärke · 40 g Olivenöl · Meersalz

Das Mehl auf die Arbeitsfläche geben, einen Brunnen formen und das Schmalz, die in etwas lauwarmem Wasser angesetzte Hefe und die Stärke hineingeben. Durcharbeiten, immer wieder Wasser dazugeben, es sollte Zimmertemperatur haben. Rund zehn Minuten mit der Hand zu einem Teigball kneten und falten. Zum Schluss ein wenig Olivenöl einarbeiten, kalt gepresst, aber wenn möglich nicht extra vergine, das brennt zu schnell an. Mit Folie oder einem feuchten Tuch abdecken, mindestens eine Stunde bei 25 bis 30 Grad an der Luft oder im Winter unter der Lampe des Backofens gehen lassen. Den aufgegangenen Teig auf ein mit Olivenöl gefettetes Backblech drücken und flächig ziehen, nochmals Folie oder feuchtes Tuch drüber, mindestens 20 Minuten ruhen lassen. Danach mit den Fingern Kuhlen in den Teig drücken, mit einer Mischung aus Wasser, Meersalz und Öl begießen. Bei 220 Grad 14 Minuten backen. Zuletzt mit Olivenöl extra vergine fluten. Die Focaccia ist goldbraun, dick, weich und knusperig.

*

Wir parken unsere fahrende Gefährtin auf der Via del Ponte, nur alte blau-weiße Holzboote haben noch Platz zwischen ihm und dem Meer. Ich bin schon öfter in Imperia gewesen, einem kleinen, am Meer gelegenen Ort mit zwei Altstädten, seinen Stränden, seinem Hafen. Vermutlich war dort, über fünfzig Jahre ist es her, auch unser Auto schon einmal, viele der in den norditalienischen Fabriken hergestellten Cinquecentos wurden im Hafen Imperias an Seilen baumelnd auf Schiffe geladen und auf die Reise geschickt, Ziel: Palermo.
In einer Osteria haben wir eine Verabredung mit Iride und Ulrich, 1936 und 1934 geboren. Ihr gelbes Haus steht um die Ecke, sechsundsiebzig Schritte entfernt – und genau dort hat sich eine kleine Tragödie abgespielt. Ich weiß nur, dass im Mittelpunkt ein Cinquecento steht. Als wir aussteigen, sehe ich die beiden, sie klein, er groß, sie Italienerin, er Deutscher, beide graue Haare, um die Ecke biegen. Als Iride unser Auto sieht, setzt sie sich hinters Steuer, genauso wie anschließend der Kellner des Lokals, Luigi, ein alter Freund von Iride, der plötzlich ein achtjähriges Kind ist, Fahrgeräusche imitiert, brummend durch Imperia fährt. Ulrich dagegen betrachtet stoisch, mit Abstand die Szene. Als wir die Osteria betreten und uns an einen Tisch setzen, erzählt mir Iride, sie habe sechs Brüder und eine Schwester gehabt. Ihre Mutter habe immer gesagt, sie sei die Schlimmste von allen gewesen. Die, die auf Bäume stieg, in der Schule in der Ecke sitzen musste, unter ihrer Kleidung immer einen Badeanzug trug, weil sie nicht in der Schule, sondern am Strand sein wollte. Ich vermute, sie war das spannendste Mädchen Imperias. Ulrich dagegen, der neben ihr sitzt, hat ein kühleres Temperament, das könnte an seiner Herkunft, womöglich aber auch an einer beginnenden Demenz liegen. Als ich Iride nach ihrem Cinquecento frage, öffnet sich ihre und Ulrichs Bühne.

IRIDE: Ich war so stolz auf meinen kleinen Wagen. Jeden Tag, nachdem ich aufgestanden war, bin ich zum Fenster gelaufen und schaute nach unten und habe zu meinem Cinquecento gesagt, ich komme bald, Liebling! Er stand immer direkt vor dem Haus. Als ich aber dieses Mal nach unten sah, war er nicht mehr da. Ich ging hinunter, lief um das Haus und dann zur Straße. Wo ist denn mein Auto? Ein Nachbar sagte zu mir, ein paar Leute waren zusammen mit deinem Mann hier und sind mit ihm weggefahren. Als Ulrich wieder nach Hause kam, sagte er: „Deinen Cinquecento siehst du nie wieder", er habe ihn verkauft. Ich schwöre, ich nahm ein Messer in die Hand. Meine Tochter stellte sich vor ihren Vater und sagte: „Oh Papa, schön, dass du wieder da bist", dabei schob sie ihn immer weiter von mir weg. Als ich das sah, habe ich das Messer zur Seite gelegt. Ich wollte ihn aber immer noch erwürgen.
Scharf zu Ulrich: Wann hast du mein Auto verkauft?
ULRICH: Das habe ich mir aufgeschrieben, Moment ... – *setzt seine Brille auf* – ... ich lese laut vor: Fiat Fünfhundert, Farbe hellblau, in Deutschland gekauft, Nummernschild ES, für Esslingen, mit Sicherheitsgurten, aufklappbares schwarzes Dach, aus dem Jahr 1972, von Unterlenningen in Baden-Württemberg nach Monza, Italien, gefahren, 1974. Innengarnitur von Iride selbst genäht.

IRIDE: Das Auto war zartblau, die Sitze hatten viele Blümchen, jeder sagte gleich, ich fühle mich wie in einem Garten.
ULRICH *liest weiter:* In Monza fast täglich nach Mailand zur deutschen Schule gefahren, fünf Damen, eine davon unsere Tochter Claudia.
IRIDE: Vier Mädchen, vier Schulranzen und eine Dame – ich.
Luigi, der Kellner, bringt Wein und Wasser.
ULRICH *liest weiter:* In den Sommerferien von Monza nach Imperia ans Meer gefahren, auch ins Hinterland, in die Berge.
IRIDE: Claudia musste als Kind viel husten. Ein Arzt in Mailand riet mir, sie mindestens drei Wochen ans Meer zu bringen.
ULRICH *liest weiter:* Haben auch lange Fahrten innerhalb Italiens gemacht, bis nach Sizilien.
IRIDE: Ich hatte nur einen Cinquecento. Ich hätte ihn am liebsten umgebracht. Wann hast du ihn verkauft?
ULRICH: Das weiß ich nicht mehr. Ich sage lieber nichts dazu.
IRIDE: Vor fünfzehn Jahren.
ULRICH: Ist mindestens dreißig Jahre her.
IRIDE: *Noo!* So ungefähr zwanzig Jahre. Ist besser, wenn ich nicht dran denke. Sonst bring ich ihn um.
ULRICH: Salute. *Will anstoßen.*
Iride zögert kurz, entschließt sich, mit anzustoßen.
IRIDE: War ein so schönes Auto. Ich habe meinen Liebling immer gut behandelt, immer geputzt. In Mailand habe ich nur für ihn eine Garage gemietet.
Luigi bringt zwei Teller Caprese.
IRIDE: Kennengelernt haben Ulrich und ich uns Ende der fünfziger Jahre. Ich habe bei meiner Tante gearbeitet. Sie hatte eine Pension. Ich sollte mit dem Bus zu meinem Onkel ins Nachbardorf fahren, er fühlte sich nicht wohl. Als ich rausgehe, kommt er mir entgegen, wirft mir eine Blume zu. Er wollte Urlaub machen, ich war ein junges Mädchen. Als ich von meinem Onkel zurückkomme, sitzt er mit meinem Vater und einem Glas Wein in der Küche. Dann ist er nach Berlin gefahren – und ich bin hiergeblieben. „Du musst raufkommen", hat er geschrieben. Im Sommer hatten wir uns kennengelernt, im Oktober bin ich nach Berlin gefahren, im Dezember haben wir geheiratet.
ULRICH: Ick bin 'n Berliner. Wir haben in Kreuzberg geheiratet.
IRIDE: Ich bin hier in einem Nachbardorf von Imperia geboren, mitten in den Bergen. Wenn der italienische Pfarrer nicht so ein Idiot gewesen wäre, hätten wir die Hochzeit hier gefeiert. Jetzt sind wir wie viele Jahre verheiratet?
ULRICH: Über sechzig.
IRIDE: Einundsechzig. Dann habe ich in Berlin angefangen zu arbeiten. Ich sage nicht, was ich gemacht habe.
LUIGI *tritt wieder an den Tisch: Trofie? Pesce? Calamari?*
IRIDE: *Sì! Calamari!* Ich war ein Model, Mannequin, sechs Jahre lang. Das war ein Theater! Eine Freundin von Ulrich hat im Atelier gearbeitet, viele Italiener kamen. Die Schneider haben die Kleider für sie genäht, ich hab sie vorgeführt. Als ich sagte, mein Mann möchte wieder nach Italien, schenkte mein Chef mir zum Ab-

schied alle Kleider, die ich getragen hatte. Er sagte, mit denen kannst du jeden Tag an uns denken. Hab ich geheult. In Italien habe ich nicht mehr gearbeitet, ich war in anderen Umständen, Claudia kam. Wir sind in Italien geblieben, für immer.
LUIGI: *Spaghetti alle vongole?*
IRIDE: Ulrich war Direktor bei Bosch in Mailand.
ULRICH: Ich habe auch lange bei einem Zulieferer für Fiat gearbeitet.
IRIDE: Ich musste jeden Tag Claudia in die Schule fahren, ungefähr dreißig Kilometer. Wir mussten den Bus nehmen. Mensch, hab ich mir dann gedacht, ich hab ja in Deutschland noch mein Auto, meinen Cinquecento. Dann habe ich ihn, zusammen mit dem Aquarium auf dem Rücksitz, geholt. Er stand eines Tages an der Straße, zusammen mit einem Schild: „Für meine Frau Iride", Ulrich hatte ihn mir geschenkt. Na ja, das war Liebe. Hinterher, als er ihn verkauft hat, war nicht mehr so viel Liebe.
Luigi tritt an den Tisch, fragt, ob wir mit dem Essen zufrieden sind.
IRIDE: *Sì! Sì!* Ich habe zwei Tage geheult, die Tür von meinem Schlafzimmer zugemacht. Dann hat er gesagt, „Komm mal raus, wir gehen einen anderen Cinquecento kaufen." Ich habe ihm geantwortet: „Nein, ich möchte mein altes Auto." Ich bin klein, aber wenn ich böse bin, hält mich kein Mensch, und wenn ich mich ärgere, spreche ich nicht mehr. Monatelang habe ich nicht mehr mit ihm geredet. So schön war der Wagen. Er hat ihn für so wenig Geld verkauft. Verschenkt!
LUIGI: *Un dolce, un dessert? Caffè?*
IRIDE: Ich war ihm zu frei. Mit dem Cinquecento konnte ich weg. Wenn er nicht da war, bin ich in die Berge gefahren oder zum Einkaufen. Das Auto war eine Möglichkeit, rauszukommen, nicht immer zu Ulrich sagen zu müssen, „Ich möchte dahin oder dorthin", und vom ihm zur Antwort zu bekommen, „Jetzt kann ich nicht." Mit meinem Cinquecento war ich frei. Wahrscheinlich war er zu eifersüchtig.
Ulrich hört zu, sagt nichts, auch nicht auf Nachfrage.
IRIDE: Trotzdem war jedes Jahr mit Ulrich schön. Ich habe ihm mal gesagt, „Weißt du, warum ich immer noch mit dir bin, *amore?* Weil ich dich so gernhabe und dich so geliebt habe, dass ich mich nicht von dir trennen kann." Darauf hat er geantwortet, „Rate mal, warum ich immer geblieben bin – weil ich nicht von dir lassen kann." Ein Geheimnis haben wir nicht, manchmal drehe ich mich aber einfach weg, sage, rutsch mir den Buckel runter. Das mit meinem Cinquecento habe ich ihm aber bis heute nicht verziehen – und irgendwie sofort. Ich habe mir gedacht, lieber den Wagen verlieren als meinen Mann. Ist halt *amore*."

*

Am nächsten Tag besuchen wir Ulrich und Iride in ihrer Wohnung, kleine Cinquecentos in Weiß und Blau stehen in den Regalen genauso wie Fotos der beiden als junges Paar, sie trägt ein weißes Kleid und einen großen schwarzen Hut, er eine Sonnenbrille, ein rotes Hemd, einen Strohhut und eine *Pan Am*-Tasche, in den fünfziger, vielleicht sechziger Jahren. Ein schönes Paar. Die Farbe Rot. Heute hängen überall kleine Zettel an den Schränken und Schubladen, Nachrichten an Ulrich, damit er weiß, wo er seine Zahnbürste ablegen soll, wo er sie später wiederfindet.

*

Wir verabschieden uns von Ligurien mit einer mehrtägigen Rast, bei Freunden im Hinterland von Imperia, mit mir vertrauten Ausflugstagen. Der Strand von Imperia, der sich mit seinen hunderten bunten Sonnenschirmen wie eine Zeitreise anfühlt, stets einen Song aus den Achtzigern im Ohr. Der Markt von Imperia, auf dem ich wie immer kiloweise Tomaten einkaufe und morgens Espresso in einem alten Café bestelle. Die beiden Freunde, die uns in ihrem Rustico beherbergen, Olivenbauern, die ihr eigenes Öl pressen, hier oft nur nach dem Namen ihres Produkts die Vincellos genannt werden und ihre vom Dorfmetzger gewurstete Salsiccia in einem Sugo aus Tomaten, Kräutern und Lorbeerblättern köcheln lassen, während ich auf der Terrasse ihres Hauses sitze, einen ihrer Weine trinke und auf ihre Olivenbäume starre.

*

Wem diese Atempause nicht hilft, ist die angeschlagene Giardiniera, oder, in den Worten ihres Vorbesitzers, unsere Nonna mit ihren Eigenheiten. Sie springt nicht mehr ohne Hilfe an. Ich bin froh, dass unser nächster Halt Turin ist, die Stadt, in der die Formen dieses Fiats erstmals gezeichnet worden sind. Genau dort, im Fiat-Werk, soll er in eine Werkstatt geschoben werden. Mit einem Ruck, der Schubkraft meiner beiden Freunde, knattert er los.

UNDICI

Turin, der Wolf, die Großmutter und ein Königreich, *Il Lupo, la nonna e un regno*

Ich schreie Daniel an, stehe klatschnass im strömenden Regen von Turin vor der Fahrertür, er sitzt auf dem Beifahrersitz und hat zuvor einen gedankenlosen Fehler gemacht. Schon gestern Abend hatte unser Motor versagt, hatte sich ausgegluckert, war unser Auto direkt vor einer riesigen Kreuzung stehen geblieben, rechts von uns der Po und der kleine Aussichtsberg Turins, der Monte dei Cappuccini, links von uns die Via Po, ein Boulevard, der schnurgerade ins Herz der Stadt führt, hinter uns der Feierabendverkehr, sich an uns vorbeischlängelnde Autos und Roller. Dieses Schauspiel hat sich seither ein Dutzend Mal wiederholt, manchmal schiebt Daniel, manchmal ich, immer rauscht der Turiner Verkehr an uns vorüber, einmal sehe ich eine Turinerin unser Auto fotografieren.

Es möchte einfach nicht mehr.

Heute, an diesem Dienstagmorgen, bei Starkregen, war es noch störrischer. Als es gerade doch kurz fuhr, konnte ich kaum etwas sehen, die buckeligen Straßen Turins taten ein Übriges, Pfützen groß wie Seen standen darauf, einmal rauschte ein Lastwagen wie ein wild gewordenes Rhinozeros an uns vorbei, ein Schwall Wasser ergoss sich über uns, zwei Sekunden Blindflug. Meine Nerven flackerten. Daniel übernahm die Aufgabe, uns ins Fiat-Werk Mirafiori zu lotsen. Allerdings fand er nur eine Sackgasse, vor dem falschen Werkseingang. Der Motor soff ab; um das Auto zum Laufen zu bringen, mussten wir wieder anschieben und ich es zweihundert Meter rückwärts aus der engen Sackgasse navigieren und wenden, durch das Spalier der Autos, bei, wie gesagt: Starkregen. Als wir das geschafft hatten, verabschiedete ich mich kurz von Daniel, ich musste mal, er sollte auf dem Beifahrersitz sitzen bleiben und mit dem linken Fuß im Leerlauf Gas geben, bis ich zurück wäre, nur so blieb der Motor an. Ich fürchtete, dass das Auto bald gar nicht mehr anspringen würde, auch nicht, wenn wir anschöben. Als ich zurückkomme, ich bin noch einen Meter von der Tür entfernt, nimmt Daniel seinen Fuß vom Gas, der Motor verstummt sofort, ich schreie. Er hätte doch warten müssen, bis ich drinsitze.

Diesmal schiebt Daniel.

Zwanzig Minuten später erreichen wir das richtige Werkstor, Nummer einunddreißig. Ich halte vor einem Polizisten, der den Verkehr vor dem Tor regelt, prompt verabschiedet sich der Motor erneut.

Wir schieben unser Auto die letzten Meter durch den Eingang, ich habe eine Pförtnerin noch nie so schauen sehen. Aus meinen Schuhen rinnt Wasser.

*

La macchina è un disastro, sagt Maurizio.

„Hat er Desaster gesagt?", frage ich Daniel.
Um das Auto wieder instand zu setzen, bräuchten sie einen Monat, sagt Maurizio. Unsere Reise steht vor dem Ende.
Zuvor hat Maurizio – ein wortkarger Mann um die sechzig, knappe zwei Meter groß, schneeweißes Haar, das Antlitz eines Rennfahrers aus den Dreißigern – allein mit einem Schraubenzieher dem Motor wieder Leben eingehaucht, das Auto gefahren und es auf eine Bühne gehoben. Seine Analyse: Das Getriebe müsste ausgebaut, die Schaltung erneuert, Ersatzteile besorgt werden. Nur so würden wir es über die Alpen schaffen, unsere Schlussetappe.
„Wirklich einen Monat, so lange?", frage ich ihn zwei Stunden nach seiner ersten Prognose.
„Eine Woche", antwortet Maurizio nun.
Eigentlich hätten wir in Maurizios Werkshalle nur überprüfen lassen wollen, wie originalgetreu unser Auto noch ist. Da Maurizio zuvor gesagt hat, es sei noch nie etwas daran gemacht worden, stimmt mich seine Antwort diesbezüglich zuversichtlich. Ich vertraue Maurizio, er ist nicht irgendwer, wir sind nicht irgendwo.
In den Fünfzigern begann das italienische Wirtschaftswunder, *il miracolo economico,* und einer der stärksten Motoren dieses Aufschwungs war die *Fabbrica Italiana Automobili Torino,* Fiat. Ihre beiden Werke, Lingotto und Mirafiori, in dessen Hallen wir uns nun befinden, sind neben dem Fußballklub Juventus die Seele der Stadt, wobei das die Tifosi des FC Turin anders sehen.
Im Mirafiori-Werk arbeiteten früher bis zu fünfundsiebzigtausend Menschen, heute noch gut ein Viertel davon, einer davon ist Maurizio. Gefragt hat ihn, ob er hier

anfangen wolle, kein Geringerer als der ehemalige Fiat-Chef und Ferrari-Präsident Sergio Marchionne, der nach dem Tod des langjährigen Firmenchefs Gianni Agnelli Fiat geleitet hatte. Agnelli, Sohn eines Seidenraupenzüchters und Landbesitzers aus dem Piemont, des Fiat-Gründers Giovanni Agnelli senior, kaufte Anfang der Siebziger Abarth, die Firma von Carlo Abarth, einem ehemaligen Rennfahrer, der Ende der vierziger Jahre eine Turiner Tuning-Werkstatt unter seinem Namen eröffnet und dessen Wuchtbrummen tausende Siege eingefahren hatten. Es mache Spaß, teure Autos mit bescheidenen Kleinwagen zu demütigen, soll er mal gesagt haben; weil das so gut gelang, nannten sie ihn *il mago*, den Magier. In den Sechzigern bauten über vierhundert Mitarbeiter mehr als dreihunderttausend Auspuffanlagen pro Jahr, Abarth ließ sie nicht nur in Autowerkstätten verkaufen, sondern stellte sie auch in Modeboutiquen aus. Zu der Zeit, als Fiat seine Firma kaufte, arbeitete ein damals sechzehnjähriger Junge nur deshalb bei Abarth, weil er sich bei der Einstellung für älter ausgegeben hatte. Schon als Kind hatte er oft die Schule sausen lassen, um auf Schrottplätzen nach Autoteilen zu suchen – Maurizio. Einmal habe er in einem von Abarth getunten Rennwagen gesessen und Motorengeräusche nachgeahmt, kurvte in seinen Gedanken durch Monza und Imola, als plötzlich Carlo Abarth vor ihm stand und sagte, fahr langsam, *vai piano*. Eine der ersten Begegnungen; heute sagt Maurizio, Carlo Abarth sei sein Mentor gewesen.
Wir schlendern durch das Museum auf dem Gelände des Werks, sogar ich, der ich kaum ein Auto auf der Straße erkenne, ahne – Ikonen. Eine silberne Flunder, halb Designobjekt, halb Auto, der *Fiat Abarth Monoposto*, Rallyesportwagen von Lancia, der *Stratos*, Fahrzeuge, denen noch anzusehen ist, dass ihre Vorläufer Kutschen waren, aber auch ein *Panda Elettra* aus den Neunzigern, eines der ersten seriell hergestellten Elektroautos der Welt. Auch an Familienlimousinen der Agnellis, Aerodynamikstudien, wasserstoffbetriebenen Prototypen und einer Reihe Cinquecentos streifen wir vorbei, Autos, Ingenieurshandwerk, Kunst, fast alle einsatzbereit, ob nur wenige oder über hundert Jahre alt.
In dem Gebäude, in dem sie zu hunderten stehen, wurden früher Getriebe gebaut. Genau das Teil, das unsere Reise nun in Gefahr bringt.
„Freitag früh?", fragt uns Maurizio nach unserer Rückkehr. Wenn er alle Mechaniker von den Autos, an denen sie arbeiten, abziehe und sie an unserem arbeiten lasse, würden sie es bis dahin hinbekommen, dass wir Ende der Woche aufbrechen können. Erleichtert gehen wir auf sein Angebot ein.
Kurz darauf schrauben er und vier weitere Mechaniker an meinem Auto, bald liegt das Getriebe vor uns. „Joghurt", sagt Maurizio, als er uns den tropfenden Kasten präsentiert, später eine Getriebestange hochhält, die wie ein geschwollenes Knie umwickelt ist, nur mit einer Bandage aus Öl, Schmutz und geschmolzenem Plastik. In Maurizios Werkhalle könnte eine Herz-OP durchgeführt werden, ein spätes Erbe Carlo Abarths; ihm war es wichtig, dass seine Autos blitzblank, seine Werkstatt klinisch sauber war.
Gewöhnlich werden auf die Hebebühnen millionenschwere Oldtimer gehoben, die aber nicht immer im besten Zustand sind. Die Aufgabe von Maurizios Team ist es, ihren Kunden einen Wagen zu präsentieren, der das Werk so vor vielen Jahrzehnten verlassen haben könnte. Kürzlich, sagt er, sei eine grüne Giardiniera hier ge-

wesen; *una contessa,* eine mit den Agnellis verwandte Gräfin, habe sie gebracht. Heute könne sie stilvoll ihre Markteinkäufe damit erledigen, die zwanzigtausend Euro zahlte sie vermutlich, ohne mit der Wimper zu zucken. Wir dagegen sind für Maurizio zwei räudige Hunde; aber ich lese in seinen Augen, er hat was für unsere bescheuerte Idee übrig. Er, der mit Formel-1-Fahrern und Indy-500-Gewinnern zusammenarbeitete und als Chefmechaniker Rallye-Weltmeisterschaften gewann, in der goldenen Zeit des Rennsports, wie er sagt. In seinem Büro zeigt er uns Aufnahmen davon, Ende der Achtziger, immer trägt er einen Rennoverall, *Martini Racing.* Seit dieser Zeit nennen sie ihn *Il Lupo,* den Wolf.

*

Am Morgen zuvor, montags, hatten wir unser Auto in eine andere Werkstatt gebracht, zu Enrico Bo, einem Mann, der stets ernst guckt, aber vermutlich gar nicht so ernst ist. Von drei verschiedenen Seiten hörte ich, wir müssten den Fiat ihm vorführen. Bereits sein Vater, ein Fischer aus Ligurien, hatte in den fünfziger Jahren die Werkstatt eröffnet, in der mir gleich die zwei alten Cinquecentos auffielen und wo sich seitdem nicht viel geändert haben dürfte, nur dass aus dem kleinen Enrico, der bereits als Kind mit seinem Vater an Cinquecentos schraubte, *dottor Bo* geworden ist, der technische Kommissar des *Fiat 500 Club Italia.* Als *Commissario Tecnico* berät er die Mitglieder des Clubs, die ihre Cinquecentos möglichst originalgetreu restaurieren wollen. Als wir ihn in seiner Werkstatt im Zentrum von Turin, der Via degli Artisti, besuchten – die Regale in seinem Büro biegen sich unter all den Büchern und Magazinen über historische Fiats –, lagen die Fahnen seines neuesten Werks auf seinem Schreibtisch, eines über die Giardiniera. Sein bekanntestes Buch aber ist *Tutti i colori della 500,* alle Farben des Cinquecento.
Ich zeigte ihm meine Fahrzeugpapiere, *dottor Bo* sagte, da müsse ein Fehler passiert sein, nach der Fahrgestellnummer wurde mein Auto im November oder Dezember 1968 produziert – also doch kein Neujahrsauto, womöglich auch kein Montagsauto. Nachdem der *dottore* es auf die Arbeitsbühne gehoben hatte, sagte er, es sei in einem guten Zustand, acht von zehn Punkten gebe er ihm. *Dottor Bo* bestätigte mir auch, was ich bereits vermutete, meine Giardiniera ist streng genommen gar kein Fiat, sondern ein Autobianchi. Die Firma war von Fiat, dem Mailänder Reifenhersteller Pirelli und dem heutigen Rennradfabrikanten Bianchi gegründet und ein paar Monate bevor mein Auto vom Band lief, von Fiat ganz übernommen worden.
Wir ließen das Auto, das somit nicht in Turin, sondern in Desio, in der Nähe von Mailand, hergestellt wurde, von morgens bis abends bei *dottor Bo.* Auch er entdeckte das fällige Getriebe, wir wollten es ihm eigentlich am übernächsten Tag, nach unserem Besuch bei Fiat, wiederbringen. Dann versagte es im Regen vollends – und stand schon vor Maurizios Werkhalle, Mirafiori.
Das Auto sei ursprünglich, wie auch heute wieder, weiß lackiert gewesen, *bianco,* hatte mir am Tag zuvor *dottor Bo* gesagt, nur die Sitze *marrone,* kastanienbraun. Ich blätterte in seinem Büro in seinem Buch, das Farbspektrum der *Cinquecentos* ist ähnlich unübersichtlich wie das von in Essig eingelegtem piemontesischem Gemüse.

*

Nonna Elena, dreiundachtzig, hat sich schick gemacht, knallenge schwarze Jeans, honigfarbenes Oberteil, Kette aus bunten, geschliffenen Steinen, dauernd nimmt sie mich in den Arm, lacht, freut sich, wieder hier in der Küche der Pizzeria ihres Sohnes Gianluca hantieren zu dürfen, mal hier, mal dort zu sein.
Vor ihr stehen acht Schüsseln buntes Gemüse, das sie und ich zuvor kleingeschnitten haben, ein halbes Kilo jeweils – geschälte Auberginen, Paprika, Zucchini, Bohnen, Blumenkohl, Zwiebeln, Stangensellerie und Karotten, auf dem Herd köchelt ein Topf geschälte Tomaten.
Als Gianluca, ein Gastronom und Bierbrauer, seine Pizzeria eröffnete, war er mit einem Antipasto seiner Köche unzufrieden, der *Giardiniera alla piemontese*. Sie schmeckte öde, nicht nach dem Gericht seiner Kindheit. Sie rief ihm nicht dieses Bild vor Augen, wie seine Mutter immer in der letzten Augustwoche auf dem Land vor dem Herd steht und mit einem großen Holzlöffel in einem riesigen Topf voller Gemüse rührt. Die *Giardiniera,* sagt er, sei für ihn der Geschmack eines Sommers. Er fand daraufhin die naheliegendste Lösung, er lud seine Mutter ein, *la mamma;* in seiner Küche nannten sie schnell alle Nonna Elena. Sie hat schließlich nicht nur drei Kinder, sondern acht Enkel und einen Urenkel. Sie kochte ihre *Giardiniera* dann vor den Augen der Köche ihres Sohnes, zeigte ihnen Handgriffe und Zutaten, Gianluca veröffentlichte ein Bild davon im Netz. „Nonna Elena hat uns besucht und uns ihre Spezialität zubereitet: die Giardiniera", schrieb er darunter. Als ich

nach einem Auto suchte, bekam ich bei dem Wort *Giardiniera* Einweckgläser mit buntem Gemüse angezeigt, auf einem dieser Bilder Nonna Elena.
Monate später stehen wir nun in derselben Küche; gelernt habe sie ihre *Giardiniera* von ihrer Mutter und ihrer Großmutter, einer Bäuerin aus dem Piemont.
Auf dem Weg nach Turin fuhren wir an einem Spätsommersonntagmorgen durch diese erdig riechende Region, ein Nebelschleier hing über den Hügeln, auf denen manchmal Weindörfer, manchmal Wild, manchmal Burgen standen. In einem Dorf, Alba, wurde mittags ein Trüffelfest gefeiert, Wein ausgeschenkt, gegrilltes Gemüse und Wildschwein serviert. Irgendwo im Umkreis dieses Dorfes liegt ein Häuschen mit einem Garten, dem von Nonna Elena.
„Wie lange gibt es die *Giardiniera* schon?", frage ich sie.
„Schon immer", antwortet sie und lacht, weil die Gemüsegärten des Piemont so viel Ertrag abwürfen, dass man gar nicht wisse, was damit zu tun sei, außer das Gemüse in Gläser zu stecken. Gefrierschränke habe es ja lange Zeit nicht gegeben. Ein Jahr halte sich die Giardiniera, aber sie habe auch schon zehn Jahre alte Gläser geöffnet, die nichts von ihrem Geschmack verloren hätten, sagt sie, als wir das gekochte Gemüse in Einweckgläser füllen. Siebzig Gläser bereitet sie jedes Jahr davon zu, immer zu der Zeit, in der ganz Italien am Meer oder auf dem Land ist, an *Ferragosto.*

*

Meine Großmutter weckte alles ein, was sie zu fassen bekam, Zwetschgen, Kirschen, Birnen, aber auch Karotten, Bohnen und Sellerie. Ihre Gläser waren ihr Gefrierschrank. War der Winter noch so hart, ab und zu schmeckte er nach Sommer.

*

Als Nonna Elena noch unverheiratet war, sagt sie, habe sie im Pressebüro von Fiat gearbeitet, neue Autos auf der Bühne vorgestellt, mit Giovanni Agnelli zu tun gehabt, in den fünfziger und sechziger Jahren.
Zweiter Juli 1957, im *Circolo della Stampa,* dem Sporting Club von Turin am Corso Giovanni Agnelli, der baumbestandenen Allee im südlichen Teil der Stadt, wird der Cinquecento vorgestellt, ein mondäner Ort, lange eine der luxuriösesten Sportstätten Europas. Auf den Tennisplätzen spielten Ikonen des weißen Sports, Rod Laver und Billie Jean King. An diesem Tag nutzte, wie so oft, auch Fiat den Club, RAI übertrug live, wichtige Männer waren zugegen, Fiat-Präsident Vittorio Valletta, Vizepräsident Gianni Agnelli, Chef-Designer Dante Giacosa, aber auch in- und ausländische Journalisten, Werber, Models, Ingenieure und Techniker. Um den Pool des Clubs standen rund fünfzig Cinquecentos, neben diesen Mechaniker in weißen Overalls, eine Band spielte, die Gäste drehten nach und nach mit den Autos eine Proberunde, auch der erste Formel-1-Weltmeister überhaupt, Nino Farina. Organisiert hat den Abend im *Circolo* Maria Rubiolo, die erste Frau Italiens, die später eine Pressestelle leitete; *Signorina Fiat* wurde sie genannt, die Chefin

von Nonna Elena. Die Party endete damit, sagt Nonna Elena, dass alle, der Anspannung entledigt, in voller Montur in den Pool hüpften – nachdem sie gegessen und getrunken hatten, als Dessert gab es Eis aus Zitronenhälften. Zwei Tage darauf fuhren die Pool-Cinquecentos und nochmals mehr als doppelt so viele in einer Parade durch Turin, Mannequins wie Iride winkten den Turinern und Turinerinnen aus den Fahrzeugen zu, Nonna Elena begann einen Werbefilm in die ganze Welt zu verschicken, eine ehemalige Miss Italia – rotes Kleid, rote Lippen, weiße Handschuhe – führte vor, wie elegant man aus dem kleinen Auto aussteigen konnte. In Italien werden diese Jahre *i mitici anni alla Fiat* genannt, die legendären Fiat-Jahre. Ich stelle sie mir als eine italienische Version der US-Serie *Mad Men* vor, Nonna Elena swingend mittendrin, *Calypso Italiano.*

Noch heute wohne sie in der Nähe ihres ehemaligen Arbeitsplatzes, des Fiat-Werks Lingotto. Bereits ihr Vater habe für Fiat gearbeitet, zumeist Materialien zwischen Mirafiori und Lingotto hin- und hergefahren. Wir trafen sie vorhin zuerst auf der Straße vor der Pizzeria ihres Sohnes, sie war mit einem grünen Punto, einem Modell aus den Neunzigern, angefahren gekommen. Wir halfen ihr, Gemüsekorb um Gemüsekorb aus ihrem Punto zu laden. Immer sei sie Fiat gefahren, in ihrer Jugend, jetzt im Alter und auch zwischen diesen Jahren – nach der Hochzeit kauften ihr Mann und sie sich einen Cinquecento, *sempre Fiat.*

Wir sitzen an einem Tisch in der Pizzeria ihres Sohnes Gianluca, *Flegrea*, benannt nach dem vulkanischen Gebiet unweit Neapels, lange Zeit die Stammpizzeria der Redaktion von *La Stampa*, deren Gebäude nur ein paar hundert Meter entfernt war, an den Wänden hängen die wichtigsten Titelblätter, die Mondlandung genauso wie die Ernennung Karol Wojtyłas zum Papst. Gianluca hat einen Pizzabäcker aus Neapel eingestellt, es wird die beste Pizza sein, die ich auf unserer Reise gegessen habe. Natürlich probieren wir auch die *Giardiniera* aus einem der Gläser von Nonna Elena aus dem Sommer im Piemont. Sie schmeckt genau danach, weich und knackig, süß und ein wenig scharf, das dürfte das Bohnenkraut sein, *santoreggia* nannte sie das grüne Gewächs. Ich sage ihr, ich könne mir gebratenen Thunfisch gut dazu vorstellen. Nonna Elena antwortet, *no, no,* die *Giardiniera* sei ein reines Antipasto, man esse sie nur mit *pane*, Brot, manchmal werde aber Thunfisch aus der Dose daruntergemischt.

Eine Giardiniera habe ihre Schwester gefahren, sie aber nie. Nonna Elena erinnere sich aber auch an den Tag, als die Giardiniera 1960 vorgestellt wurde, sie hatte zuvor ihre Hochzeit verschieben müssen, weil beide Termine kollidierten.

Nonna Elena kneift mir in die Hand, als wir auf Fußball zu sprechen kommen, sie sagt, es gebe nur einen Klub in der Stadt, *i granata*, die Granatroten, den FC Turin, den Arbeiterklub der Stadt. Ob ich einmal von einem anderen gehört hätte?

Wie zuvor in Rom Daniel in Lucia, bin ich nun ein wenig verknallt in Nonna Elena, sie mag mich offensichtlich, beim Kochen spürte ich einen Moment lang ihre Hand auf meinem Po, *nonna mia!*

„Was ist Ihr Geheimnis, jung zu bleiben?“, frage ich sie.

Verdure, sagt sie, Gemüse.

IN ITALY

*

Der Geschmack eines Sommers – Nonna Elenas Giardiniera

5 kg San-Marzano-Tomaten · je 500 g Bohnen · Blumenkohl · Karotten · Cipollini-Zwiebeln · Staudensellerie · Zucchini · Paprika und Auberginen · je 1–2 Bund Bohnenkraut und Basilikum · 1 l Olivenöl · 500 ml Weißweinessig · 4 EL Zucker · 4–5 EL grobes Meersalz

Die frischen Tomaten ohne Haut in einem sehr großen Topf eine Stunde köcheln lassen. Die Bohnen in 2 Zentimeter lange Stücke schneiden, den Blumenkohl in kleine Röschen zerteilen, die Cipollini-Zwiebeln halbieren, alle anderen Gemüsesorten in mittelgroße Würfel schneiden, die Auberginen zuvor schälen. In den Topf mit den Tomaten erst die Karotten, dann je fünf Minuten später den Staudensellerie, die Zwiebeln, den Blumenkohl, die Bohnen, die Zucchini, die Paprika und zuletzt die Auberginen geben und 45 bis 50 Minuten köcheln lassen. Immer rühren, sonst brennt das Gemüse an. Nach Geschmack fein geschnittene Basilikumblätter, *Santoreggia,* also Bohnenkraut, Öl, Essig, Zucker und Meersalz dazugeben, abschmecken, noch etwas köcheln lassen. In saubere, mit heißem Wasser ausgespülte Gläser füllen, dreiviertelvoll, gut verschrauben und mindestens einen halben Tag lang auf den Kopf stellen. Umdrehen – *pronto.*

*

Daniel und ich vertreiben uns die Zeit, solange unser Auto bei Fiat steht, drei Tage länger als vorgesehen, schlendern durch Turin, mal zusammen, mal allein. Er geht Lederschuhe einkaufen und sich bei Chiropraktikern den Rücken behandeln lassen, fotografiert alte Turiner in der städtischen Straßenbahn, ich lese meistens auf irgendeiner Treppenstufe, vor dem Dom, der eher für Jesu Grabtuch als für seine solide Renaissancebauweise bekannt ist, vor der ziegelroten Porta Palatina, einem alten Stadttor aus römischer Zeit, vor Brunnen, auf Holzbänken und Wiesen, entdecke Turin schmökernd und flanierend.

Turin galt lange eher als Fabrik denn als Stadt, auch weil viele Süditaliener bei Fiat arbeiten wollten und vor den Werktoren Schlange standen, die dieses Bild der Stadt festigten. Die Ur-Turiner reagierten ablehnend auf sie, das Nord-Süd-Gefälle im Land ließ sich etwa an Schildern ablesen, die sie an ihren Häusern anbrachten. „An Süditaliener nicht zu vermieten" stand darauf. *Olivetti, Martini, Lavazza,* Schreibmaschinen, Wermut, Kaffee – Marken, die neben Fiat eng mit der Stadt verknüpft sind, weshalb sie lange als das Manchester Italiens galt; dabei wird vergessen, dass Turin womöglich so viele barocke Palazzi, Innenhöfe und Alleen sein Eigen nennen darf wie kaum eine andere Stadt in Europa. Zwischenzeitlich war

es die Hauptstadt des Königreichs Italien, erst später zogen die Savoyer nach Rom, hinterlassen haben sie das, was ich nun sehe. Gehe ich durch die Alleen der Stadt, vorbei an Gebäuden in herrlich gedeckten Farben, erheben sich die Alpen im Norden und auf der anderen Seite des Po die grünen Hügel des Piemont im Süden, und immer wieder ragt über diesen Boulevards eine Spitze hervor, die der *Mole Antonelliana*, eines als Synagoge geplanten Gebäudes, höher als der Kölner Dom, knappe einhundertsiebzig Meter.
Die Turiner kultivieren ihren Einkauf, sind eher mit sieben als mit nur einer bunten Einkaufstasche behängt, Karton an Karton, eine Shoppingprozession durch die Via Garibaldi, eine der längsten Fußgängerzonen Europas, während das mit Bäumen gesäumte Band des Po, die Ruderklubs und Parks dafür sorgen, dass sie eine der grünsten Städte Italiens ist. Manchmal überrascht mich – trotz Sonnenschein – ein frischer norditalienischer Luftzug, der die Stadt klarer konturiert, sie seltsam schweben lässt. Vielleicht kommt dieser Eindruck aber auch von *il vermut*, dem Wermut, den wir an mehreren Ecken Turins verkosten, oft im *Caffè Elena*, unserem Wohnzimmer dieser Tage, zufällig hatten wir es unter den *portici* entdeckt. Eine elegante Bar an der Piazza Vittorio, die einem der Erfinder des Wermuts gehört haben und in der Friedrich Nietzsche genauso ein und aus gegangen sein soll wie Cesare Pavese, einer der großen italienischen Autoren, der über seine Herkunft, das Piemont, und die Bauern, Arbeiter und Frauen schrieb und es damit sogar schaffte, den ewig Unbegeisterten zu begeistern, Thomas Bernhard. Von Pavese wird erzählt, dass er sich stets in solche Frauen verliebte, die seine Liebe nicht erwiderten, vermutlich schrieb er nicht nur hier im *Caffè Elena*, sondern ertränkte auch seinen Kummer in diesem Jugendstilkleinod.

Während wir durch Turin streifen, fällt mir auf, die Stadt funktioniert wie eines dieser Aufklappbücher für Kinder. Immer wieder öffnet sich ein Platz, ein Gebäude oder eine Straße, mit am eindrucksvollsten die Piazza della Repubblica. Sie als schön zu bezeichnen, wäre verwegen, sie lebt von ihrem Chaos, auch weil eine Kreuzung sie vierteilt, die mitten durch die Piazza verläuft, Straßenbahnen, Transporter, Autos, Apen und Müllwagen sich ihren Weg zwischen den Menschen auf der Piazza hindurch bahnen. Dort findet der größte Markt Europas statt, der Architektur gewordene Bauch der Stadt, der *mercato di Porta Palazzo*. Früher haben sich hier, ähnlich wie in den Werkhallen von Fiat, die Süditaliener den Respekt der Turiner erarbeitet. Dort, wo einst Piemontesen ihr Gemüse verkauften, standen später Sizilianer und Kalabrierinnen hinter ihren aufgetürmten Südtomaten. Heute wiederum gewinne ich den Eindruck, als wären die Händler zwar weiterhin Italiener, aber zumeist mit chinesischen, arabischen und nordafrikanischen Wurzeln, sie bieten dort unter freiem Himmel ihre Auberginen und Gurken, Strümpfe und Zucchini, Tangas und Tomaten, Fußballtrikots und Siebe, Melonen und Kerzen, Jesusse und Ronaldos feil. In den Markthallen laufe ich dagegen an rundlichen Frauen vorbei, deren urpiemontesische Landgesichter sich gut in ihre rosafarbenen Auslagen einfügen, Schinken-Camouflage. Zwischen all diesen Händlern drängeln sich Studentinnen und Köche, Denkerinnen und Arbeiter, Touristinnen und Kleinkriminelle, arme Schlucker und das gehobene Bürgerturm Turins. Während meiner Bummeleien bekomme ich mit, wie sich das Letzere öfter mal mit den schwarzen Händlern zankt, auf Italienisch, und gewinne so auch eine Ahnung davon, warum die Lega, die Rechtsaußenfront Italiens, hier im Norden gegründet worden ist. Und warum sie ihr Feuer immer wieder dort anfacht, wo Menschen sich schwertun, wenn Nord- auf Süditalien, Europa auf Afrika und Asien trifft, es sei denn, irgendjemand braucht gerade mal wieder Koriander. Doch eine gute Antwort auf die Verteilungskämpfe, die sich an diesem Ort veranschaulichen, gibt allein schon der Name der achteckigen Piazza – Platz der Republik. Sie wird morgen bunter sein als heute.

Als ich gerade bei einer Italochinesin eines dieser kleinen Holzbretter kaufe, mit denen ich zu Hause meine Gnocchi und 'Ndunderi herstellen möchte wie Maria an der Amalfiküste, klingelt mein Telefon, es ist *Il Lupo*. Unserem Auto gehe es gut, verstehe ich, wir könnten kommen.

*

Mirafiori, an einem Freitagmorgen öffnet uns ein entspannter Maurizio das Tor seiner Werkhalle, als ich an ihm vorbeischaue, erblicke ich unser Auto – blitzblank. Es gebe keine großen Probleme, das Auto sei in einem guten Zustand, nur der Druck im Motor sei nicht der beste, die Kolbenringe müssten getauscht werden, er schaffe sonst nicht die volle Leistung. Um den Motor zu warten, sei aber nicht genug Zeit gewesen. Maurizio erklärt uns, dass wir uns daher nicht mit achtzehn, sondern mit vielleicht vierzehn PS durch Italien bewegen.

Als wir ihm sagen, dass wir damit über den *Passo del Rombo*, das Timmelsjoch, die Grenze auf einer Hochalpenstraße überqueren wollen, auf zweitausendfünfhundertneun Meter, verzieht Maurizio sein Gesicht, wird wieder zu *Il Lupo*. Er würde uns eher raten, die steten Geraden einer Brennerautobahn zu nehmen als die Steigungen und Kehren eines Alpenpasses; weil er aber merkt, dass die Route in unserem Hirn wie bei zwei Rallyepiloten festgebrannt ist, sagt er nur, wir sollen uns melden, wenn wir über den Berg sind.

*

Ich bin erstaunt vom weichen Getriebe, fühle die Fliehkräfte der Steilkurven auf mich wirken; sehe ich aus den Fenstern, glaube ich in einem Flugzeug zu sitzen, das eine scharfe Wende vollführt. Der Horizont steht schief in meinen Fenstern, Turins Bauwerke auch, ich fliege mit meinem Auto über die Alpen, befinde mich aber doch nur auf einem Dach, gegen dessen Asphalt mich die Schwerkraft drückt, unter mir fünf Stockwerke, hunderte Quadratmeter Fassade, Fenster über Fenster, Lingotto, ein Wahnsinnswerk, ein filigraner Stahlbetonbau, unten wurden die Bauteile angeliefert, zwischen Erdgeschoss und Himmel wurden sie zu Autos montiert, diese wiederum bei Höchstgeschwindigkeit auf dem mehr als einen Kilometer langen Rundkurs auf dem Dach getestet; waren Mängel zu spüren, rollten sie zu den Arbeitern zurück in die Produktion, waren sie geschmeidig wie heute unseres, ging es die wie Schrauben gewundenen Rampen nach unten, und von dort in die Welt.
Schon allein die Idee zu einem solchen Gebäude – das heute von dem Unternehmen kaum mehr genutzt wird – zeugt davon, was Fiat für Turin war, ein Königreich. Giovanni Agnelli hatte sich die Inspiration dazu bei Ford in Detroit geholt: Gestalte es größer, luftiger, futuristischer, dürfte er seinem Architekten, dem Produktionsdirektor von Fiat, Giacomo Mattè-Trucco, gesagt haben. 1923 wurde das Gebäude eingeweiht, sogar Le Corbusier schwärmte, Lingotto sei auf den Punkt gelungen, klar, deutlich; das Werk war einer der eindrucksvollsten Industriebauten, der sowohl König Vittorio Emanuele III. als auch Mussolini gefiel – und verschiedenen Generationen unterschiedlich in Erinnerung blieb:
Beschäftigte wie Nonna Elena erinnern sich an die vielen umtriebigen Menschen in der Fabrik. Die Kinder der Arbeiter und Arbeiterinnen haben vor Augen, wie sie an Weihnachten dort Spielzeug geschenkt bekamen. Eine spätere Generation hat Bilder im Kopf, wie sie als Jugendliche mit ihren Skateboards das leerstehende Gebäude eroberte. Es sah für sie aus wie ein gestrandeter Wal. Und heute?
Heute holen wir unser Gepäck im *Hilton* ab, das in einem der Flügel des Werks untergebracht ist und von dessen Fenstern aus ich die letzten Tage auf das Dach, die Teststrecke, den Himmel über Turin blicken konnte. Hier wie in den Kinos, den Galerien und Einkaufszentren, die in das ehemalige Werk eingezogen sind, ist es ein Leichtes, sich vorzustellen, wie die Fiat-Angestellten früher gearbeitet haben mögen; in diesem Gebäude, das aus dem Leben Lingottos, des Bezirks im Südosten der Stadt, als Arbeiterviertel nicht wegzudenken ist – aber dennoch Geschichte.
„Testfahrt bestanden", schreibe ich Maurizio nach Mirafiori, in die Überbleibsel des ehemaligen Großkönigreichs. Wir fühlen uns leicht und locker, die Fahrt auf dem Dach, die neue bewegliche Art unseres alten Autos wirkt wie eine Massage. Nichts dürfte mehr schiefgehen, denken wir.

DODICI

Ein letztes Stück Italien, *un ultimo pezzo d'Italia*

Heute fühlen wir uns wie zwei Handlungsreisende, fahren an Italien vorbei, nicht die Route, sondern das Ziel vor Augen. Zuvor hatten wir Freiheiten, ein Zeitpolster. Doch die Tage in Turin haben es aufgebraucht, knapp siebenhundert Kilometer werden es heute bis in die Alpen sein, weshalb wir Mailand nur streifen und so nah es geht an die Berge herangelangen wollen, um sie tags darauf zu bezwingen. Die Luft ist noch frischer geworden, wir reisen in Richtung Herbst; das Flimmern des Sommers ist verschwunden.

Wir bahnen uns auf einer fahlen Straße zwischen Industriestädten und ihren Ausläufern, durch den grauen Reichtum des italienischen Nordens, unseren Weg, es passiert nichts; Strecke, wie ein monotoner elektronischer Song, *Italia Endlos*. Als wir uns hinter Bergamo entschließen, eine Espressopause einzulegen, und ich den Blinker nach rechts setze, flackert ein rotes Licht auf – *il generatore*, die Lichtmaschine. *Torino, abbiamo un problema,* schreibe ich *Il Lupo*, wir haben ein Problem.

Er antwortet sofort, sie hätten die Lichtmaschine nicht überprüft, nun würde die Batterie des Autos nicht mehr geladen werden, in spätestens einer Stunde sei sie leer, wir würden stranden, müssten sofort in eine Werkstatt, schreibt *Il Lupo,* Freitag, später Nachmittag, sechzehn Uhr, Italien.

*

Il Lupo empfiehlt uns eine befreundete Werkstatt zwanzig Minuten von uns entfernt, wir steuern sie an, sie haben keine Zeit, treiben aber einen Mechaniker einer anderen Werkstatt auf, der, es ist nun zwischen fünf und sechs Uhr freitagabends, plötzlich ratlos vor uns steht, und wir vor ihm. Wir sollen ihm hinterherfahren, bedeutet er uns, drei Kurven später biegen wir in die Zufahrt zu seiner Werkstatt ein, ein wenig vertrauenswürdiges, verlassenes Opel-Autohaus im italienischen Nirgendwo.

Dort schauen wir ihm zu in seinem grauroten Overall, er hat sanfte und diabolische Züge. Letztere passen lautmalerisch gut zu dem Namen des Ortes, in dem wir uns befinden, Grumello del Monte. Er schraubt die Lichtmaschine aus dem Auto, öffnet sie, sagt *ecco!*, hier!, und zeigt uns ein kurzes, schwarz angelaufenes Kupferkabel, da fehle ein Stück Kohle, verschlissen, sagt er, er nennt es *spazzola di carbonio,* Kohlebürste. Allerdings habe er keine in dieser Größe da. Er müsse seine Kollegen abklappern. Als er eine halbe Stunde später wieder in die Halle kurvt, bringt er eine mit, zu groß, sagt er, fährt wieder los, erscheint nach zwanzig Minuten erneut, baut das zwei-Cent-große Stück in den Generator ein und diesen in das Auto. Als er den Motor starten möchte – kein Mucks, *porco dio,* gottverdammt! Die nächsten zwei Stunden ist der Mann damit beschäftigt, über der Lichtmaschine zu grübeln oder an der Kupferspule in ihrem Inneren zu schrauben, löten, fei-

Battista

len. Sechs Mal baut er die Maschine in das Auto ein und wieder aus – immer: *niente,* kein Laut. Umso mehr Laute dringen dagegen aus dem Mann, brummend, schimpfend, zeternd – *maledetto, maledetto stronzo, cazzo, porca madonna, porco dio.* Weit nach zehn brettern der Mann und wir durch die Nacht ins nächste Dorf. Der Treffpunkt, ein schlecht beleuchteter Parkplatz, würde jedem Drogendeal gut anstehen, uns begrüßt ein bärtiger Gnom mit Schiebermütze, der uns in seinen Keller führt, eine Werkstatt, die wie das Bühnenbild eines Arbeiterstücks wirkt, Brecht. Tausende grauschwarze Teile, hunderte Motoren, drei Lichtspots, Ersatzteile in jahrzehntealten Originalverpackungen, dazwischen vier Cinquecentos, eine Cabrio-Strandversion, einer, der den Antrieb vorn hat, als angeblich einziger in der Welt. Wir erstehen eine gebrauchte, fünfzig Jahre alte Lichtmaschine, ob sie funktioniere, sagt *Il Gnomo,* wisse er nicht.
Zurück in der Werkstatt baut Battista, wir kennen nun seinen Vornamen, sie in unser Auto. Wieder kein Laut, wieder italienische Flüche. *Ancora una volta,* noch einmal, sagt er, tauscht Teile zwischen der einen und der anderen Lichtmaschine aus – aber weiterhin, diesmal kurz vor Mitternacht, *niente.* „Mein Kopf ist kaputt", sagt er. Er lasse es jetzt, *buonanotte.*

*

Samstagmorgen, kurz nach acht, es hat zu regnen begonnen, ein Tag wie ein Abschied, nur wie er aussehen wird, ist nicht klar. Battista schraubt erneut die Lichtmaschine raus und rein, rein und raus, es bleibt auch an diesem Morgen bei Flüchen. Eines probiere er nun noch, sagt er, gegen elf, den Regler der Lichtmaschine in Augenschein zu nehmen, seine Kabel zu erneuern. Dann startet er das Auto, und plötzlich – unsere Nonna, sie lebt, wir leben. Battista, Sohn eines Eismachers und einer Tabakwarenladenbesitzerin – *molte, molte grazie*, Teufelskerl.

*

Vor Verona biegen wir links ab, erhaschen einen Blick auf den Lago di Garda, sein vertrautes Blau und Grün ist zu erahnen, aber auch, dass er im Regen liegt. Eigentlich wären wir die vergangenen Tage an einem anderen See Italiens zu Gast gewesen, dem Lago di Como, und dort in einem Haus, in dem ich einmal die beste *Pasta alla pugliese* meines Lebens, also Pasta mit Brokkoli und Sardellen, gegessen habe. Eine Zeitung hatte mich für eine Reportage in der *Villa La Collina*, der ehemaligen Sommerresidenz von Konrad Adenauer, einquartiert. Einer der Köche des Hauses, Alessio, hat das Rezept vor rund zwanzig Jahren von der Mutter eines befreundeten Kochs aus Kampanien „geerbt", wie er sagte, und war erstaunt, wie wenig Zutaten es braucht, um ihn zu begeistern; weshalb er es auf die Speisekarte der *Villa La Collina* schmuggelte.
Seit wir Turin verlassen haben, ernähren wir uns fast ausschließlich von *Panini* und *Tramezzini*, italienischen Sandwiches, die wir in Raststätten unweit der Straße finden, Roadfood. Doch jetzt, wo es alpiner wird, links und rechts von uns Berge wie schwarzgraue Riesen auftauchen, mir die Feuchtigkeit und die Kälte in die Glieder fährt – die Heizung ist noch immer defekt, *porco dio* –, sehne ich mich nach einem Teller dieser dampfend heißen Sardellen-Brokkoli-Pasta, Soulfood.

*

Alessios Pasta pugliese

1 Brokkoli · 1 Glas Olivenöl · 1 Knoblauchzehe · 1 frische Chilischote · 4 Sardellenfilets in Öl · 300 g Pasta (Fusilli oder Orecchiette) · Weißbrot · frische Kräuter

Den Brokkoli waschen und in kleine Röslein sowie den Stiel in 1 Zentimeter lange Stücke schneiden, für etwa 5 Minuten in heißes Salzwasser geben. Das Kochwasser aufbewahren. In eine mit einem Viertel des Öls gefüllte Pfanne nach und nach den gehackten Knoblauch, den fein geschnittenen *Peperoncino* – die Chilischote – und die Sardellenfilets geben. Dann 2 Minuten lang den zuvor blanchierten Brokkoli dazugeben, anbraten, beiseitestellen. Nun die Pasta im Brokkoliwasser kochen und anschließend mit der Brokkolizubereitung in etwas Kochwasser und dem restlichen Öl schwenken. Das zuvor in sehr kleine Würfel geschnittene und mit Kräutern angebratene Brot darüberstreuen und servieren.

*

Ich kenne die Strecke aus meiner Kindheit, Trient, Bozen, auf Felsvorsprüngen thronende Burgen, Weinhänge; sich entscheiden zu müssen, ob man in Richtung Brixen oder in Richtung Meran fährt, das sich öffnende Gebirgspanorama, Alpenüberquerung, Stilfser Joch, Jaufenpass, westlicher der Reschenpass, östlicher die Route über den Großglockner, nicht zuletzt der Brenner, der niedrigste Alpenübergang. Wir haben uns für das Timmelsjoch entschieden, weil mich der Pass, den ich bisher nur von Fotos kenne, am meisten an den Berg meiner Kindheit erinnert, den Großglockner.

*

Es war wieder das Ende jener schönen Ferientage, *Urlaub in Italien*, die knallblauen Sonnenliegen der italienischen Adria noch im Gedächtnis, Sandkörner hinter den Ohren, fuhren wir, mein Onkel, der älteste Sohn meiner Großmutter, und ich über die Alpen. Auf zweieinhalbtausend Meter Höhe bat ich ihn, zu halten, ich – Kind! – hatte Schnee gesehen – im Sommer! –, vom Straßenrand nahm ich eine Handvoll, packte sie in eine Tüte und die in unsere Kühlbox; jahrelang lagerte ein Eisklumpen in der Gefriertruhe meiner Mutter; ein letztes Stück Italien.

*

Südtirol ist für mich mehr Österreich als Italien, bis auf seine tausend Dialekte geordneter, klarer; eine alpine Region, dazu da, um sie zu überqueren. Als wir das Passeiertal passieren, am Geburtshaus des Widerstandskämpfers Andreas Hofer vorbeifahren, hat der Regen aufgehört, die Sonne steht über dem Tal, die Wolken lichten sich, geben ein blaues Trapez frei; unser letzter Berganstieg beginnt stetig, vorbei an Apfelplantagen, Kuhwiesen, sanften Hängen, einem Fluss, der über kleine und große Felsen rinnt und in Schluchten schießt, ein Tal wie vom Wasser geformt. Allmählich, Nadelbäume links und rechts kündigen es an, wird es enger, am Horizont stehen Berge wie Kegel, ein erster Tunnel, ein dritter, ein sechster, in Fels gehauen, Holzstapel am Wegesrand. Die ersten merklichen Kehren, vierzehn soll es auf den dreißig Kilometern geben, unser Auto hat einen guten Takt gefunden, mit vierzig, fünfzig Stundenkilometern tuckern wir den Berg hinauf. Abzweige zu Almen, je höher wir kommen, desto mehr versinkt er im Nebel, auch die wenigen weißen Rinnsale, Schnee. Schaffen wir den Pass, rollen wir nur noch aus, nach *Monaco di Baviera*, München, eine Stadt, italienischer als die gewundene Bobweltmeisterbahn hier.

Im Jahr 1968, wenige Monate bevor unser Auto vom Band lief, wurde vollendet, was Arbeiter mit Pickeln, Schaufeln und Schubkarren in den fünfziger Jahren begonnen hatten: „Mittags Skilauf auf den Ötztaler Gletschern und nachmittags Entspannung unter Palmen in Meran“, so hieß die Vision, die mit der Alpenstraße über das Timmelsjoch Wirklichkeit werden sollte. Schon tausende Jahre vor Christus benutzten Menschen diesen Pass, danach Schmuggler, Händler und ihre Maultiere. Nun fahren wir die Serpentinen, eingekerbt in den Pass, als wären sie schon immer Teil davon. Eigentlich sind sie nutzlos geworden, gibt es doch die von den Launen der Natur unabhängigen modernen Tunnelbauten. Nur Nostalgiker befahren die Pässe noch, für heute sind wir die Letzten, niemand überholt uns, kommt uns entgegen. Gleich halb sieben, sie sitzen schon in den warmen Wirtshäusern auf der einen und der anderen Seite des Jochs. Die Kälte ist kalt, die Sicht schlecht, wenige Meter nur, Nebelscheinwerfer nicht vorhanden, Scheiben beschlagen, wir schnaufen die Straße hoch, überraschend mühelos.

Kurz vor dem Gipfel öffnet sich der Himmel, als würde er uns oder unsere mit offenen Armen dastehende Polypropylen-Madonna in Empfang nehmen oder zumindest einen Sonnenspalt Wärme schicken wollen. Eine finale Steigung, ich sehe den höchsten Punkt, gleich sind wir über den Berg, fahren ins Licht, ein letztes Stück Italien.

TREDICI

Piccola Roma, im römischen Dorf

Mein italienisches Auto, sizilianische Winter gewöhnt, stand mehrere Monate zugedeckt in einer Scheune, unweit vom Dorf meiner Großmutter, und hielt dort, neben Traktoren, Pflügen und Pflanzenkisten, Winterschlaf.
Ich weckte es, als der Frühling anklopfte. Ein paar Tage und Landstraßen später fuhr ich mit ihm und seinem sizilianischen Kennzeichen in den Norden des Landes, auf dem Beifahrersitz mein Vater. Mit meiner Ankunft kroch ein Virus, wie wir von Italien kommend, in unsere Welt – und damit für längere Zeit die Gewissheit, Daniel, das Auto und ich waren mit die letzten Urlauber, die Italien bereisen konnten, wie wir es immer gewohnt waren – ohne Distanz, mit Wärme und Nähe.
Allen, auch den ältesten Italienern und Italienerinnen, die wir getroffen hatten, geht es gut, sie sind verschont geblieben, *fortunatamente.*

Zuvor hatte ich eine Sache von ihnen gelernt. In Franco Battiatos Film *Perduto-amor*, der von dem sizilianischen Jungen Ettore in den fünfziger Jahren erzählt, heißt es, Italien sei ein Land mit einer tödlichen Krankheit – gemeint sind Mafia, korrupte Politiker, wechselnde Regierungen, ein schwächelndes Gesundheits- und Sozialsystem – Instabilität. Doch als ich an ihren Küchentischen zu Gast war, egal ob in Sizilien, Kalabrien, in Rom oder in Turin, wurde mir deutlich, dass in einem Land, in dem das Unverlässliche das Verlässliche ist, zwei Dinge enorm an Bedeutung gewinnen, die Familie und das gemeinsame Essen, *la famiglia e mangiare insieme.*
Beides spendet Geborgenheit, Wärme, schafft Urvertrauen. Jeder weiß, auf das eine gemeinsame Abendessen folgt ein nächstes. Es ist identitätsstiftend, es ist Italien. Näher als am Küchentisch kann man diesem Land nicht kommen. Ein Staat kann auseinanderbrechen, ein Virus ihn bedrohen – die klassische italienische Familie wird auch dann noch gemeinsam am Tisch sitzen und darüber sprechen, was man am nächsten Tag kochen wird. Dieses Moment macht sie nicht immun, aber es stärkt sie.
Natürlich sind viele Italienerinnen und Italiener darauf angewiesen, auch fern ihrer Heimat Halt zu finden. Gleiches gilt für Menschen, die – das gibt es auch in Italien – sich mit ihren Familien überworfen haben. Sie finden das in frei zugänglichen Wohnzimmern, den italienischen Bars. Beobachten konnte ich das ein paar Wochen vor dem Beginn meiner Reise mit dem Cinquecento auf einem Hügel oberhalb des Comer Sees. Dort steht in der Mitte eines Ortes ein Gebäude: nicht die Kirche, sondern ein Haus mit einer Bar in der Via Roma. Das Herz des Dorfes, ein Ort für Menschen jedweden Alters, hier wird Lotto gespielt, Fußball geschaut, werden Zeitschriften und Bustickets gekauft, wird auf den Bus gewartet, gefrühstückt, Wein getrunken, Karten gespielt und der *aperitivo* zu sich genommen. Dabei wird über den Alltag und Alltägliches, Sorgen und Ängste gesprochen, mit einem Glas Lugana Ablenkung, mit einem Schluck Espresso Wärme gespendet, Tag für

Tag, Morgen für Morgen, Abend für Abend. Orte wie dieser, zu tausenden in Italien, ähneln der Küche einer *Nonna,* einer *Mamma* – sie sind Treffpunkte, halten das Dorf, das Viertel, die Nachbarschaft zusammen. Kurz mit der Barista sprechen, *Come stai?*, wie geht's? – und gestärkt die Vorhaben des Tages angehen.

Melissa, die ligurische Kuchenbäckerin aus Rom, schrieb mir, sie sei eigentlich nie stolz auf ihr Land, aber dieses eine Mal, als die Armee in der Altstadt von Sarzana patrouillierte, was sich für sie anfühlte, als herrsche Krieg, sei sie glücklich darüber, Italienerin zu sein; weil sie die Menschen einander helfen sah – und sei es nur bei einem gemeinsamen Abendessen, getrennt vor zwei oder mehreren Bildschirmen, an verschiedenen Esstischen in verschiedenen Küchen, aber doch vereint, die italienische Großfamilie wurde größer.

Und wir? Daniel, mein Auto, ich?

Daniel, der mir gesagt hat, natürlich sei die Fahrt ein Abenteuer gewesen, wenn auch anders, mit einem leichteren Vibe als sonst, pflanzte in dieser Zeit in seinem zweiten Zuhause, in Spanien, achtzig Olivenbäume, die Tipps dazu holte er sich bei Michele, dem Olivenbauern in Kalabrien. Während der Krise führte ihn ein Auftrag in eine Bonner Klinik, dort traf er auf einen Mann aus Bergamo, der künstlich beatmet um sein Leben kämpfte. Eines der ersten Dinge, die er, wieder zu Kräften gekommen, tat, war, einen Espresso zu trinken.

Mein Auto brachte ich im Norden des Landes an einen Ort, der einen für diesen Landstrich nicht unbedingt typischen Namen trägt, *Il Motore*. Dort traf unsere *macchina* auf Torsten, den Inhaber dieser Werkstatt, ebenfalls Baujahr 1968. Er hat in einem Fiat-Autohaus gelernt, nachdem ihm, damals sechzehn Jahre alt, erstmals diese kleinen Autos aufgefallen waren; mit neunzehn kaufte er sich seinen ersten Cinquecento, der zweite, den er über zwanzig Jahre hatte, wurde ihm in Palermo geklaut, heute fährt er seinen dritten – und bereist mit ihm auch weiterhin Italien, über hundertfünfzig Mal bereits, etwa vier Mal pro Jahr ist er dort. Die gesamten Neunziger habe er in Italien verbracht, sagt er, sich seine Urlaube dort finanziert, indem er auf italienischen Schrottplätzen Teile aufgesammelt und sie zu Hause wiederverkauft habe. In dem Jahr, als der dicke Luigi in seinem Cinquecento an mir vorbeiknatterte und ich mich mit jedem Tor bei der Fußballweltmeisterschaft mehr in den heute vergessenen Torjäger Salvatore „Totò" Schillaci vernarrte, war Torsten, den ich daher nur mehr Totò nenne, schon ein Stück weiter, tief in Italien, stand mit drei Freunden auf einem

alten Fiat Novecento, um einen Überblick über den Schrottplatz zu bekommen und danach mit dem unendlich überladenen Kleinbus, zugleich ihrer Schlafstätte, durch Turin zu kurven.

Knappe dreißig Jahre später eröffnete Totò, mittlerweile Vater geworden, *Il Motore*. Mir gefällt die Werkstatt auf Anhieb, in dem Haus aus braunen Backsteinen aus dem neunzehnten Jahrhundert, an dem nichts weiter als ein altes, rot-blaues Blechschild hängt, das Fiat-Emblem, vor dem sich mal zehn, mal fünfzehn Cinquecentos aufreihen, als wäre die Zeit stehengeblieben. Im Inneren findet sich eine wilde Mischung aus sechziger und achtziger Jahren, dazu Schreibtischlampen, die eher in den Siebzigern von Luigi Colani designt worden sein könnten, das Schachbrettmuster des Werkstattbodens, die Kaffeemaschinen, die große italienische Bars schmücken könnten, die angenehmen Mechaniker; ein Ort im Süden.

Nachdem ich meine Giardiniera durch das Tor der Werkstatt gerollt hatte, checkte Totò ihre Werte, beim Tuckern des Motors fiel ihm augenblicklich auf, dass sie nur auf einem Zylinder lief, ein Gebrechen, das sie im Fiat-Werk in Mirafiori schon festgestellt hatten. Allerdings musste Totò auch schmunzeln, dass sie dort zwar das Getriebe auseinandergenommen, die defekten Teile aber nicht ersetzt hatten und dass auch die Heizung nicht fertig montiert war. Ansonsten fielen Totò und seinen Mechanikern noch rostige Bremsleitungen und ein knirschender Unterboden auf, die der obersten deutschen Gründlichkeit, dem TÜV, nicht gefallen würden. Zudem bräuchte das Auto für deutsche Straßen zwar weiterhin keine Gurte, dafür aber eine Warnblinkanlage und Standlicht. Doch insgesamt, sagt Totò, hätte ich Glück gehabt. Als er zuletzt einen Cinquecento aus Rom überführt habe, blieb er alle halbe Stunde liegen.

Zwei Tage bevor ich erstmals Totòs Werkstatt aufsuchte, hatte ich, aus dem Süden kommend, einen Abstecher über Karlsbad gemacht, Tschechien, eine spontane Idee; mein Vater saß neben mir auf dem Beifahrersitz, erzählte vom *Grandhotel Pupp,* in dem er in jüngeren Jahren oftmals übernachtet hatte. Das *Pupp* ist eine Institution, es wäre einfacher, zu sagen, wer dort noch nicht genächtigt hat, als, wer schon zu Gast war – Karl Marx und Napoleon, Kaiser Franz Joseph und Kaiserin Elisabeth, Helen Mirren und Claudia Cardinale, Casanova und Susan Sarandon, Sigmund Freud und Robert De Niro, Paganini und Goethe. Nicht nur ein James-Bond-Film spielte in dem Barock-, Rokoko- und Neobarockbau, sondern Wes Anderson benutzte den Zuckerbäckerstil des Hauses auch als Vorlage für sein *Grand Budapest Hotel.* Wir badeten in Bädern aus Marmor, vielleicht ja sogar Carrara, tranken Whiskey Sour in der Jugendstilbar und spielten Roulette, querfinanzierten uns, ähnlich wie Totò auf dem Schrottplatz, dadurch die Übernachtungen. Einer der schönsten Momente war aber gleich nach unserer Ankunft. Der Concierge an der Rezeption fragte mich nach meinem Autoschlüssel, der Wagenmeister werde den Wagen parkieren. Ich antwortete ihm, ich würde mein Auto besser selber parken, es habe seine Eigenheiten. Als ich es zwei Stunden später zum Parkplatz bringen wollte, hielt mich der Concierge, ich lief in der Lobby an ihm vorbei, auf und sagte: „Monsieur, mein Lob, das ist das außergewöhnlichste Auto, das in diesem Jahr vor unserem Haus stand." An diesem Tag bildeten mehrere Mercedes, Porsches, ein Bentley und ein Maserati, alle schwarzgrau, eine kleine Traube auf

Totò und Natascha

dem Vorplatz des Hotels. Doch nur für die Giardiniera interessierten sich die Passanten.

Totòs Aufgabe war es nun, ihre inneren Werte zum Scheinen zu bringen.

Kurz hatte ich überlegt – und mich dazu mit Elektromotorbauern zusammengesetzt –, ob ich sie umrüste; aber das war mir zu teuer und bei Gebrauchtwagen zu wenig ausgereift. Zudem verbrauchte sie auf dem Weg von Sizilien bis in den Norden weniger Sprit als ein durchschnittlicher Benziner unserer Zeit. Sie ist als Auto aus den fünfziger und sechziger Jahren, ein Fingerzeig aus der Vergangenheit, ökonomischer und platzsparender als ein durchschnittlicher Neuwagen.

Totò meinte, er könne mir einen Motor einbauen, der lediglich drei Liter auf hundert Kilometer verbraucht. Da die Reise mein Budget überschritten hatte, habe ich diesen Schritt zurückgestellt, auch wollte ich den Fiat gern so original wie möglich belassen.

Ich sei ein ungewöhnlicher Kunde, sagte Totò, die meisten verlangten nach einem stärkeren Motor, einem, mit dem man an der Ampel nicht Vollgas geben müsse, zweiunddreißig PS – so viel wie die Cinquecento-Motoren Carlo Abarths. Totò ist wie Abarth Motorenbauer, rennsportbegeistert, fuhr den Kurs in Imola und düst mit seinem Alltags-Cinquecento mit hundertachtzig über italienische Autobahnen, Tendenz steigend. Wenn ihn die Carabinieri anhalten, sagen sie ihm, das sei nicht erlaubt. Dann lassen sie ihn weiterfahren, alte Cinquecentos dürfen alles in Italien.

Totò und ich setzten uns an einen langen Holztisch hinter dem Büro seiner Werkstatt, dort, wo er und seine Mechaniker gewöhnlich Mittagspause machen, ich hatte mich mit ihm und Natascha, der Mutter seines Kindes Carl, auch genannt Carlo, verabredet. Natascha sagt über sich, die einzige Konstante in ihrem Leben sei der Cinquecento, er habe sie, seit sie neunzehn ist, begleitet. In einer Scheune nebenan steht ihr Auto und wartet darauf, wieder instand gesetzt zu werden. Es war jahrelang ihr Alltagsauto, Sommer wie Winter – eine Giardiniera. Allerdings hatten die Jahre Spuren hinterlassen, Rost. Totò, manchmal doch ein wenig Torsten, sagte spröde: „Wenn sie das Auto wieder fahren möchte, muss sie sich darum kümmern." Natascha murrte ein wenig, weil sie sich vermutlich etwas mehr Totò wünschte – und ich musste an Iride und Ulrich, das deutsch-italienische Paar aus Ligurien, denken, das sich wegen eines Cinquecentos verkrachte. Doch als ihr Mann sagte, der Fiat Fünfhundert habe sein Leben ausgefüllt und verändert, habe ihn dazu gebracht, jedes Jahr nach Italien zu fahren, Menschen kennenzulernen, die heute seine Freunde sind, die Werkstatt zu eröffnen und seine Freundin kennenzulernen, da verwandelte er sich wieder in Totò – und Natascha schmunzelte verknallt, als kämen sie gerade von ihrem ersten gemeinsamen Urlaub auf Elba zurück.

Totò sagte, er werde sich melden, wenn mein Auto in Schuss sei, Natascha gab mir dagegen ein Rezept in die Hand, ihr italienisches Lieblingsgericht, *Risotto alla mantovana*. Gigi, ein Schrottplatzbesitzer aus Mantua, südlich von Verona, ein Freund der beiden, habe es ihr gegeben, ihre Familie flippe aus, wenn sie es koche.

✷

Das Risotto alla mantovana von Gigi, dem Schrotthändler

500 g gehacktes Schweinefleisch · 2 Zweige Salbei · 2 Zweige Rosmarin · 2 größere Zwiebeln · Salz · Knoblauch · Olivenöl · 200 ml Weißwein · 1 Glas Whiskey · 250 g Risotto-Reis · gut 1 l Rindfleischbrühe

Eigentlich besteht das auch *Risotto alla pilota* genannte Gericht – *piloti* sind Reisvorarbeiter aus der Lombardei – hauptsächlich aus einer Wurst namens *Salamella*. Da diese aber schwer zu bekommen ist, versucht man ihren Geschmack in der Pfanne nachzubilden. Dafür den Rosmarin und den Salbei zu einem Päckchen zusammenwickeln und fest verschnüren (oder in ein Teesieb oder einen Beutel pressen), klein gehackte Zwiebeln in der Pfanne in reichlich Olivenöl anschwitzen. Das Hack dazugeben, klein teilen, anbraten. Nach ein paar Minuten Weißwein und Whiskey angießen, nicht zimperlich sein. Kräuterpäckchen dazu, immer wieder mit Salz würzen, dann Reis in die Pfanne geben, glasig braten, mit etwas Rinderbrühe aufgießen, stetig rühren. Sobald die Flüssigkeit verkocht ist, immer wieder nachgießen. Gegen Ende nach Geschmack noch etwas Whiskey dazugeben und kurz verdampfen lassen, Kräuterpäckchen auspressen, entfernen, umrühren, servieren.

✷

In den Monaten, als das Virus erstmals unseren Alltag bestimmte, kochte ich so viele italienische Gerichte wie nie. Nachdem es sich für den Augenblick beruhigt hatte, besuchte ich das Dorf meiner Großmutter. Den Ausschlag gab meine italienische Reise. Am meisten hatte nämlich Daniel und mich überrascht, wie stark landwirtschaftlich dieses Land immer noch geprägt ist. Es heißt, alle Wege führten nach Rom, in einem Zeitungsartikel schreibt eine Autorin mit italienischen Wurzeln einen schöneren Satz: In Italien gebe es immer einen Weg, der zum Meer führt. Nach unserer Reise muss ich ergänzen: oder auf einen Acker.

Im Dorf meiner Großmutter blieb ich über zwei Wochen, so lange wie zuletzt vor zwanzig Jahren; damals, als sie noch lebte. Ich spazierte über Obstbaumwiesen, fuhr mit dem Rad zwischen Feldern, klaute Blumen, ließ den Nachfolger von Bruder Fridolin in meine Augen sehen. Es roch nach Thymian und Katholizismus.

In diesen Wochen spürte ich, das Bauerndorf meiner Großmutter ist nicht nur näher an mir, als ich dachte, sondern auch näher an Mailand als an Hamburg, der Stadt, in der ich derzeit wohne. Dort verwahre ich seit ihrem Tod eine Emaille-Auflaufform. Sie stammt – rot, mit weißen Punkten, die gleichen Farben wie die Sitzbezüge meines Autos – aus dem Nachlass meiner Großmutter. Eines der wenigen Dinge, die ich von ihr besitze. Sie bereitete darin stets mein Lieblingsgericht zu,

wir nennen es *Lange Nudeln*. Wie bei Gnocchi besteht ihr Teig aus Kartoffeln, Mehl und Ei. Als Maria an der Amalfiküste ihre gnocchiähnlichen 'Ndunderi zu langen Wülsten rollte, hatte ich plötzlich das Bild meiner Großmutter vor Augen. Auch unter ihren vom Leben gezeichneten, aber flinken Händen entstanden solche Wülste. Nur teilte meine Großmutter sie nicht in kleine Quadrate zu Gnocchi, sondern schichtete sie am Stück in die rot-weiße Auflaufform – und überbuk sie.
Vor der Tür des Hofs meiner Großmutter – mir war das so deutlich nie bewusst – endet eine historische Straße, die über die Alpen führt und in Venetien und in der Lombardei beginnt, ihr Name ist *Via Claudia Augusta*. Der erste römische Kaiser, Augustus, ließ sie genau zwischen Adria, Po und Donau fünfzehn Jahre vor der Geburt von Jesus Christus errichten, fertiggestellt hat sie der vierte Kaiser Roms, Claudius. Sie wurde gebaut, um das römische Imperium zu vergrößern, Handel zu treiben. Herbergen und Gutshöfe, sogenannte *villae rusticae*, wurden an den Straßenrändern errichtet, aus ihnen entstanden Dörfer, etwa das, in dem ich jahrelang gewohnt habe und in dem heute noch meine Mutter lebt, ein ehemaliges Feldlager Julius Cäsars. Rund um das Dorf meiner Großmutter soll es um die hundert *villae rusticae* gegeben haben, manche ihrer Überreste sind heute noch zu sehen. Sie befinden sich in einer Region, deren Name auf die römische Provinz Raetia zurückgeht, das Ries.
Eine Laune der Natur sorgte dafür, dass das Ries eine besondere Form erhielt. Vor knapp fünfzehn Millionen Jahren schlug ein Asteroid an dieser Stelle ein, ein flacher Kessel entstand, füllte sich mit Wasser, sorgte für ein spezielles Klima, später siedelten sich Pelikane, Papageien und Flamingos dort an. Sie sind natürlich, wie der See auch, längst verschwunden, aber das Klima ist durch die eingesenkte Lage immer noch ein besonderes, sommerwarm. Zudem ist der Boden voller Mineralien, fruchtbar, seit Jahrhunderten ist der Krater mit Wiesen und Feldern bewachsen; hier keinen Fuchs oder Hasen zu sehen, ist ungewöhnlich, mitten im Dorf meiner Großmutter stehen Rehe, am Himmel ziehen Störche ihre Runden. Läuft man durch die Felder, begegnet man Schafen, lauscht einem Orchester von zirpenden Grillen. Sie sitzen zwischen wildem Thymian, Fenchel, Wacholderbüschen und Silberdisteln. Schlösse ich die Augen, röche ich nur die Wiesen und Kräuter, ich wüsste nicht, ob ich mich im Piemont oder eben hier in der Region meiner Kindheit befinde.
Das wichtigste Gut des Ries ist die Landwirtschaft, schon die Römer schätzten seinen ertragreichen Boden, sicherten sich das Gebiet, bald galt es als die Kornkammer Raetias. Die Römer brachten zudem eine *macchina* mit: die Mühle; vor rund hundert Jahren gab es noch hundertfünfzig von ihnen, eine Handvoll sind geblieben. Neben Mehl stellen sie manchmal auch Pasta her, die sie hier Nudeln nennen dürfen. Meine Großmutter vermengte das Mehl aus den Mühlen mit Eiern, walzte den Teig dünn aus, schnitt ihn mit einem Teigrädchen zu und legte die Stücke auf ein großes Holzbrett zum Trocknen – breite Bandnudeln. Sie bereitete sie so zu wie die Nonnas Italiens ihre italienischen Pendants, die Pappardelle. Meine Großmutter briet sie in Butter, darauf eine schweinefleischhaltige Sauce, der Emilia-Romagna nicht unwürdig.
Fahre ich heute zum Hof meiner Großmutter, ziehen Dörfer an mir vorbei, wo früher römische Kastelle und Bäder lagen. Bevor ich in ihr Dorf abbiege, verlasse

ich eine ehemalige römische Straße, fahre auf einer Allee aus Birken zwischen Feldern, auf denen immer wieder römische Münzen gefunden werden, um dann vor einem Ortschild zu stehen, auf dem ich lese, *Reimlingen*. Das Wort geht ursprünglich auf das Althochdeutsche zurück, dort wird Rom auch als *Rūma*, die Römer als *Rūmari* bezeichnet. Früher hieß das Dorf meiner Großmutter unter anderem auch *Rumeringa* und *Rumelingen;* es soll römische Wurzeln haben. Man könnte sagen: Klein-Rom, *Piccola Roma*.

Es dürfte auch kein Zufall sein, dass neben dem Bauernhof meiner Großmutter besagtes Kloster steht, das von Haus aus enge Bande nach Rom hat, und dass sie in einem Dorf lebte, das für seine geringe Größe eine enorme Zahl an Klöstern, Kirchen, Kapellen, Kreuzen, Mönchen und Pfarrern – und auch Geheimnissen hat. Wird im Kloster ein neuer Vorsteher gewählt, steigt zwar kein weißer Rauch auf, aber die Ränke im Vorfeld der Wahl dürften im Vatikan und in *Piccola Roma* durchaus ähnliche Züge aufweisen.

Zu Beginn meiner Reise sagte Marlon, der Gebrauchtwarenhändler mit sizilianischen Wurzeln, zu mir, ich sei aufgrund meines Vorhabens ein Italiener, ich musste schmunzeln; nun frage ich mich, wieder schmunzelnd, bin ich am Ende Römer, *sono romano?*

Entlang dem Verlauf von Straßen lieben sich Menschen, schließen Freundschaften, entwickeln Kulturtechniken, hinterlassen Spuren und Rezepte – und diese werden weiterentwickelt. Über die Alpen kamen bis ins neunzehnte Jahrhundert italienische Krämer in das Ries, sie verkauften Töpfe und Schöpflöffel und andere Dinge. Meine Großmutter hätte gesagt, sie boten ihren Krempel an. Das Wort leitet sich von *crompare* ab, einer Variante des italienischen *comprare* – kaufen. Die italienischen Händler, unter anderem aus Genua und Venedig, tummelten sich auf einer Messe, die es heute noch gibt. Nördlingen, die wichtigste Stadt im Ries, war für seinen Buchhandel weithin bekannt; im Spätmittelalter und der Frühen Neuzeit war es wie auch Frankfurt ein wichtiger Umschlagplatz für Waren aus ganz Europa. Aus Italien zog es zudem zahlreiche Handwerker und Architekten nach Bayern. Auch italienische Erntehelfer kamen. Hat sich einer von ihnen in eine bayerische Magd verguckt, würde man noch heute in vielen Teilen Bayerns sagen, sie sei sein *Gschpusi,* im Italienischen bedeutet *sposa* die Braut oder Verlobte. Küsste sie ihn leicht auf die Wange oder den Mund, gab sie ihm ein paar *baci* – im Ries nennen sie das *Bussis*. Ihr italienischer Liebhaber dürfte zuvor, auch das hätte meine Großmutter gesagt, *rumstrawanzt,* sich wie ein Kater herumgetrieben haben, ein *Strawanzer* gewesen sein. Das Wort führt auf das italienische *stravagare* zurück, das aus dem mittellateinischen *extravagari*, unstet und ausschweifend sein, entstanden ist. Apropos: Dass sich, betrachte ich heute den Fortpflanzungstrieb meiner Verwandten, auch einer meiner Ahnen mal nicht folgenlos mit einer Italienerin oder einem Italiener eingelassen haben könnte, erscheint mir durchaus schlüssig.

Einer, der über die Dächer strawanzt, ist auch der Schornsteinfeger, in Bayern Kaminkehrer genannt. Im sechzehnten Jahrhundert stellte Nördlingen erstmals einen Italiener aus dem Herzogtum Mailand als städtischen Kaminkehrer ein. Auch seine Nachfolger kamen bis zum achtzehnten Jahrhundert aus Italien, die Männer handelten zudem auch mit Südfrüchten und Alltagswaren. Einer der späteren Kaminkehrer Nördlingens, mein Vater, wusste schon mit vier Jahren, dass er *spazzacamino* werden wollte, er benutzt das italienische Wort heute noch manchmal, warum, weiß er nicht.

„Aber was ist mit Nördlingen anzufangen?", soll Goethe einmal gesagt haben; seine Worte zielten auf die Geschehnisse während des Dreißigjährigen Krieges ab, eine der entscheidenden Schlachten dieses Krieges fand auf den Feldern des Dorfes meiner Großmutter statt, Goethe versuchte darüber zu schreiben, fand aber offenbar keinen Zugang. Protestanten unter schwedischer Führung kämpften gegen eine kaiserlich-bayerische Allianz aus Katholiken. Der Sitz und das Hauptquartier der kaiserlichen Truppen, zu denen auch lombardische und neapolitanische Einheiten gehörten, war ein Schloss, natürlich im Dorf meiner Großmutter. Wo sonst?

Goethe strengt mich an, ich kann mit seinen Werken wenig anfangen. Das Letzte, was ich tun wollte, war, ihm nachzureisen. Doch in Karlsbad bin ich auf ihn und seine *Italienische Reise* gestoßen, im *Grandhotel Pupp* begann sie. Dort merkte ich, ohne es zu wissen, sind wir auf ähnlichen Wegen gefahren – und es gab noch weitere Momente, in denen ich auf seine Spuren traf; in Neapel, in Rom, aber auch im Nachbardorf meiner Großmutter.
Der Ursprung seiner Italiensehnsucht ist unterschiedlich gedeutet worden, sein Vater war, so würde es heute heißen, italophil. Doch eines blieb nahezu unentdeckt. Sein Ururgroßvater väterlicherseits, ein Knecht, wurde acht Kilometer vom Dorf meiner Großmutter entfernt geboren, auch mütterlicherseits führen Spuren von Goethes Vorfahren in die gleiche Gegend; auf der Rückkehr von seiner italienischen Reise machte Goethe mehrere Tage im Ries Halt.
Über seine Italienreise schrieb er, sie habe ihm – unglücklich in der Liebe und im Beruf – geholfen, sich selbst wiederzufinden.

In dem Gebiet, aus dem meine Familie stammt, gab es über viele Jahrhunderte hinweg, die sogenannten Gastarbeiter aus Italien in den sechziger Jahren nicht zu vergessen, nicht nur regen Verkehr zwischen den beiden Ländern, sondern Italiener und Italienerinnen siedelten sich auch immer wieder dort an.
Auch die Küche meiner Großmutter enthält Spuren von Italien, die rot-weiße Auflaufform, in der ich heute noch ihre *Langen Nudeln* zubereite, ist ein Produkt des Gründers der einst weltberühmten Emaille-Fabrik Due Leoni di Bassano, unweit von Venedig. Vermutlich hat meine Großmutter sie genauso auf der Rieser Messe gekauft wie ihr Teigrädchen, mit dem sie ihre Bandnudeln schnitt. Wie diese den Pappardelle italienischer Nonnas gleichen, so erinnern Gnocchi an die *Langen Nudeln* meiner Großmutter und Maultaschen an Tortellini – alles alte Bauerngerichte, Essen nach der Ernte.

*

La pasta lunga di Nonna Johanna – Großmutters lange Nudeln

7 mittelgroße, vorwiegend festkochende Kartoffeln · etwa 300 g Mehl Typ 00/405 · 1 Ei · Butter · 3–4 EL Milch

Die Kartoffeln schälen, vierteln, im gesalzenen Wasser kochen. Warm zerdrücken, kalt werden lassen, mit dem Ei und dem Mehl vermengen, auf einer bemehlten Fläche zu eineinhalb Zentimeter dicken Wülsten formen. Je nach Kartoffelart kann die Menge des Mehls variieren. In eine mit Butter eingefettete Auflaufform nebeneinander einschichten. Milch darübergießen, Form leicht schwenken, um die Flüssigkeit zu verteilen. Im vorgeheizten Backofen bei 170 Grad backen, bis sie goldbraun sind und sich eine leichte Milchkruste gebildet hat. Vor dem Essen einen kleinen Moment abkühlen und fest werden lassen, je zwei bis drei Nudeln auf einen Teller geben, meine Großmutter servierte Schnitzel und Blaukraut dazu. Für die italienische Variante empfiehlt sich die *Petroniana di Bologna* mit *Friggione* – oder als vegetarisches Essen Parmesan und Salbeibutter oder Pesto dazu und ein frischer grüner Salat.

*

Schaue ich heute in die furchigen und roten Gesichter von Bauern aus dem Ries, dann sehe ich das Gleiche wie in denen von Bauern aus der Emilia-Romagna, ihre Härte und ihre Weichheit, ihre enge Verbundenheit mit dem Boden.
„Ich würde für kein Geld der Welt hier wegziehen", sagte mein Onkel neulich, als wir auf einem seiner roten Traktoren saßen, einem knallroten Porsche, mit dem er schon bis in den Vatikan gefahren ist, und als wir zusammen von einem Hügel ins Ries hinuntersahen. Den gleichen Satz hörte ich von Michele, dem Olivenbauern, als wir in Kalabrien gemeinsam in das Tal der achtundzwanzigtausend Olivenbäume blickten, das sein Zuhause ist. Sie würden sich sehr gut miteinander verstehen.
„Reichst du mir mal den Butter?", sagt mein Onkel, meine Eltern, ich. In Städten außerhalb Bayerns werde ich dafür getadelt, das heiße „die Butter", sagen sie.

Ebbene, nun ja – bei den Lateinern hieß Butter *butyrum*, neutral vom Geschlecht. Die Italiener schafften allerdings das neutrale Geschlecht ab, machten aus Butter *il burro*, der Butter – *mi passi il burro?* In vielen bayerischen Familien wurde der männliche Artikel behalten. Wir sind quasi Italiener, *siamo praticamente italiani.*

Und mein Auto? Eine hundertjährige Frau, eine Großmutter, *una nonna,* hatte Signor De Pasquale in ihr gesehen.

An einem Spätsommertag im September, ein Jahr nachdem ich es in Sizilien bei ihm abgeholt habe, über siebentausend Kilometer später, übergibt es mir Totò, der zwischenzeitlich seinem Namen alle Ehre gemacht hat, seine Freundin überrascht hat, eine neue Giardiniera für sie besorgt hat.
Ich lade meine Freunde und Freundinnen zur ersten Probefahrt ein, wir fahren ans Meer, hören Ryan Paris' *Dolce Vita*. Auf der Rückfahrt ist uns kalt, ich drehe die Heizung auf. Totò hat dem Auto endlich beigebracht, das zu tun, was Großmütter in der Regel tun, Wärme spenden, italienische Wärme.

* * *

Im Buch sind Rezepte enthalten. Wenn nichts anderes angegeben ist, sind sie für vier Personen gedacht. Falls doch mal zu viel gekocht wurde, einfach verschenken oder einfrieren. Natürlich ist es gut, mit sizilianischen Tomaten und Basilikum aus Ligurien zu kochen. Aber auch in anderen Regionen finden sich hervorragende Lebensmittel. Wichtig ist, wenn das Portemonnaie das hergibt, auf ökologisch angebaute Produkte zurückzugreifen, denn die zehn Grundsätze Pellegrino Artusis, siehe Seite 167, sind noch immer aktuell:

1. Natürliche Zutaten wertschätzen
2. Qualitativ wertvolle Lebensmittel verarbeiten
3. Saisonal vorhandene Produkte verwenden
4. Einfach kochen
5. Leidenschaftlich, aufmerksam und präzise sein
6. Geduldig bleiben, auch bei Misserfolgen
7. Ist eine Zutat nicht vorhanden, Varianten ausprobieren
8. Auch die Variationen schlicht halten
9. Die bodenständige Küche schätzen
10. Rezepten misstrauen (auch denen in diesem Buch)

Vier Punkte möchte ich ergänzen:

11. Auch niedrige und mittlere Temperaturen der Herdplatte nutzen
12. Brühe so oft es geht selbst herstellen
13. Olivenöl extra vergine verwenden
14. Hört auf eure Mütter und Großmütter

IL MENÙ

Die Speisekarte

ANTIPASTI

PRIMI

SECONDI

CONTORNI

PIZZA

DOLCI

LIQUORI

GRAZIE

Zuallererst möchte ich mich bei meiner Mutter bedanken, die ich stets fragen durfte, was ich noch nicht über meine Großmutter wusste. Aber auch meine restliche Familie durfte ich immer wieder um Auskunft bitten, deswegen vielen Dank an meine Tanten, Onkel, Cousinen und Cousins.
Meine Großmutter sagte mir öfter, ich solle Koch werden. Das sei doch eine Leidenschaft von mir. Das habe ich bisher nicht geschafft, aber ich weiß, dass sie den Satz nicht nur so dahingesagt hat. Und dass ich anderes erreicht habe, weil es sie gab.
Danke, Oma, für dein Vertrauen.
Mein Vater wollte Daniel, das Auto und mich nach der Alpenüberquerung begrüßen. Doch plötzlich war er, als es in der Nähe von Bergamo hakte und Battista uns half, schon dort an unserer Seite und vor Ort. Am letzten Tag hatten wir also ein Geleitfahrzeug, einen Helfer. Nicht nur für diesen Einsatz vielen Dank. Er ist nicht alltäglich. Danke auch dir, Daniel, für die gute, problemlose Reise – und die Unterstützung in schwierigeren Momenten.
An dem Buch haben viele Menschen mitgearbeitet. Lieben Dank an alle aus dem Prestel Verlag für diese Möglichkeit, die große Hilfe und den Enthusiasmus. Claudia und Constanze, euch vielen Dank für das Zustandekommen, und dir, Katha, für das präzise Lektorat des Manuskripts. Kristian, das Buch ist so hübsch geworden, weil es bei dir in guten Händen war; genauso wie es @marcoeamici auf Instagram ist.
Ohne die Unterstützung folgender Menschen und Institutionen wäre diese Publikation nie möglich gewesen: Zuallererst herzlichen Dank an Anne Wollek von FCA und damit Fiat, das war grandios! *Mille grazie!* Gleiches gilt für Torsten „Totò" Hanenkamp, Natascha, sein Team und seine Werkstatt Il Motore. Ohne euch gäbe es dieses Buch nicht in dieser Form!
Marlon, *ragazzo,* ich kann dir, Miki und deinem Unternehmen MC CARS gar nicht genug danken für die Hilfe während der ganzen Zeit.
Peter und Thorsten, den Vincellos, euch alles Liebe nach Dolcedo. Auf eine baldige gemeinsame Olivenernte!
Signora Gasparro, ich sende Ihnen einen herzlichen Gruß nach Messina; nicht nur dafür, dass Sie mich in die italienische Bürokratie einführten und Ihre Zeit opferten, sondern auch dafür, dass Sie mir immer wieder beratend zur Seite standen, was die italienische Sprache anbelangt. *Grazie mille! E a presto, speriamo!*
Ein besonderer Dank geht auch an das Nördlinger Stadtarchiv und an Professor Dr. Stefan Rebenich von der Universität Bern.
Das Buch wurde ferner unterstützt durch das Goethe-Institut (Dank geht insbesondere nach Palermo, Neapel, Rom und Turin, dort insbesondere an Samira), Tourismus Italia, vor allem Tourismus Ligurien und Turin, und durch die Unterkünfte in Sizilien (Casa di Aurelio), Kalabrien (Tenute Librandi), in Minori (Villa Maria), in Bologna (L'8 Boutique), Ligurien (Villa Edera und Villa Vincello) und in Turin (DoubleTree by Hilton Turin Lingotto).

Ihnen danke ich genauso wie Francesca Caneri und Alessandro Scarpa vom Fiat Club Italien und dem Fiat 500 Museum in Garlenda sowie Antonio Mirenda und seinem Team vom Fiat 500 Club und dem Museum in Nebrodi auf Sizilien.
Allen, die uns zudem unterstützt haben, die Hand an das Auto angelegt oder uns Rat gegeben haben, einen herzlichen Dank. Vielen Dank auch – ich weiß, das ist nicht selbstverständlich – an die Menschen, die für das Buch ihre Geschichten, Handgriffe und Rezepte mit uns teilten.
Zuletzt bedanke ich mich bei meinen Freundinnen und Freunden, die dieses Buch möglich gemacht haben. Insbesondere weil ihr mich gleich nach meiner Ankunft aus Italien unterstützt habt. *Baci per voi! E amore!*

Die Playlist zum Buch –
den Code mit der Spotify-App scannen

Ein Buch am Leben –
die ehemalige Erlebnisbuchhandlung zu „Meine italienische Reise" in Hamburg als 3D-Rundgang: QR-Code einscannen

(© cp360pano.com / Christian P. Schlichte)

Auf Instagram –
@marcoeamici

MIX
Papier | Fördert gute Waldnutzung
FSC® C021956

Klimaneutral*
Druckprodukt
ClimatePartner.com/14044-1912-1001

Penguin Random House Verlagsgruppe FSC® N001967

1. Auflage 2023

Projektleitung Verlag: Constanze Holler
Lektorat: Katha Schulte
Fotografien © Daniel Etter
mit Ausnahme von S. 6, 10, 32, 38, 115, 122, 200, 225, 233: privat
Gestaltung und Illustration: Kristian Kutschera
Lithografie: Schnieber Graphik, München
Umschlaggestaltung: Büro Jorge Schmidt, München,
unter Verwendung einer Vorlage von Kristian Kutschera
Umschlagabbildung: Daniel Etter
Druck und Bindung: Alcione-Litotipografia srl.

Printed in Italy

ISBN 978-3-328-10990-7

www.penguin-verlag.de